西北大学高水平教材建设项目出版资助

监察法学

JIANCHA FAXUE

● 主　　编　张炜达

● 执行主编　高小芳

● 编　　者　卞　辉　高　杨
郭兴全　舒洪水
潘怀平　代水平
吕康宁　葛恒浩

西北大学出版社

·西安·

图书在版编目（CIP）数据

监察法学 / 张炜达主编 . — 西安 : 西北大学出版社，2020.12

ISBN 978-7-5604-4662-2

Ⅰ. ①监… Ⅱ. ①张… Ⅲ. ①行政监察法—法的理论—中国 Ⅳ. ① D922.114.1

中国版本图书馆 CIP 数据核字（2020）第 262139 号

监察法学

主　　编	张炜达
执行主编	高小芳
出版发行	西北大学出版社
地　　址	西安市太白北路 229 号
邮　　编	710069
电　　话	029-88303042
经　　销	全国新华书店
印　　装	西安日报社印务中心
开　　本	710mm × 1000mm　1/16
印　　张	20.25
字　　数	330 千字
版　　次	2020 年 12 月第 1 版　2020 年 12 月第 1 次印刷
书　　号	ISBN 978-7-5604-4662-2
定　　价	38.00 元

本版图书如有印装质量问题，请拨打电话 029-88302966 予以调换。

〈 〈〈 〈 〈〈 Preface

前 言

党的十八大以来，以习近平同志为核心的党中央高瞻远瞩、审时度势，着眼于加强党对反腐败工作的集中统一领导，健全党和国家监督体系，实现对所有行使公权力的公职人员监察全覆盖，作出了深化国家监察体制改革的重大决策部署。2014 年 10 月，党的十八届四中全会审议通过的《中共中央关于全面推进依法治国若干重大问题的决定》提出："加快推进反腐败国家立法，完善惩治和预防腐败体系，形成不敢腐、不能腐、不想腐的有效机制，坚决遏制和预防腐败现象。"2015 年 1 月，在十八届中央纪委五次全会上，习近平总书记发表重要讲话，明确要求修改行政监察法。2016 年 6 月至 10 月，习近平总书记先后 6 次主持召开中央全面深化改革领导小组会议、中共中央政治局常委会会议和中央政治局会议，对国家监察体制改革作出顶层设计，对深化国家监察体制改革和国家监察相关立法问题进行专题研究，为国家监察立法工作明确了方向，确定了时间表及路线图。2016 年 1 月，在十八届中央纪委六次全会上，习近平总书记提出"建立覆盖国家机关和公务人员的国家监察体系"。2016 年 10 月，党的十八届六中全会公报以中央文件形式首次将监察机关与人大、政府等并列提出。2016 年 11 月，中共中央办公厅印发《关于在北京市、山西省、浙江省开展国家监察体制改革试点方案》。2016 年 12 月，全国人大常委会通过《关于在北京市、山西省、浙江省开展国家监察体制改革试点工作的决定》。经过一年多的试点实践，监察体制改革探索并累积了可复制可推广的做法，在总结三省市试点工作经验的基础上，2017 年 10 月，党的十九大明确提出："制定国家监察法，依法赋予监察委员会职责权限和调查手段，用留置取代'两规'措施。"同月，中共中央办公厅印发《关于在全国各地推开国家监察体制改革试点方案》。2017 年 11 月，全国人大常委会通过《关于在全国各地推开国家监察体制改革试点工作的决定》。继 2017 年 6 月第十二届全国人民代表大会常务委员会第二十八次会议对《中华人民共和国监察法（草案）》进行第一次审议并向社会征求意见后，2017 年 12 月第十二届全国人民代表大会常务委员会第三十一次会议对《中华人民共和国监察法（草案）》进行了第二次审议并听取了修改情况汇报。2018 年 3 月，第十三届全国人民代表大会第一次会议审议全国人民代表大会常务委员会关于提请审议《中华人民共和国监察法（草案）》的议案。2018 年 3 月 11 日，第十三届全国人民代表大会第一次会议审议通过了宪法修正案，对现行宪法作出 21 条修改，其中 11 条同设立监察委员会有关，并在宪法第三章“国家机构”中专门增加一节“监察委员会”作为第七节，分别就国家监察委员会和地方各级监察委员会的性质、地位、名称、人员组成、任期任届、领导体制、工作机制等作出规定。依照修正后的宪法，《中华人民共和国监察法》于 2018 年 3 月 20 日由第十三届全国人民代表大会第一次会议第八次全体会议表决通过并于当日公布实施。

作为事关全局的重大政治改革，国家监察体制改革是监察制度的顶层设计。通过行政监察、预防腐败和检察机关查处贪污贿赂、失职渎职、预防职务犯罪等力量的整合，国家监察机关与党的纪律检查机关的合署办公，形成监督合力，将制度优势转化为治理效能。通过对所有行使公权力的公职人员监察全覆盖，把权力关进制度的笼子里。《中华人民共和国监察法》的制定，使党的主张成为国家意志。以法治思维和法治方式惩治腐败，是新时代深化国家监察体制改革的内在要求和重要环节，是推进反腐败斗争法治化的重要表现。以立法形式将党的十八大以来全面从严治党的理论和实践创新做法上升为法律，体现了国家反腐败工作的法治化和规范化。《中华人民共和国监察法》是反腐败国家立法，是一部对国家监察工作起统领性和基础性作用的法律。党的二十大对坚定不移全面从严治党、深入推进新时代党的建设新的伟大工程作出战略部署，对新时代新征程纪检监察工作提出更高要求。贯彻落实党的二十大精神，必须进一步推进国家监察体制改革，充分发挥国家监察专责机关作用，坚定遵循国家监察法律体系，最终实现国家治理体系和治理能力现代化。

国家监察体制改革的持续深化和党的二十大有关“完善党的自我革命制度规范体系”的重大部署，对法学理论工作者提出了新的要求。中共中央办公厅、国务院办公厅印发的《关于加强新时代法学教育和法学理论研究的意见》提出“坚持依法治国和依规治党有机统一，加强纪检监察学、党内法规学学科建设”，强调了监察法学在法学学科体系中的地位。基于此，我们组织编写了《监察法学》教材。本教材以《中华人民共和国监察法》《中华人民共和国监察法实施条例》等规定为依据，试图对监察法进行全面系统深入的介绍和阐述。教材共分九章：监察法基本理论；监察工作基本原则；监察机关及其职责；监察范围与管辖；监察权限；监察程序；反腐败国际合作；对监察机关和监察人员的监督；法律责任。本教材由张炜达、高小芳进行整体结构和内容设计，并最终统筹定稿。各章具体分工如下：第一章，卞辉；第二章，高杨；第三章，郭兴全；第四章，舒洪水；第五章，潘怀平；第六章，张炜达、高小芳；第七章，代水平；第八章，吕康宁；第九章，葛恒浩。

本教材在结构体系、内容安排及引证来源等方面若存在不足和疏漏，敬请匡谬为盼。

‹ ‹‹ ‹ ‹‹ Contents

目 录

第一章　监察法基本理论

学习目标　通过本章的学习，学生可以掌握以下内容：1. 监察权的内涵、属性及特点；2. 监察权与行政权、检察权、纪检权等的区别；3. 监察法的特点、属性、基本内容；4. 监察法律关系的含义及其三要素；5. 监察法的作用；6. 监察法与宪法、刑事诉讼法的关系。

关键概念　监察制度；监察权；监察法；监察法律关系；监察委员会

第一节　监察制度和监察权

一、监察制度考证

（一）我国历史上的监察制度

在我国，监察制度起源较早，历史悠久，是一项具有丰富内涵的政治制度，对监督政府官员、稳定社会秩序、维护政治统治具有重要的作用。

1. 我国古代的监察制度

溯及夏、商、周时期，夏王桀“不务德而武伤百姓”①，商纣王“好酒淫乐”②，西周时的上卿虢石父“为人佞巧，善谀好利”③，他们均因贪淫奢靡、失职渎职而导致人亡政息。为了调和社会矛盾，以重典惩贪腐成为当时的选择。“夏有乱政，而作禹刑”④，禹刑是夏朝法律的总称，其中所涉的“墨”罪即“贪以败官”，指的就是贪得无厌、败坏官纪的罪名，这是要处以死刑的。商朝

① 司马迁：《史记·夏本纪》。
② 司马迁：《史记·殷本纪》。
③ 司马迁：《史记·周本纪》。
④ 左丘明：《左传·昭公六年》。

建立后，制《官刑》以警戒、惩治官吏犯罪，禁止官吏腐化堕落、违犯法纪。西周时期，《吕刑》中的“五过之疵”是指司法官员在审理案件时徇私枉法的五种情形，即“惟官”(依仗权势)、“惟反”(私报恩怨)、“惟内”(内亲干涉)、“惟货”(受贿索贿)、“惟来”(受人请托)。出现这五种情形时，司法官员应当承担罪责相当的法律责任，甚至以犯人之罪来受罚。虽然夏、商、周时期以重典惩治官吏贪污受贿、徇私枉法，但是并没有设立专门的监察机关行使反贪腐的职权，监察制度还没有形成。我国古代监察制度是随着封建制度的产生而产生的。

监察制度的萌芽。春秋战国时期，贪污泛滥，从诸侯国君到小官小吏，贪风盛行，于是，各诸侯国设司监察之职以正风气。比如，齐国设大谏、大行，赵国设郎中，秦国设内史。这些官员监察国君与百官的行为，以防止贪污腐败。萌于春秋战国时期的“御史”职掌文献史籍，掌管国君身边事务。战国时期，御史开始具有监察职能。

监察制度的初创。从秦朝起，御史成为正式的监察官职，是“治官之官”。秦朝设御史府作为中央监察机关，掌管纠察、弹劾官吏和肃正纲纪等事务。御史府的长官为御史大夫，位次于丞相，直接受命于皇帝，其本职为“典正法度”“察举非法”。御史大夫的主要属官是御史中丞，他们在朝中辅助御史大夫监察文武百官。秦朝在地方设监郡御史（也称为监御史），执掌郡一级地方的各项监察事务。秦朝已经开始从制度层面干预和控制贪腐行为，建立了从中央到地方的御史监察制度。汉承秦制，并进一步改革和发展监察制度，构建了集中央监察、区域监察、部门监察为一体的监察体制。汉武帝时，设立由御史中丞直接督管的十三部刺史，专门履行地方监察职能，考察吏治，奖惩官吏。

监察制度的发展。魏晋南北朝时期，朝代虽更迭频繁，但每个王朝都比较重视监察制度及其完善，体制上基本沿袭汉朝制度。南朝梁陈、北魏魏齐时，御史府正式改称为御史台。御史台是皇帝直接管辖的监察机构，以御史中丞为其长官，“与司隶分督百僚。自皇太子以下，无所不纠”[①]。另外，在此时期，还制定了防范监察官吏违法渎职的相关规定。

监察制度的成熟。隋唐时期，中央级别的监察机构仍为御史台。隋朝还

---

①杜佑：《通典》。

设司隶台和谒者台：司隶台负有巡察京畿内外的职责，监督官吏理政履职情况，审查其是否廉政；谒者台的职责之一是负责为吏民申奏冤屈。唐朝在御史台下设台院、殿院、察院三院，台院主要负责纠察弹劾朝官，殿院主要负责监察朝会典礼失仪等事，察院主要负责监察尚书省六部和地方州县官吏。三院互相配合并相互制约，形成完备的中央监察机制。唐朝把地方划分为十个监察区，称为十“道”，每道设有巡按使，对各道进行常态化监察。皇帝还颁发了若干诏令作为巡察的法律依据，如《遣使巡行天下诏》《遣使黜陟诸道敕》《遣使安抚制》等。唐朝扩大了监察机构的范围和权力，从中央到地方，建立起了成熟的监察制度。

监察制度的巩固。宋朝进一步加强了监察机构的设置和职权，除了中央的御史台之外，地方还设通判、监司，直接隶属于皇帝，对州县官吏进行监督巡察。宋朝实行台谏合一制度，除了御史之外，谏官也拥有对官吏的监督权，可以弹劾监察百官。为了加强对监察权的监督，宋朝还制定了《监司互察法》。元朝从中央到地方建立了御史台、行御史台、肃政廉访司三级监察机构。元朝沿袭前朝，在中央设御史台；御史台在江南、云南（后移至陕西）、陕西等地设派出机关，称为行御史台，行御史台是元朝独创的监察官署；元朝还将全国分为二十二道监察区，设立了二十二道肃政廉访司常驻地方，以纠劾地方官吏的违规行为。

监察制度的完备。明朝废罢御史台，创设都察院，长官为都御史。都察院设左右都御史、左右副都御史、左右佥都御史以及十三道监察御史，共110人，以监察百官。明朝的六科给事中分掌礼、户、吏、兵、刑、工六部，具有监察六部事务及其官员的职能。六科给事中直属于皇帝，与十三道监察御史合称科道。至清朝，六科给事中归属于都察院，科道合一，共同负责对京内外官吏的监察和弹劾。监察权的集中，有利于加强清朝的中央集权。清朝监察制度是我国封建社会监察制度的集大成者，至此，我国古代的监察制度发展完备。

在几千年的历史长河中，我国古代监察制度几经变革，不断发展，通过对官员的监督，预防腐败，清肃贪官污吏，缓和阶级矛盾，促进社会安定有序，进而推动社会的发展。但是，我国古代监察制度是随着封建制度的产生而产生的，并随着封建君主专制制度的发展而发展，高高在上的皇权控制并影响着监察制度的发展及其效力的发挥。古代监察制度是通过制约官吏来巩固皇权统治，然而，“人治”背景下的监察制度却难以始终良好运行。

2. 我国近代的监察制度

随着我国民族资产阶级登上历史舞台，民主共和成为时代潮流，推动着中国近代化进程。我国近代监察制度一方面是对古代监察制度的发展，另一方面受西方思想的影响而发生变化。在国家机构的组织上，孙中山先生提倡五权分立，即立法、行政、司法、考试、监察五权分属五个独立的机关，因而监察权从立法机关中分离出来，由另设的监察院行使，以利于廉政和效率。监察院对其他各院享有监察职能，如果其他各院有人员失职，监察院可以向国民大会提出弹劾罢黜。

南京临时政府借鉴西方议会监察制度，由参议院行使监察权，对行政官员进行监督。北洋政府在平政院下设肃政厅，履行行政监察和检察职责，除了大总统以外，肃政厅能够纠弹其他所有官员，专门负责对官吏违宪违法、行贿受贿、滥用职权等案件的处置。南京国民政府时期，孙中山的五权宪法思想被正式贯彻到政府机构的组织中，设监察院作为国民政府的最高监察机关，依法行使弹劾、审计等职权。

1931 年 7 月，鄂豫皖苏区开创民主监督的先河，根据同年 5 月 18 日发布的《〈中共鄂豫皖中央分局通知第五号——关于建立工农监察委员会〉的通知》，在民主选举的基础上产生了工农监察委员会并颁布《鄂豫皖苏维埃政府工农监察委员会条例》。根据该条例的规定，鄂豫皖苏工农监委会在组织上与鄂豫皖苏维埃执委会并立，行使的职权为考察苏维埃的法令和决议执行情况、检查苏维埃中工作人员的官僚腐化及违背苏维埃法令和决议的行为、接受工农群众对苏维埃政府工作人员的控告和申诉。

1931 年 11 月，中华苏维埃共和国临时中央政府在江西瑞金成立。为了加强廉政建设，惩治腐败，根据在中华苏维埃第一次全国代表大会上通过的《工农检察部的组织条例》的规定，自中央执行委员会到区执行委员会及城市苏维埃，应当有工农检察部或科的组织，为各级政府行政机关的一部分。中华苏维埃共和国在省、县、区三级设工农检察部，城市设工农检察科，其任务为“监督着国家企业和机关及有国家资本在内的企业和合作社企业等，要那些企业和机关坚决地站在工人、雇农、贫农、中农、城市贫苦劳动群众的利益上，执行苏维埃的劳动法令、土地法令及其他一切革命法令，要适应某阶

段的革命性质、正确地执行苏维埃的各种政策”[①]。工农检察部为反腐倡廉、保卫新生的红色政权做出了不可磨灭的贡献。1934 年 2 月，中华苏维埃第二次全国代表大会选举产生中央工农检察委员会，各级工农检察部更名为工农检察委员会。后来，工农检察制度为陕甘宁边区参议会监察制度所取代，参议会代行监察职能，有权监察及弹劾政府机关的公务人员。

民国政府时期的监察制度对整肃吏治具有积极作用，但是由于军阀割据及国民党一党专政，监察权受到极大干扰，终究难以发挥其应有的作用。新民主主义革命时期，中国共产党在领导人民进行艰苦卓绝的斗争时，依然十分注重廉政建设，在创建监察制度方面进行了许多有益的尝试。

（二）从行政监察制度到国家监察制度

新中国成立后，我国的监察制度初步建立起来。在县市以上的各级人民政府内，设人民监察机关，以监督各级国家机关和各类公务人员是否履行其职责，并纠举其中违法失职的机关和人员。政务院最先下设人民监察委员会，监督政务院各部门工作人员履职情况，随后，逐步在地方成立人民监察委员会。至 1952 年，我国初步形成了涵盖中央和地方的行政监察体系。1954 年 9 月，国务院成立，政务院人民监察委员会改为国务院监察部。国务院监察部的主要职责是维护政纪，对行政机关、国营企业执行国民经济计划和国家预算进行监督，受理对行政机关和人员的控告以及不服纪律处分的申诉。1959 年 4 月，因国家管理体制调整，撤销监察部，地方各级政府监察机构与各级党的监察委员会合并，党的监察委员会同时管党纪。1969 年，各级党的监察委员会被撤销。1986 年 12 月，第六届全国人民代表大会决定恢复国家行政监察体制，并于第 2 年 7 月成立监察部。监察部的主要职责是：检查监察对象贯彻实施国家政策和法律法规的情况；监督处理监察对象违反国家政策、法律法规和违反政纪的行为；受理个人或单位对监察对象违反国家政策和法律法规，以及违反政纪行为的检举、控告；受理监察对象不服纪律处分的申诉；按照行政序列分别审议经国务院任命的人员和经地方人民政府任命的人员的纪律处

① 参见 1931 年 11 月中华苏维埃第一次全国代表大会通过的《工农检察部的组织条例》第二章。

分事项。[①]至1988年年底，地方政府的监察机关完成组建，行政监察体系得以恢复。1993年2月，根据中共中央和国务院的决定，中央纪委与监察部合署，实行一套工作机构、两个机关名称的体制，履行党的纪律检查和行政监察两项职能。地方各级纪委和监察机构随之也按要求合署办公，实行由所在政府和上级纪检监察机关双重领导的领导体制，直到2018年国家监察体制改革。为了加强监察工作，促进廉政建设，我国出台了一系列有关行政监察的法律法规，如1988年监察部颁布的《监察机关调查处理政纪案件试行办法》（后为1991年8月的《监察机关调查处理政纪案件办法》取代）、1990年国务院颁布的《行政监察条例》、1997年全国人大通过的《中华人民共和国行政监察法》等。

2007年9月，隶属于国务院的国家预防腐败局成立，并在监察部加挂牌子，负责全国预防腐败工作。国家预防腐败局的成立使我国的反腐败工作开始重视事前预防，这也是行政监察工作的重大改变。行政监察制度是行政机关的一种内部监督形式，监察机关是政府内部设置的行使监察职能的部门，监察对象是国家行政机关及其工作人员以及国家行政机关任命的其他人员，监察机关对监察对象的执法、廉政、效能情况进行监察。虽然《中华人民共和国行政监察法》对监察机关的性质、地位、职责、权限、监察程序等作了具体规定，但是在行政监察制度中，我国的行政监察机关缺乏应有的独立性和权威性。而且，除了行政监察机关外，预防腐败机关、检察院的反贪部门、反渎部门和职务犯罪预防部门都具有监察职能，分散了监察机关的力量。另外，即便有这么多行使监察职能的机构，依然不能实现对公职人员的监督全覆盖。我国行政监察体制存在的诸多问题，使国家将全面改革监察体制提上日程。

制度是反腐的最大保障，只有通过严密的制度体系将权力关进笼子里，才能实现廉洁政治。国家监察体制改革的目的就是要加强党对反腐败工作的集中统一领导，构建集中统一、权威高效的国家监察体系。2016年1月，习近平总书记在十八届中央纪委六次全会上指出，要坚持党对党风廉政建设和反腐败工作的统一领导，扩大监察范围，整合监察力量，健全国家监察组织架构，形成全面覆盖国家机关及其公务员的国家监察体系。2016年10月，

---

① 中华人民共和国监察部：《中国监察年鉴》（1987—1991），中国政法大学出版社，1993，第4页。

十八届六中全会审议通过的《中国共产党党内监督条例》明确规定："各级党委应当支持和保证同级人大、政府、监察机关、司法机关等对国家机关及公职人员依法进行监督"，这是首次将监察机关与人大、政府、司法机关等并列。2016 年 11 月 7 日，中共中央办公厅印发《关于在北京市、山西省、浙江省开展国家监察体制改革试点方案》，强调国家监察体制改革是事关全局的重大政治改革，是国家监察制度的顶层设计。依据该方案，三省市设立各级监察委员会，从体制机制、制度建设上先行先试、探索实践，为在全国推开积累经验。2016 年 12 月 25 日，第十二届全国人民代表大会常务委员会第二十五次会议通过《全国人民代表大会常务委员会关于在北京市、山西省、浙江省开展国家监察体制改革试点工作的决定》。至 2017 年 10 月党的十九大召开以前，北京市、山西省、浙江省已按中央要求完成了监察体制改革试点任务，改革达到了预期效果。党的十九大报告指出："深化国家监察体制改革，将试点工作在全国推开，组建国家、省、市、县监察委员会，同党的纪律检查机关合署办公，实现对所有行使公权力的公职人员监察全覆盖。制定国家监察法，依法赋予监察委员会职责权限和调查手段，用留置取代'两规'措施。"这为国家监察体制改革提出了具体要求。2018 年 2 月 25 日，全国 31 个省、自治区、直辖市和新疆生产建设兵团各级监察委员会全部组建完成。2018 年 3 月 11 日，第十三届全国人民代表大会第一次会议通过《中华人民共和国宪法修正案》，确立了监察委员会作为国家机构的宪法地位。宪法的修改为国家监察制度提供了根本法依据。2018 年 3 月 20 日，《中华人民共和国监察法》（以下简称《监察法》）出台，确立了监察制度运行的法律依据。2018 年 3 月 23 日，中华人民共和国国家监察委员会揭牌。至此，我国实现了从行政监察制度到国家监察制度的重大转变。

为了加强对监察官的管理和监督，保障监察官依法履行职责，维护监察官合法权益，推进高素质专业化监察官队伍建设，推进监察工作规范化、法治化，2021 年 8 月 20 日，第十三届全国人民代表大会常务委员会第三十次会议通过了《中华人民共和国监察官法》（以下简称《监察官法》）。《监察官法》明确了监察官的职责、义务和权利，设置了监察官的条件和选用，规定了监察官的任免、管理、考核和奖励，同时对监察官的监督和惩戒以及监察官的职业保障等作出规定。《监察官法》的出台是对《宪法》和《监察法》规定的具体落实，也是对国家监察体制改革的深化。2021 年 9 月 20 日，国家监察委员会公布施行《中华人民共和国监察法实施条例》（以下简称《监察法实施条例》），这是国家监察委员会根据《全国人民代表大会常务委员会关于国家监察委员会制定监察法规的决定》制定的第一部监察法规。《监察法实施条例》的制定是为了推动监察工作法治化、规范化，进一步明确了坚持中国共产党对监察工作的全面领导，把党的领导贯彻到监察工作各方面和全过程。该条例规定监察机关与党的纪律检查机关合署办公，坚持法治思维和法治方式，促进执纪执法贯通、有效衔接司法，实现依纪监督和依法监察、适用纪律和适用法律有机融合。《监察官法》和《监察法实施条例》的出台充实了我国监察制度法律法规，对完善中国特色监察体制意义重大。

我国的国家监察制度源自中华民族优秀文化传统，符合中国国情，是有中国特色的监察制度。在国家监察制度下，集中国家反腐力量，构建权威高效的监察体系，实现了权力机关对监察机关监督的有效性，实现了对监督对象的全覆盖。国家监察制度的构建是一项重大的改革创新，体现了中国特色社会主义道路自信、理论自信、制度自信、文化自信。

（三）国外监察制度

孟德斯鸠在《论法的精神》中说："……一切有权力的人都容易走向滥用权力，这是一条千古不变的经验……从对事物的支配来看，要防止滥用权力，就必须以权力制约权力。"[①] 世界各国在其政治体制的构建中，充分意识到这一问题，为了防止权力滥用，遂结合本国实际，建立适宜于本国的监察制度。概括来说，国外监察制度主要有监察专员模式、行政机关内设行政监察机构模式以及监审合一模式等三种模式。

1. 监察专员模式

监察专员模式起源于瑞典。1809 年，瑞典通过《政府组织法》，创设了议会监察专员一职，由议会选举一名内政监察专员，代表议会监督法官与政府官员。这一制度的建立，对规范政府行为和法院行为产生了积极作用，而后各国纷纷效仿。现在世界上有 150 多个国家或地区设立有监察专员，其权力来自于该国家或地区的最高权力机关。国际监察专员协会对监察专员的定

---

①［法］孟德斯鸠：《论法的精神（上）》，孙立坚等译，陕西人民出版社，2001，第 183 页。

义是："由宪法规定的独立监督行政权力的运行并且不受任何党派政治影响的公共官员。"[1]监察专员往往由议会选举产生，但独立于议会，也不受行政机关、司法机关及其他社会组织的干预。监察专员的基本职责是对政府的行政行为进行监督，瑞典和芬兰的监察专员也可以对法院和法官的行为进行监督。监察专员依宪法和法律规定，通过受理公民投诉或主动调查案件而行使调查权、批评权、建议权、公开调查结果权，根据对案件的处理结果，向政府提出建议或批评，也可以向议会提交特别报告，或者通过新闻媒体予以公布的方式实现监督。监察专员在人事和经费保障方面的独立性，是其能够行使有效监督的根本保证。

2. 行政机关内设行政监察机构模式

除了监察专员，有的国家还在行政机关内部设置行政监察机构以行使监察职能，如美国、日本等。美国设在政府机关内部的反腐败机构为监察长办公室，可以受理公民举报，对政府机关的行政行为、财政支出、规章制度、工作程序等进行行政或刑事调查，以防止贪污腐败。监察长的职责主要包括三种：一是开展对所在部门项目和行动的相关审计与调查；二是对相关工作进行领导、协调以及提供政策建议，预防和发现欺诈和滥用职权行为；三是确保国会和所在部门负责人能够充分、及时地了解该部门有关项目和行动实施中的问题和不足，以及采取整改措施的必要性和整改措施的进展情况。监察长办公室下设审计、调查和举报处理三个部门，工作人员覆盖审计、律师、外交等领域，主要通过审计、检查、调查、报告、绩效考评等方式开展监督活动。为保证其独立性，监察长办公室的工作经费独立预算，来源于国会，监察长由总统直接任命，对总统和国会负责。美国联邦政府的70多个行政部门和机构设有监察长办公室。日本建立了涵盖从中央到地方的全方位行政监察机构，政府内部设立独立的行政评价局、人事院和公平交易委员会，都负有监察职责。行政评价局通过行政评价和监视、行政相谈[2]、政策评价、独立行政法人评价

① 肖进中：《价值、运行与启示——域外监察专员制度与中国》，《河北法学》2017年第1期，第153页。

② 指日本对地方行政机构和特殊法人等公共企事业团体实行监督的制度，即行政监察部门和所委托的人员，同因行政失误而遭受损害的国民进行直接或间接的交谈，听取改善行政的意见。邓文友：《行政监察大辞典》，四川辞书出版社，1991，第33页。

等方式进行监督；人事院主要监督公务员的行为；公平交易委员通过防止政府对市场公平竞争的不当干预监督政府行为。

3. 监审合一模式

行政机关或其工作人员的违法行为往往与经济关系密切，将行政监察与财务监督合一就成为许多国家监察模式的选择。监审合一指的是行政监察机关与审计机关合二为一，监察机关不仅拥有行政监察的权力，而且拥有财务审计的权力，这两种权力分别由监察机关内部的不同部门行使，相互配合，共同完成监察职能。墨西哥、波兰、韩国、芬兰等国家采取的就是这种模式。例如，墨西哥的联邦监察部由主管行政监察和财务审计的两个独立部门共同组成，行政监察部门负责主管政府机构精简工作、监督公务员履职情况，财务审计部门负责审查政府预算和收支以及公务员财产申报等情况。再如，波兰的最高监察院是独立于政府部门的国家监督机构，负有行政监察和审计监察两方面的职责，不但对政府行政部门的工作和法律执行情况进行监督，而且对国家预算和财政资金使用情况进行监督，从而规范行政行为。监审合一模式在保证监察权专有行使的前提下，将行政监察和审计两个不同职能有机整合，扩大了监察机构的职权，提高了监察工作的效率，使监察机关在拥有广泛权力的基础上有效行使其监察权。

二、监察权概述

（一）监察权界定

1. 监察权的概念

明确监察权的概念，应先了解监察的概念。“监”是个象形字，本意指人临水照看自己的容颜，现指“从旁察看；监督”；“察”本意指屋檐向下覆盖，现指“仔细看；调查”。因而，“监察”的字面意思是从旁仔细看。根据《现代汉语词典》的解释，“监察”是指监督各级国家机关和机关工作人员的工作并检举违法失职的机关或工作人员。这个层面上的“监察”具有特定意义，是指享有监察权的机关依据法律规定行使专门的国家监督的一种活动。

监察权指行使监察职能的专责机关依法享有对行使公权力的公职人员的行为予以监督考察的权力。监察权因其权力本质而具有三方面的内容：首先，监察权是对行使公权力的公职人员的行为进行的一般监察；其次，监察权是对行使公权力的公职人员的非犯罪性违法行为进行的违法监察；最后，监察权是对行使公权力的公职人员涉嫌职务犯罪的行为进行的刑事方面的调查和处置。本质上，监察权是独立于立法权、行政权、司法权的国家权力，通过“以权治权”的方式来制衡国家权力，是一种比较特殊的权力。因其独立性，监察权在监督国家权力和巩固政权上具有一定的效力。我国的监察权现已完成了从行政监察权到国家监察权的转变。中华人民共和国成立伊始，我国采取行政监察模式，对国家行政机关及其工作人员以及国家行政机关任命的其他人员进行监督。2018 年监察体制改革后，我国采取国家监察模式，将监察机构从原来的行政机关中剥离出来，监察权不再具有行政色彩，而成为独立的国家监督性权力。

2. 监察权与行政权、检察权、纪检权的关系

（1）监察权与行政权。从性质上来看，行政权是国家独有的权力，是指国家行政机关依法管理国家行政事务的权力。国家因控制一定的社会资源，而要求公民、法人、其他组织等社会主体服从其意志。行政权反映国家意志。在行政监察制度下，监察权具有行政权性质，监察机关是人民政府行使监察职能的机关，对国家行政机关及其公务员和国家行政机关任命的其他人员实施监察。国务院监察机关主管全国的监察工作；县级以上地方各级人民政府监察机关负责本行政区域内的监察工作，对本级人民政府和上一级监察机关负责并报告工作，监察业务以上级监察机关领导为主。我国监察体制改革后，监察委员会具有独立性，是行使国家监察职能的专责机关，监督权的配置模式发生了变化，不再属于行政权的组成部分，不具有行政权性质，而是属于国家权力，成为与立法权、司法权和行政权并列的“第四种权力”。因而，监察权与行政权在性质上显然不同，这也是两者最本质的区别。

（2）监察权与检察权。检察机关是国家的法律监督机关，与监察机关一起发挥对公权力的监督作用。检察机关行使的检察权包括公诉、侦查、侦查监督、审判和执行监督以及行政监督等职权。在监察体制改革后，检察院查处贪污贿赂、失职渎职以及预防职务犯罪等职能由监察委员会行使，检察院不再行使针对贪污贿赂、失职渎职犯罪进行立案侦查的职务监督权，但这并不意味着检察院完全丧失了侦查权。根据《中华人民共和国刑事诉讼法》（以下简称《刑事诉讼法》）第一百七十条的规定，人民检察院对于监察机关移送起诉的案件，依照刑事诉讼法和监察法的有关规定进行审查。人民检察院

经审查认为需要补充核实的，应当退回监察机关补充调查，必要时可以自行补充侦查。根据《监察法》第四十七条的规定，对监察委员会调查后移送的案件，检察院经审查，认为需要补充核实的，应当退回监察机关补充调查，必要时可以自行补充侦查。此外，检察机关对部分刑事案件依旧享有侦查权，如非法拘禁罪、刑讯逼供罪等。可见，国家监察体制改革后，检察院仍然行使部分侦查权。

监察委员会行使的监察权主要是原属行政监察机关的违法违纪监察权和原属检察院的反贪污贿赂、反渎职侵权以及预防职务犯罪部门的刑事侦查权。监察权与检察权在权力适用对象、权力内容、权力行使方式等方面均有不同。从权力适用对象上看，监察权覆盖所有公职人员，是针对公职人员个人的监督；检察权的监督对象是司法机关、执法机关等国家机关的行为，并不针对个人。从权力内容上看，监察权包括对公职人员依法履职、秉公用权、廉洁从政从业以及道德操守情况进行监督检查；对职务违法和职务犯罪进行调查；对违法的公职人员依法作出政务处分决定；对履行职责不力、失职失责的领导人员进行问责；对涉嫌职务犯罪的，将调查结果移送人民检察院依法审查、提起公诉；向监察对象所在单位提出监察建议等职权。检察权不但包括侦查权，还包括公诉、侦查监督、审判和执行监督以及行政监督等职权。从权力行使方式上看，监察权通过监督、调查、处置的方式开展。具体来说，监察机关可以采取十二项措施，即讯问、询问、留置、搜查、调取、查封、扣押、勘验检查等调查措施以及谈话、查询、冻结、鉴定等手段。检察权包括法律监督权、刑事公诉权、提起公益诉讼权等权力，其中法律监督权包括侦查监督、审判监督、执行监督、行政监督等。检察院在行使这些权力时，采取不同的方式：对公安机关的侦查行为，检察院通过审查逮捕、审查起诉、监督立案和具体的刑事侦查活动等方式展开；对法院的审判行为，检察院通过抗诉或检察建议的形式进行监督；对民事和行政执行行为，检察院一般采取事前监督、事中监督和事后监督等方式进行；对刑事执行行为，检察院通过对刑事诉讼活动中的刑事强制措施决定、刑事判决裁定和强制医疗决定等的执行情况进行法律监督；对行政机关的行政行为，检察院以检察建议的形式进行监督。

监察权与检察权在行使的时候互相配合、互相制约。首先，检察院的公职人员属于监察对象。如果检察院在工作中发现其公职人员涉嫌贪污贿赂、失职渎职等职务违法或者职务犯罪的问题线索，应当移送监察机关，由监察机关依法调查处置。其次，监察权与检察权互相配合衔接。监察委员会在履行监督、调查、处置职责时，对涉嫌职务犯罪的，将调查结果移送检察院依法审查、提起公诉；如果涉嫌职务犯罪的被调查人主动认罪认罚，监察委员会可依法在移送检察院时提出从宽处罚的建议；对涉嫌犯罪取得的财物，监察委员会应当随案移送人民检察院。对监察委员会移送的案件，检察院依照《刑事诉讼法》对被调查人采取强制措施，并依法作出起诉决定、退回监察机关补充调查或自行补充侦查，或者作出不起诉决定。监察机关在调查贪污贿赂、失职渎职等职务犯罪案件过程中，被调查人逃匿，在通缉一年后不能到案，或者死亡的，应提请人民检察院依照法定程序，向人民法院提出没收违法所得的申请。此外，在办理案件过程中，监察权与检察权还涉及管辖、刑事证据转化、线索移送、应邀提前介入等程序性事务的衔接问题。

（3）监察权与纪检权。监察权与纪检权在权力性质、法律依据、权力适用对象、权力内容、权力行使方式等方面都有不同之处。从权力性质上看，监察委员会和党的纪律检查委员会都是反腐机构，两者合署办公，但是他们的性质不同，相应的，所行使的权力性质也不同。监察委员会是我国行使国家监察职能的专责机关，监察权是监察委员会对所有行使公权力的公职人员进行监察，调查职务违法和职务犯罪、开展廉政建设和反腐败工作、维护宪法和法律的尊严的权力。纪律检查委员会是中国共产党负责党内监督的专责机关，其任务之一就是要加强党风建设和组织协调反腐败，因而纪检权是查处党内领导干部和党员的违纪事件，并视情节轻重予以不同处理的权力。从法律依据上看，监察权的法律依据是《中华人民共和国宪法》（以下简称《宪法》）及《监察法》等法律；纪检权的法律依据是《中国共产党党章》以及党的组织法规、领导法规、自身建设法规、监督保障法规等党内法规。从权力适用对象上看，监察权适用于所有行使公权力的公职人员；纪检权适用于所有中国共产党党员。从权力内容上看，监察权的内容为监察委员会履行监督、调查、处置等职责；纪检权的内容为纪律检查委员会行使监督、执纪、问责等职权。从权力行使方式上看，监察权通过谈话、讯问、询问、搜查、留置、查询、冻结、调取、查封、扣押、勘验检查、鉴定等方式行使，对违法但尚不构成犯罪的公职人员，可以给予警告、记过、记大过、降职、撤职、开除等政务处分决定，对涉嫌职务犯罪的移送检察院审查提起公诉；纪检权通过谈话提醒、约谈函询、通报曝光、巡视、全面派驻、执纪审查、决定处分等方式行使。

（二）监察权的特点

以监察权的概念为基础，可以总结出监察权有以下特点：

1. 监察权必须由专责机关来行使

根据《宪法》和《监察法》的规定，各级监察委员会是国家的监察机关，是行使国家监察职能的专责机关。国家监察委员会的设置是我国监察体制改革的成果，也是我国国家机关权力配置的创新成果。监察机关成为与行政机关、审判机关、检察机关并列的国家机关，具有独立性，专司监察权。国家监察权必须由监察委员会作为专责机关来行使，这里的“专责”一方面强调监察权是由监察委员会这个专门性机关行使的专门职责，另一方面强调监察权更是监察委员会的专属职责，是监察委员会的使命与担当。

2. 监察权必须依法行使

2018年3月11日，第十三届全国人民代表大会第一次会议表决通过了《中华人民共和国宪法修正案》，其中第五十二条规定，宪法第三章“国家机构”中增加一节，作为第七节“监察委员会”。有关监察委员会的内容在此次宪法修正案中占了一半，为我国监察体制改革提供了国家根本法的依据。同年3月20日，第十三届全国人民代表大会第一次会议表决通过了《监察法》，为我国监察活动提供了专门的法律依据。《监察法》第三条规定：“各级监察委员会是行使国家监察职能的专责机关，依照本法对所有行使公权力的公职人员（以下称公职人员）进行监察，调查职务违法和职务犯罪，开展廉政建设和反腐败工作，维护宪法和法律的尊严。”《监察法》第四条第一款规定：“监察委员会依照法律规定独立行使监察权，不受行政机关、社会团体和个人的干涉。”《监察法》第五条规定：“国家监察工作严格遵照宪法和法律，以事实为根据，以法律为准绳；在适用法律上一律平等，保障当事人的合法权益；权责对等，严格监督；惩戒与教育相结合，宽严相济。”这些规定明确要求监察委员会要依法行使监察权。监察委员会作为国家监察机关，由国家权力机关产生，对国家权力机关负责，代表国家行使监察权，因而在行使职权时必须严格依照法律规定，不得侵害国家、社会、他人的合法权益。

3. 监察权是对行使公权力的公职人员的监督考察

监察权的适用对象是所有行使公权力的公职人员。从权力内涵上看，监察权是一种监督考察的权力。监察委员会通过监督和调查来监察所有行使公权力的公职人员的行为，对违法违规行为进行依法处置。监察委员会作为我国专门的反腐机构，根据《监察法》第十一条的规定，依法履行监督、调查、处置职责：①对公职人员开展廉政教育，对其依法履职、秉公用权、廉洁从政从业以及道德操守情况进行监督检查；②对涉嫌贪污贿赂、滥用职权、玩忽职守、权力寻租、利益输送、徇私舞弊以及浪费国家资财等职务违法和职务犯罪进行调查；③对违法的公职人员依法作出政务处分决定；对履行职责不力、失职失责的领导人员进行问责；对涉嫌职务犯罪的，将调查结果移送人民检察院依法审查、提起公诉；向监察对象所在单位提出监察建议。

（三）监察权的属性

1. 监察权的人民性

我国是人民民主专政的社会主义国家，《宪法》规定国家的"一切权力属于人民"，人民是国家的主人，因而，我国的国家权力来源于并属于人民，依照人民意志行使，并保障人民的利益。监察权是国家权力，它的产生和行使的目的都体现出监察权的人民性。首先，从监察权的产生来看，监察权具有人民性。根据《宪法》和《监察法》的规定，国家监察委员会由全国人民代表大会产生，对全国人民代表大会及其常务委员会负责，并接受其监督；地方各级监察委员会由本级人民代表大会产生，对本级人民代表大会及其常务委员会和上一级监察委员会负责，并接受其监督。人民代表大会是我国的权力机关，人民通过人民代表大会这一组织形式参与国家事务的管理，行使当家作主的权力，监察委员会的产生即体现出监察权是来自于人民的，即由人民产生，在本质上属于人民。其次，从监察权行使的目的来看，监察权具有人民性。人民是国家的根本，国家的一切发展都是为了人民。《中国共产党章程》指出："必须坚持以人民为中心的发展思想……做到发展为了人民、发展依靠人民、发展成果由人民共享。"然而，"是腐败社会毒瘤"，会导致人民群众的利益受到侵害。监察委员会作为国家反腐败机构，代表国家和人民的利益和意志，通过行使监察权，对所有行使公权力的公职人员进行监督，防止公职人员腐败，从而保障最广大人民的根本利益。

2. 监察权的政治性

政治是一种规范化的社会治理，监察制度是我国政治体制的重要组成部分。监察委员会由国家权力机关产生，是独立于行政机关和司法机关的国家监察机关。监察委员会行使的监察权既不是行政权也不是司法权，而是政治权。监察权的政治性从两个方面体现出来：第一，监察权以国家权力的形式存在，以权力制约权力，其目的是遏制公权力。监察权作为国家对所有行使公权力的公职人员行为进行制约、防止其贪污腐败的一种制约力量，符合政治权的特点，彰显了监察权的政治属性。第二，政治是政府、政党、集团或个人在国家事务方面的活动，是治理国家施行的措施。中国共产党是中国特色社会主义事业的领导核心，中国共产党的领导是党和国家的根本和命脉，在我国的反腐败工作中，必须加强党的集中统一领导。国家监察制度的建立是中国共产党坚定不移推进反腐败斗争的重大成就，是我国政治领域中理论创新与实践创新的结合，是重大的政治体制改革，只有坚持党的领导，才能构建集中统一、权威高效的国家监察体系。监察委员会与党的纪律检查机关合署办公，在党的领导下对所有行使公权力的公职人员进行监督，是我国推进国家治理体系和治理能力现代化的重大举措和必然要求。执纪与执法贯通，有利于党在国家治理中对权力运行的制约与监督，有利于净化政治生态。

知识链接

监察机关与党的纪律检查机关合署办公

中华人民共和国成立后，党把纪检监察工作提上了日程，1949年先后成立了政务院监察委员会和党的中央及各级纪律检查委员会。改革开放后，我国涉外经济交往中腐败问题严重，党风廉政问题受到严峻的挑战。基于此，1992年党的十四大报告首次提出“反腐败斗争”的概念。根据1993年2月《中共中央、国务院批转〈关于中央纪委、监察部机关合署办公和机构设置有关问题的请示〉的通知》，除深圳以外，地方各级纪检和监察机关先后完成了合署。合署后的纪检监察机关实行一套工作机构、两个机关名称的体制，履行党的纪律检查和行政监察两项职能。在此形势之下，合署办公的纪检监察机关查办了一大批“大案要案”，开启了反腐败的新局面。

2016年11月起，中央部署在北京市、山西省、浙江省开展国家监察体制改革试点，成立监察委员会，作为行使国家监察职能的专责机关。党的纪律检查委员会、监察委员会合署办公。2017年10月，党的十九大召开，习近平总书记在报告中指出：“深化国家监察体制改革，将试点工作在全国推开，组建国家、省、市、县监察委员会，同党的纪律检查机关合署办公，实现对所有行使公权力的公职人员监察全覆盖。”2021年9月20日起施行的《监察法实施条例》规定：“监察机关与党的纪律检查机关合署办公，坚持法治思维和法治方式，促进执纪执法贯通、有效衔接司法，实现依纪监督和依法监察、适用纪律和适用法律有机融合。”国家监察体制改革后的合署办公模式，与1993年的合署办公模式最大的区别在于，之前的监察机关属于政府序列，改革后的监察机关完全从政府系统中分离出来，成为一个独立的国家监察机关，以《宪法》《监察法》等作为法律依据，实现了“监督全面覆盖”的目标。合署办公使机构更加精简，提高了办事效率，更好地发挥了监督功效。

3. 监察权的独立性

我国《宪法》第一百二十七条和《监察法》第四条规定：“监察委员会依照法律规定独立行使监察权，不受行政机关、社会团体和个人的干涉。”国家监察体制改革后，我国原有的行政监察模式转变为独立的国家监察模式，监察机构不再隶属于行政机关，监察权不再具有行政性，监察委员会作为国家监察机关，独立行使监察权。在行政监察模式下，监察权属于行政权的一部分，行政机关及其公职人员兼具监察主体和监察对象双重身份，难以形成有效监察。另外，在原有的反腐败体制下，职务犯罪的侦查权、审查起诉权和提起公诉权均由检察机关行使，导致检察机关自侦自诉，存在既当运动员又当裁判员之嫌。在现有国家监察体制下，监察权由监察委员会独立行使，监察机关与行政机关、审判机关、检察机关之间的关系是平行的，不存在隶属关系。监察机关办理职务违法和职务犯罪案件，与审判机关、检察机关、执法部门互相配合，互相制约，以保证监察权独立、高效、权威地行使并发挥作用。监察权的独立性符合我国反腐败工作的需要，对我国反腐败工作具有重要意义。

4. 监察权的监督性

“绝对的权力导致绝对的腐败”，一切公权力都应当受到监督和制约。我国历来重视国家权力监督体系的建设及创新，监督制度的建设与完善一直是国家制度体系构建的重要内容。在一定程度上，我国宪法的核心特征之一就是确立了国家监督的机制，通过设立监督机制，对其他国家机关及其工作人员进行监督，对其违反宪法和法律的行为加以纠正。① 监察委员会作为国家监察机关的地位是宪法确立的，《宪法》第一百二十三条规定：“中华人民共和国各级监察委员会是国家的监察机关。”监察一词本身就具有监督之意，加之监察机关依据宪法规定行使监察权，因而监察权天然就具有监督性，监察机关天然就是承担着监督职责的国家机关。根据《监察法》第十一条的规定，监察委员会对涉嫌贪污贿赂、滥用职权、玩忽职守、权力寻租、利益输送、徇私舞弊以及浪费国家资财等职务违法和职务犯罪进行调查，监察机关所行使的监察权属于我国国家监督体系的组成部分，自然具有监督性。国家监察体制改革及监察委员会的建立，进一步将公权力置于全方位、无死角的监督之下。

第二节　监察法概述

一、监察法概念

监察法是国家制定的调整监察法律关系、规范监察活动的法律规范的总称。监察法有狭义和广义之分。狭义的监察法是指我国最高权力机关制定颁行的《监察法》，对国家监察工作起统领性和基础性作用；广义的监察法除了包括《监察法》外，还包括《监察法实施条例》《刑事诉讼法》以及监察规范性文件等有关监察工作和行为的规定。

为了深化国家监察体制改革，加强对所有行使公权力的公职人员的监督，实现国家监察全面覆盖，深入开展反腐败工作，推进国家治理体系和治理能力现代化，2018 年 3 月 20 日，第十三届全国人民代表大会第一次会议表决通

① 秦前红：《困境、改革与出路：从“三驾马车”到国家监察——我国监察体系的宪制思考》，《中国法律评论》2017 年第 1 期。

过了《监察法》，并自公布之日起开始施行，第八届全国人民代表大会常务委员会第二十五次会议于1997年5月9日修订通过并施行的《中华人民共和国行政监察法》同时废止。《监察法》以成文法典的形式，把党对反腐败工作的集中统一领导机制固定下来。“法律是治国之重器，良法是善治之前提”，作为反腐败国家立法，《监察法》的出台是我国反腐败工作法治化的体现，在我国政治制度和法律制度中具有里程碑的意义。

《监察法》共九章六十九条，涉及监察机关及其职责、监察范围和管辖、监察权限、监察程序、反腐败国际合作、对监察机关和监察人员的监督以及法律责任等内容。

一是明确了国家监察体制的领导和指导思想。根据《监察法》第二条规定，国家监察工作坚持中国共产党的领导，并以马克思列宁主义、毛泽东思想、邓小平理论、“三个代表”重要思想、科学发展观、习近平新时代中国特色社会主义思想为指导。

二是明确了监察工作的原则和方针。监察工作的原则：监察委员会依照法律规定独立行使监察权，不受行政机关、社会团体和个人的干涉。监察机关办理职务违法和职务犯罪案件，应当与审判机关、检察机关、执法部门互相配合，互相制约。监察机关在工作中需要协助的，有关机关和单位应当根据监察机关的要求依法予以协助。国家监察工作严格遵照宪法和法律，以事实为根据，以法律为准绳；在适用法律上一律平等，保障当事人的合法权益；权责对等，严格监督；惩戒与教育相结合，宽严相济。监察工作的方针是坚持标本兼治、综合治理，强化监督问责，严厉惩治腐败；深化改革、健全法治，有效制约和监督权力；加强法治教育和道德教育，弘扬中华优秀传统文化，构建不敢腐、不能腐、不想腐的长效机制。

三是明确了监察委员会的地位和职责。国家监察委员会是最高监察机关，由全国人民代表大会产生，负责全国监察工作；省、自治区、直辖市、自治州、县、自治县、市、市辖区设立监察委员会，由本级人民代表大会产生，负责本行政区域内的监察工作。国家监察委员会领导地方各级监察委员会的工作，上级监察委员会领导下级监察委员会的工作。监察委员会履行的职责是监督、调查和处置。

四是实现了对所有行使公权力的公职人员监察全覆盖。监察机关对下列公职人员和有关人员进行监察：①中国共产党机关、人民代表大会及其常务委员会机关、人民政府、监察委员会、人民法院、人民检察院、中国人民政治协商会议各级委员会机关、民主党派机关和工商业联合会机关的公务员，以及参照《中华人民共和国公务员法》管理的人员；②法律、法规授权或者受国家机关依法委托管理公共事务的组织中从事公务的人员；③国有企业管理人员；④公办的教育、科研、文化、医疗卫生、体育等单位中从事管理的人员；⑤基层群众性自治组织中从事管理的人员；⑥其他依法履行公职的人员。

五是明确了监察机关的权限。①监察机关在行使职权时，对被调查人员可以依法采取谈话、讯问、询问、查询、冻结、调取、查封、扣押、搜查、勘验检查、鉴定、留置等措施。②监察机关可以根据案件需要，依法采取技术调查、通缉、限制出境等措施。

六是规定了严格的监察程序。《监察法》对监察机关办理案件的程序进行了严格规定，从接到报案或举报获取案件线索，到立案，再到行使监督、调查、处置权时各项措施的采取以及人民检察院对监察机关移送案件的处理等程序作了具体规定，以保证监察机关正确行使权力。

七是明确规定了加强反腐败国际合作。《监察法》以专章规定反腐败国际合作，由国家监察委员会统筹协调反腐败国际合作中的各项工作与事项，并督促有关单位做好追逃、追赃、防逃等具体工作。

八是明确了对监察机关和监察人员的监督。《监察法》从监督内容、监督方式等方面对监察机关和监察人员的监督作出了具体规定。监察委员会应当接受本级人民代表大会及其常务委员会的监督；监察工作信息应当接受民主监督、社会监督、舆论监督；监察人员须接受其内部机构监督，并强化自我监督；通过与审判机关、检察机关、执法部门的互相配合、互相制约以及对监察机关及其工作人员法律责任的承担，明确对监察机关及其工作人员行为的约束和监督。

九是明确了被调查人员的救济权。“无救济即无权利”，为了保护被调查人的合法权益，《监察法》赋予被调查人员救济权。例如，第四十九条关于复审、复核的规定，第六十条关于申诉的规定，第六十七条关于侵犯公民、法人和其他组织的合法权益造成损害的国家赔偿的规定等，这些规定都与被调查人员的救济权有关，对保障被调查人员合法权益具有重要意义。

二、监察法的特点

（一）监察法体现出坚持党的领导

《监察法》第二条规定：“坚持中国共产党对国家监察工作的领导”。中国特色社会主义最本质的特征是中国共产党领导，中国特色社会主义制度的最大优势是中国共产党领导，坚持党对反腐败工作的领导是根本政治原则。监察委员会是国家监察机关，其性质和地位决定了监察委员会必须在党的集中统一领导下开展各项工作。《监察法》从制定过程、立法内容到实施保障都离不开党的领导。《监察法》以法律形式将党的十八大以来全面从严治党的理论和实践成果固定下来，确保我国的反腐败工作依法进行，并促使我国反腐败工作在制度保障的前提下规范化开展。

（二）监察法是反腐败国家立法

作为反腐败国家立法，监察法为我国反腐败工作提供了法律保障。《监察法》是为了推进全面依法治国，实现国家监察全面覆盖，深入开展反腐败工作而制定的法律。《监察法》是全国人民代表大会制定的、规范我国监察工作的基本法律。它的出台，使我国反腐败工作有了基本法律依据。全面依法治国要求必须坚持厉行法治，推进科学立法、严格执法、公正司法、全民守法，《监察法》是监察委员会行使监察权的法律依据，使得监察工作于法有据。例如，《监察法》以留置措施取代了原来的“两规”，具体规定了采取留置措施的对象与情形、留置措施的决定和批准程序、留置期限、留置地点、被留置人员合法权利的保障等内容，体现出监察程序的正当性和规范性。

（三）监察法整合了分散的反腐败力量

《监察法》明确规定:“各级监察委员会是行使国家监察职能的专责机关”。监察体制改革整合了原来分散于各处的反腐败工作力量，将原属于检察机关的查处贪污贿赂、失职渎职及预防职务犯罪职能与原行政监察机关的职能整合到一起，由监察委员会统一行使。监察委员会同党的纪律检查机关合署办公，不但可以解决不同性质机关之间职能的交叉重叠问题，把执纪和执法贯通起来，形成反腐败合力，而且加强了党对反腐败工作的统一领导，实现了对所有行使公权力的公职人员监察全覆盖。整合后的监察委员会是国家监察机关，具有独立的法律地位，拥有监督、调查、处置的职权，可以排除干预，集中力量有效开展监察工作，并有利于反腐责任的落实。

（四）监察法实现了对监察对象的全覆盖

监察体制改革之前，行政监察对象主要是三类人员，即国家行政机关及其公务员和国家行政机关任命的其他人员；法律、法规授权的具有公共事务管理职能的组织及其从事公务的人员；国家行政机关依法委托从事公共事务管理活动的组织及其从事公务的人员。行政监察对象范围的有限性，使得立法机关、司法机关、国有企业和事业单位及其他行使公权力的公职人员都无法包括在监察范围内，存在监察盲区。《监察法》将监察对象范围扩大至六类主体，对所有行使公权力的公职人员进行监察，消除盲区，填补了以往监察对象范围上的空白，实现了监察全覆盖。

三、监察法的属性

（一）监察法是基本法律

基本法律是全国人民代表大会制定和修改的法律，其效力仅次于宪法。根据我国《宪法》和《立法法》的规定，全国人民代表大会制定和修改刑事、民事、国家机构的和其他的基本法律。基本法律的立法机关是全国人民代表大会，内容是关于刑事、民事、国家机构等。《监察法》从立法主体和内容上，均符合国家基本法律的特点。从立法主体上看，《监察法》是由全国人民代表大会制定的，符合基本法律的制定主体特点；从内容上看，《监察法》是关于国家机构设置及其职权的法律，对我国的国家机构进行了重要调整，在国家机构体系中增加了监察委员会作为国家监察机关，赋予其国家监察职能。因而，《监察法》符合基本法律的特点，作为我国监察体制改革的成果，必将进一步推动我国监察体制改革的深化，推进国家治理体系和治理能力现代化。

（二）监察法是公法

公法是相对于私法而言的。私法是调整私人之间法律关系的，不涉及公权力领域，比如公民、组织之间的有关私人利益的关系；公法则是调整国家和公共利益的，涉及国家机关的组成和权力以及国家机关之间、国家机关与其组成人员之间、国家机关与公民和组织之间的法律关系。《监察法》是关于公权力配置的法律，规定国家监察机关的设置和监察权的权限，调整国家监察机关与国家权力机关、司法机关及党的纪律检查机关的关系、监察机关内部的权力划分及关系、监察机关与监察对象的关系等，这些关系都属于公法的调整对象，其法律关系中主体地位不对等。

（三）监察法是综合性法律

1. 监察法既是组织法，也是行为法和程序法

组织法是规范国家机关的组成和活动原则的法律。监察法中涉及的我国监察机关的性质定位、组织体系、产生方式、与其他国家机关的关系、上下级监察委员会之间的关系以及监察委员会的工作原则等，均属于组织法的范畴。行为法是规范主体行为的法律。监察法规定了监察委员会的监察行为，如监督、调查、处置等监察职责的行使，监察措施的采取等，对这些行为方式的规定属于行为法的内容。程序法是保证权利和义务得以实现或履行的程序性法律规范，监察法中规定了立案、管辖、监察对象以及具体的监察程序等内容，这些内容属于程序法的内容。

2. 监察法既是授权法又是限权法

对国家机关来说，“法无授权不可为”，也就是说权力必须在法律规定的权限范围内运行，法律如果没有明确的授权，该国家机关就不能行使相关权力。监察法明确规定各级监察委员会是行使国家监察职能的专责机关，将国家监察权授予各级监察委员会行使，并对监察机关的职责和权限内容、监察人员职权的来源和范围等作出具体规定，具有授权法的特征。同时，监察法从以下几个方面对监察人员的权力进行了规范与限制：首先，监察法规定国家监察工作严格遵照宪法和法律，监察机关和监察人员应当依法行使监察权。其次，监察法规定了监察机关与审判机关、检察机关、执法部门互相配合、互相制约的机制。再次，监察法规定了对监察机关的监督形式，包括人大监督和自我监督等监督方式。人大监督表现在监察机关应当接受本级人民代表大会及其常务委员会的监督；人民代表大会代表或者常务委员会组成人员在本级人民代表大会及其常务委员会举行会议时，可以依照法律规定的程序，就监察工作中的有关问题提出询问或者质询。自我监督表现在监察人员的回

避，脱密期管理，监察人员辞职、退休后从业限制，对监察机关及其工作人员不当行为的申诉和责任追究等方面。除了人大监督和自我监督外，还有民主监督、社会监督、舆论监督等。最后，监察法明确规定了监察人员的法律责任，对违法行使监察职权行为的处理作出了规定。监察法在授予监察机关及监察人员职权的同时，对监察权的行使进行了限制，彰显了其兼具授权性与限权性的特点。

四、监察法律关系

（一）监察法律关系概述

1. 监察法律关系的概念

法律关系是法律在调整人们行为的过程中形成的权利义务关系。构成法律关系的三要素是法律关系的主体、法律关系的客体和法律关系的内容。监察法律关系是在监察工作中形成的，受监察法所调整的，监察委员会与监察对象之间以监察权利义务为内容的法律关系。监察法律关系由监察法律关系的主体、监察法律关系的客体和监察法律关系的内容三要素构成。

2. 监察法律关系的特征

（1）监察法律关系是受监察法调整而形成的权利义务关系。法律关系是受法律调整而形成的权利义务关系，不同的法律调整不同的社会关系，从而形成不同的法律关系。刑事法律关系是受刑法调整所形成的权利义务关系，民事法律关系是受民法调整所形成的权利义务关系，行政法律关系是受行政法调整所形成的权利义务关系，诉讼法律关系是受诉讼法调整所形成的权利义务关系，等等。监察法律关系是法律关系中的一种，是受监察法调整而形成的权利义务关系。

（2）监察法律关系主体的一方是监察委员会。监察法律关系受监察法调整，并存在于监察委员会与其他主体之间，如果缺失监察委员会，监察法律关系将不存在。在监察体制改革之前，我国并没有作为国家监察机关的监察委员会，也因此没有监察委员会开展国家监察职能的工作和活动，当然也不可能有以监察委员会为一方主体的监察法律关系。监察体制改革之后，监察法律关系就是监察委员会在实现监察职能时发生的各种社会关系的法律化，监察委员会成为监察法律关系主体的一方。

（3）监察法律关系中主体地位不对等。在监察法律关系中，监察委员会与监察对象地位不对等。监察委员会行使国家监察权，始终处于主导地位，支配着整个监察法律程序，而监察对象则处于被支配的地位。这种不对等性具有合法性和必要性基础，有利于保障监察委员会履行监察职能，保证国家监察工作的有序开展。监察委员会与监察对象之间的权利义务具有法律强制性，监察委员会行使国家监察职能，监察权不能被放弃和转让。此外，根据《监察法》第十五条第一款的规定，监察委员会中的公职人员同样是监察机关的监察对象，当监察工作人员存在职务违法及职务犯罪行为时，监察机关与其工作人员之间就产生了监察法律关系。另外，由于监察工作人员的特殊身份，监察机关可以通过内部监督的方式对其行为进行约束。

（二）监察法律关系的构成要素

1. 监察法律关系的主体

监察法律关系的主体是指在监察法律关系中享有权利和承担义务的组织和个人。监察法律关系的主体是监察法律关系的参与者，具体包括监察委员会和监察对象。正是因为监察委员会行使监察权才产生了监察法律关系，因此监察委员会毋庸置疑是监察法律关系的主体。监察委员会对涉嫌贪污贿赂、滥用职权等职务违法和职务犯罪行为进行调查，所有公职人员及符合规定的有关人员都是监察委员会的监察对象，当他们因涉嫌违法违纪接受监察委员会的监督、调查、处置时，就成为监察法律关系的一方主体。

2. 监察法律关系的内容

法律关系的内容表现为法律关系主体所享有的权利和承担的义务。私法调整平等主体间的权利义务关系，故作为法律关系内容的权利与义务在私法法律关系中体现得更为明显。在公法法律关系中，由于法律关系主体中的一方为国家机关，行使国家权力，因此其权利义务内容表现为国家机关的权力与职责以及相对方的权利与义务。监察法律关系的内容就是监察法律关系主体依法享有的权利和所承担的义务。由于监察法律关系的主体地位不同，其所享有的权利和承担的义务也不同。

（1）监察委员会的权力与职责。监察委员会是行使国家监察职能的专责机关，其享有的监察权是宪法和法律赋予的。根据《监察法》第十一条的规定，监察委员会依法履行监督、调查、处置职责。总的来说，监察委员会依法享有监察权，对所有行使公权力的公职人员进行监察，调查职务违法和职务犯罪，开展廉政建设和反腐败工作，维护宪法和法律的尊严。同时，监察委员会的权力与其职责是紧密相联的。监察委员会依法履行监督、调查、处置职责，因而，其监察权表现为监督、调查、处置权，同时，监督、调查、处置也是监察委员会应当承担的义务，监察机关不能放弃或怠于行使监察权，其必须在法律规定的范围内依法对监察对象进行监察，否则也需要承担责任。因此，在监察法律关系中，监察委员会的权利具体表现为依法行使监察权，监察委员会的义务具体表现为不依法履职所要承担的责任。

（2）监察对象的权利与义务。监察对象享有维护其合法权益、促使监察工作依法开展的各项具体权利。比如，在监察过程中，监察对象可以要求监察人员回避；对监察机关及其工作人员违法违规的行为可以申诉，对处理决定不服的，可以申请复查；对监察机关作出的涉及本人的处理决定不服的，可申请复审，对复审决定仍不服的，还可申请复核；对侵犯自己合法权益造成损害的，可以申请国家赔偿；等等。同时，为了维护监察秩序，依法接受监察，监察对象还必须履行相应的法律义务。比如，依法接受调查措施；不得伪造、变造、隐匿、转移、篡改、毁灭证据；不得妨碍案件查处；履行已生效的处分决定；等等。

3. 监察法律关系的客体

监察法律关系的客体是指监察法律关系主体享有权利和承担义务所指向的对象，也就是在监察活动中，作为监察法律关系主体的监察机关行使职权的行为及作为监察对象的公职人员的违法违纪行为。监察法律关系的客体构成监察法律关系形成的基础。监察委员会履行监察职能是监察活动产生的前提，而引起监察活动的直接原因是国家公职人员的职务违法或职务犯罪行为或者事实。基于此，监察机关展开一系列监察活动。监察法律关系是根据法律规范有意识、有目的建立起来的，反映了国家依法反腐的意志。根据《监察法》第十一条的规定：一方面，监察委员会负责对公职人员开展廉政教育并对其依法履职情况进行监督；另一方面，监察委员会对涉嫌职务违法和职务犯罪的行为进行调查并依法对违法违纪的公职人员作出相应处置。因而，监察法律关系的客体包括：公职人员的违法违纪行为及事实；监察机关依法对公职人员的违法违纪事实行使监察权，即进行监督、调查和处置的行为。

五、监察法的作用

总的来说，监察法是一部对国家监察工作起统领性、基础性作用的法律。[①]具体来讲，监察法的作用体现如下：

1. 监察法保障和规范了国家监察职能的行使

首先，监察法保障国家监察职能的行使。监察法规定了监察机关的性质地位、职能职责、监察范围、监察权限、监察程序、法律责任等重要内容，为监察委员会行使监察权提供了法律保障，为中国特色国家监察制度的运行提供了基本法律依据。其次，监察法严格规定了监察委员会行使监察权的权限和程序，规定了对监察机关和监察人员的监督及其违反规定时应承担的法律责任，为监察机关和监察人员的履职提供了行为规范，有利于监察工作的规范化、法治化。

2. 监察法加强了监察力度

监察法规定监察对象为所有行使公权力的公职人员，包括党内和党外的全部公职人员，从而实现监察范围的全覆盖。另外，任何只针对违法行为享有调查权，而不具有查处权和惩治权的权力，都难以具备权威性。监察机关履行的监督、调查、处置三项职责增强了监察力度。监察机关可以依法留置被调查人，对违法的公职人员依法作出政务处分决定，对涉嫌职务犯罪的，将调查结果移送人民检察院依法审查、提起公诉，实际上加强了监察机关的监察力度。《监察法》的出台加强了监察机关行使职权的力度，使监察权的行使真正具备了强制性和权威性。

3. 监察法促进反腐败制度化、法治化

监察法是反腐败国家立法，为我国反腐败工作提供了制度化、法治化保障。监察法颁布以前，我国行政系统内部监督机制包括行政监察和审计，外部监督机制包括人大监督、司法监督、检察监督和社会监督。尽管这些监督方式取得了一定成效，但根治腐败问题收效甚微。《监察法》的出台，有利于深

---

① 监察法草案提交第十三届全国人民代表大会第一次会议审议前，全国人民代表大会常务委员会法制工作委员会国家法室副主任童卫东接受媒体采访时说："监察法是一部对国家监察工作起统领性、基础性作用的法律。"

入推进党风廉政建设和反腐败斗争，构建集中统一、权威高效的中国特色国家监察体制，使国家监察权力依法运行，从国家法的高度实现反腐败工作的制度化和法治化。

第三节　监察法与相关法律的关系

一、监察法与宪法的关系

宪法是国家的根本大法，在我国法律体系中，位阶最高，具有最高的法律效力；监察法是全国人民代表大会制定的基本法律。宪法与监察法的关系是根本法与基本法的关系。监察法应当以宪法为立法依据，符合宪法的理念、原则和精神，不得与宪法相冲突。

2018 年宪法的修改和监察法的制定，始终围绕着这一理念，体现出基本法律应符合国家根本法的关系。国家监察体制改革开始时，各界围绕关于是先修改宪法还是先制定国家监察法展开了一系列讨论。多数学者认为必须要先修改宪法，只有在宪法中增加监察委员会相关条文，才能“名正言顺”地制定监察法，为其提供宪法上的依据和保障，否则有“违宪”的嫌疑。反对观点则认为宪法中规定国家的一切权利属于人民，而人民代表大会作为代表人民行使权力的国家权力机关，有制定和修改基本法律的权力，因此不经过修改宪法而直接制定有关国家机构的基本法律亦是可行的，且《监察法》是对《行政监察法》的修改而非重新制定。为了维护宪法作为国家根本大法的地位和权威，最终采取了先修宪、后立法的路径。第十三届全国人民代表大会第一次会议通过宪法修正案，在“国家机构”一章中增加了对监察委员会的专门性规定，并对其他条款做了相应调整，确认了监察委员会作为国家机构的宪法地位，为监察法的制定与实施提供了根本法意义上的保障。随后，《监察法》明确规定“根据宪法，制定本法”，实现了监察法与宪法的衔接。国家监察体制改革坚持在宪法框架之下，将党的主张通过法定程序上升为国家意志，贯彻了重大改革于法有据的要求，有利于国家政治体制的稳定。

具体来看，宪法为监察法提供立法依据和立法指导表现在以下方面：

1. 监察法的立法主体必须符合宪法规定

我国《宪法》第六十二条规定，全国人民代表大会有制定和修改刑事、民事、国家机构的和其他基本法律的职权。监察机关是新增设的国家机构，监察法是关于国家机构的法律，因此应当由全国人民代表大会制定，这是符合宪法和立法法规定的。

2. 监察法的制定程序必须符合宪法规定

我国《宪法》第七十八条规定："全国人民代表大会和全国人民代表大会常务委员会的组织和工作程序由法律规定。"《中华人民共和国全国人民代表大会组织法》和《中华人民共和国全国人民代表大会议事规则》对全国人民代表大会制定法律的草案提出、审议、表决等作出具体规定。因此，监察法作为基本法律，其制定程序必须符合宪法和相关法律规定。

3. 监察法的指导思想必须符合宪法规定

监察法规定"以马克思列宁主义、毛泽东思想、邓小平理论、'三个代表'重要思想、科学发展观、习近平新时代中国特色社会主义思想为指导"，这与宪法的指导思想相一致。明确国家指导思想是宪法的一个重要特点，宪法在指导思想中及时反映党领导人民创新的最新成果。与宪法相一致，监察法确立的这一指导思想是全国各族人民团结奋斗的共同思想基础，是党的主张和人民意志的有机统一，也是宪法和监察法制定、修改和实施的基本依据。因而，监察法依据宪法规定，明确国家监察工作的指导思想，具有特殊的政治意义。

4. 监察法的内容必须符合宪法规定

作为基本法律，监察法本身就是源于宪法的。《监察法》第一条就开宗明义，规定"根据宪法，制定本法"，明确了宪法是监察法的立法根据和渊源，表明监察法的内容必须符合宪法的理念、原则和精神。宪法是公法，调整公法律关系，限制和规范国家权力。监察法作为反腐败的国家立法，正是国家为了制约公权力而制定的法律，涉及多个公权力主体间权力的制约与平衡关系。《宪法》第三章第七节为"监察委员会"，监察法在内容和表述与宪法规定保持一致的基础上，通过细化宪法规定，使宪法关于监察内容的规定更具操作性。

二、监察法与刑事诉讼法的关系

在我国法律体系中，监察法与刑事诉讼法都是全国人民代表大会制定的基本法律，处于同一位阶，具有相同的法律效力，都必须符合宪法的原则和精神，监察法和刑事诉讼法第一条都明确规定“根据宪法，制定本法”。但是，监察法与刑事诉讼法的职能定位和目标任务完全不同，监察法是在新时期党风廉政建设和反腐败斗争的背景下制定的反腐败立法，而刑事诉讼法是为了保证刑事实体权利义务的实现及程序公正而设立的法律。

具体而言，监察法与刑事诉讼法具有以下几方面的区别和联系：

（一）功能定位不同

刑事诉讼法功能定位于惩罚犯罪、保障人权。刑事诉讼法的主体包括公安机关、检察院和法院，侦查对象是普通的刑事犯罪嫌疑人，立案侦查的范围是除了贪污贿赂、渎职犯罪等职务犯罪以外的犯罪。刑事诉讼的功能是控诉、辩护和审判，控审分离、控辩平等、审判中立是刑事诉讼程序得以运行的基本原则。在刑事诉讼法中，从立案、侦查、起诉、审判到执行，所有的程序都需要公安机关、检察院、法院三方的共同参与。三方共同参与的过程也是权力互相约束、互相制衡的过程，通过权力的相互约束和制衡，可以更好地查清犯罪事实，惩罚犯罪。

监察法是一部反腐败的国家基本法，其功能定位于反腐败。监察法的调整对象是监察法律关系，主体一方为监察机关。根据《监察法》规定，监察委员会具有监督、调查和处置的职责。监察机关的第一项职责为对公职人员开展廉政教育，对其依法履职、秉公用权、廉洁从政从业以及道德操守情况进行监督检查。监察法规定的监督对象为所有行使公权力的公职人员，其通过监察机关行使监察职能，以监察公职人员是否恪尽职守、遵守党纪党规，是否存在消极不作为、怠政懒政的行为，是否存在涉嫌贪污贿赂、滥用职权、玩忽职守等职务违法或职务犯罪行为，旨在预防腐败、遏制腐败，进而消除腐败。因此，从监察权行使主体、监察对象、工作内容及监察机关职责等方面综合来看，监察法侧重于对涉嫌腐败的公职人员在违法犯罪前期进行全方位的监督调查，不仅包含对公职人员违反党纪党规的监察，也包含对其违法犯罪行为的监察。

（二）目标任务不同

刑事诉讼法是程序法，其目标任务在于保证准确、及时查明犯罪事实，惩罚犯罪，保护公民的人身和财产权利，维护刑事法律秩序。《刑事诉讼法》中明确规定了立法目的及任务：立法目的在于保证刑法的正确实施，惩罚犯罪，保护人民，保障国家安全和社会公共安全，维护社会主义市场秩序；立法任务是保证准确、及时地查明犯罪事实，正确应用法律，惩罚犯罪分子，保障无罪的人不受刑事追究，教育公民自觉遵守法律，积极同犯罪行为作斗争，维护社会主义法制，尊重和保障人权，保护公民的人身权利、财产权利、民主权利和其他权利，保障社会主义建设事业的顺利进行。

监察法是为了防止公权力恣意扩大而导致权力滥用，通过加强对行使公权力的公职人员的全过程监督，达到惩治腐败的目标。《监察法》第一条对立法目的作出明确规定：深化国家监察体制改革，加强对所有行使公权力的公职人员的监督，实现国家监察全面覆盖，深入开展反腐败工作，推进国家治理体系和治理能力现代化。监察法的制定将党在党风廉政建设和反腐败斗争中形成的丰富经验及成果以法律的形式固定下来，使改革成果法治化，为党更好地领导政治体制改革提供合法的依据，且将党内监督与国家机关监督、民主监督、社会监督、舆论监督等结合起来，构建了一个集中统一、权威高效的监督体系。监察法将所有行使公权力的公职人员统一纳入监察对象中，实现了从“纪法分开”到“纪法衔接”的转变，极大地凸显了对腐败零容忍的态度。监察法为党统一领导党风廉政建设和反腐败斗争提供了法律上的依据，有助于达到反腐败标本兼治的目标，契合了依规治党、依法治国的需求，对推进国家治理体系和治理能力现代化具有重大意义。

（三）监察法与刑事诉讼法的衔接机制

监察法与刑事诉讼法虽然在职能定位和目标任务上存在差异，但二者与其他法律共同构成了我国的社会主义法律体系，在维护社会秩序、促进社会发展方面发挥着不可或缺的作用。作为国家的基本法律，监察法和刑事诉讼法之间不是完全孤立的，而是互相联系、互相制约、互相促进的。2018 年 3 月 20 日，第十三届全国人民代表大会第一次会议表决通过了《监察法》，随后，《中华人民共和国刑事诉讼法修正案（草案）》（以下简称《草案》）于2018年5月10日公布。在《草案》征求意见稿中，有9条内容与完善监察法与刑事诉讼法的衔接机制相关，不仅涉及刑事诉讼法与监察法内容上的衔接规定，还涉及程序上的衔接规定。下文以《监察法》和《刑事诉讼法》为分析对象，探讨监察法与刑事诉讼法的衔接机制。

1. 内容上的衔接

（1）有关证据规定的衔接。《监察法》第三十三条规定："监察机关依照本法规定收集的物证、书证、证人证言、被调查人供述和辩解、视听资料、电子数据等证据材料，在刑事诉讼中可以作为证据使用。监察机关在收集、固定、审查、运用证据时，应当与刑事审判关于证据的要求和标准相一致。以非法方法收集的证据应当依法予以排除，不得作为案件处置的依据。"监察机关收集证据的要求和标准与刑事诉讼法中关于证据的要求和标准相一致，且监察法中的非法证据排除规则也应当适用刑事诉讼法的规定。《监察法》未明确"依法予以排除"中"法"的具体含义，但鉴于监察机关收集证据的要求和标准与刑事诉讼法规定相一致，故监察法中的非法证据排除与刑事诉讼法非法证据排除采取的应是同一种规则，以确保监察调查权与检察院起诉权更好地衔接。

（2）有关侦查权与调查权规定的衔接。监察法中的"监察调查权"是由原来针对职务犯罪的"刑事侦查权"转变而来的。侦查权适用于普通刑事案件，调查权则不一定适用在刑事案件中。具体而言，侦查权与调查权具有以下区别：其一，主体不同。调查权的主体是各级监察委员会，侦查权则因案件和程序的不同，由公安机关和检察院分别享有。其二，对象不同。调查权的对象是涉嫌职务违法或职务犯罪的公职人员，侦查权的对象是普通刑事犯罪嫌疑人。其三，措施不同。监察权中实现监督、调查、处置的措施主要包括谈话、讯问、询问、查询、冻结、调取、查封、扣押、搜查、勘验检查、鉴定、留置；侦查的措施主要包括讯问、询问、勘验、检查、搜查、查封、扣押、鉴定、技术侦查和通缉。其四，适用的法律不同。一般而言，调查权适用监察法，侦查权适用刑事诉讼法。值得注意的是，职务犯罪调查权在性质上类似于侦查权，在监察调查阶段适用监察法，而在移送检察院审查起诉时就适用刑事诉讼法，从这一点来看，二者存在程序衔接的空间。具体而言，侦查权与调查权的衔接体现在以下方面：第一，刑事侦查案件与监察调查案件的衔接。《监察法》

第十一条第二项将涉嫌贪污贿赂、滥用职权、玩忽职守、权力寻租、利益输送、徇私舞弊以及浪费国家资财等职务违法和职务犯罪的调查权纳入了监察机关的调查范围。基于监察法和刑事诉讼法有效衔接的目的，《刑事诉讼法》中不再规定有关贪污贿赂犯罪和国家工作人员渎职犯罪的侦查，以与监察调查权的范围相协调。《刑事诉讼法》第十九条第二款规定：“人民检察院在对诉讼活动实行法律监督中发现的司法工作人员利用职权实施的非法拘禁、刑讯逼供、非法搜查等侵犯公民权利、损害司法公正的犯罪，可以由人民检察院立案侦查。对于公安机关管辖的国家机关工作人员利用职权实施的重大犯罪案件，需要由人民检察院直接受理的时候，经省级以上人民检察院决定，可以由人民检察院立案侦查。”但是，该款仅规定了对司法机关工作人员利用职权侵犯公民权利及损害司法公正犯罪的侦查主体，以及公安机关管辖的国家机关工作人员利用职权实施的重大犯罪案件的侦查主体，若监察机关工作人员涉嫌这些犯罪，人民检察院是否是侦查主体？根据宪法和监察法的规定，监察机关与审判机关、检察机关、执法部门之间是一种互相配合、互相制约的关系。检察院是国家的法律监督机关，若仅将司法机关工作人员纳入检察院立案侦查的范围之内，而不对监察机关加以规制，难免会有不完善之处。另外，技术侦查措施规定中也涉及侦查权与调查权的衔接。《刑事诉讼法》将原有的重大贪污、贿赂犯罪案件采取技术侦查措施的规定删除，以保持与监察法调查内容相协调。故现行《刑事诉讼法》第一百五十条第一款规定，公安机关在立案后，对于危害国家安全犯罪、恐怖活动犯罪、黑社会性质的组织犯罪、重大毒品犯罪或者其他严重危害社会的犯罪案件，根据侦查犯罪的需要，经过严格的批准手续，可以采取技术侦查措施。该条第二款规定，人民检察院在立案后，对于利用职权实施的严重侵犯公民人身权利的重大犯罪案件，根据侦查犯罪的需要，经过严格的批准手续，可以采取技术侦查措施，按照规定交有关机关执行。第二，“侦查”含义的衔接。《刑事诉讼法》第一百零八条将“侦查”的含义规定为“公安机关、人民检察院对于刑事案件，依照法律进行的收集证据、查明案情的工作和有关的强制性措施”。刑事侦查包含“专门调查工作”[①]的内涵，但此“调查”不同于监察法中的调查。刑

① 在2018年10月《中华人民共和国刑事诉讼法》修正前，我国2012年《刑事诉讼法》第一百零六条规定，刑事诉讼法中“侦查”的含义是“公安机关、人民检察院在办理案件过程中，依照法律进行的专门调查工作和有关的强制性措施”。

事侦查中的调查仅包含对普通刑事犯罪案件的调查，而监察法中将调查的范围限定为职务违法和职务犯罪，将原本属于检察院侦查的职务犯罪案件予以吸收。为区别于监察法中的调查权，《刑事诉讼法》将“专门调查工作”改为“收集证据、查明案情的工作”，以表明调查权与侦查权的不同。但是也应注意到，监察机关办理职务违法和职务犯罪案件时，与公安机关、检察机关是互相配合、互相制约的关系。

（3）有关留置措施与刑事强制措施规定的衔接。《监察法》第二十二条规定了留置被调查人的四种情形，赋予留置措施合法性，明确规定留置期限最长不超过6个月。《刑事诉讼法》第六章规定我国的刑事强制措施主要包括拘传、取保候审、监视居住、拘留和逮捕五种。《刑事诉讼法》第一百七十条第二款规定：“对于监察机关移送起诉的已采取留置措施的案件，人民检察院应当对犯罪嫌疑人先行拘留，留置措施自动解除。人民检察院应当在拘留后的十日以内作出是否逮捕、取保候审或者监视居住的决定。在特殊情况下，决定的时间可以延长一日至四日。人民检察院决定采取强制措施的期间不计入审查起诉期限。”《刑事诉讼法》将作为刑事强制措施的拘留改成与留置衔接的普通措施，目的在于将监察机关的留置与人民检察院审查起诉相衔接，以便监察机关调查的证据能顺利进入人民检察院审查起诉程序中，避免6个月最长留置期限届满但案件调查未果却限制被调查人人身自由权情况的出现。

2. 程序上的衔接

（1）有关监察程序与检察程序规定的衔接。《监察法》第四十五条第四项是关于监察机关对涉嫌职务犯罪案件移送检察院审查的规定，第四十七条规定了检察院对监察机关移送审查案件退回补充调查、自行侦查或者提起公诉的几种具体情形。《监察法》无论从法律措辞上还是具体内容上都将监察程序与检察程序进行了很好的衔接。《刑事诉讼法》第一百七十条第一款规定了检察院对监察机关移送起诉案件的审查，具体表述为：“人民检察院对于监察机关移送起诉的案件，依照本法和监察法的有关规定进行审查。人民检察院经审查，认为需要补充核实的，应当退回监察机关补充调查，必要时可以自行补充侦查。”该规定内容与《监察法》第四十七条第三款规定在表述上完全衔接，此外，监察法中关于补充调查的期限与次数也与《刑事诉讼法》规定保持一致。《刑事诉讼法》第一百七十二条第一款规定：“人民检察院对于监察机关、公安机关移送起诉的案件，应当在一个月以内作出决定，重大、复杂的案件，可以延长十五日；犯罪嫌疑人认罪认罚，符合速裁程序适用条件的，应当在十日以内作出决定，对可能判处的有期徒刑超过一年的，可以延长至十五日。”《刑事诉讼法》第一百七十五条第三款规定：“对于补充侦查的案件，应当在一个月以内补充侦查完毕。补充侦查以二次为限……”

（2）有关指定监视居住规定的衔接。监察法将职务犯罪案件吸收后，特别重大贿赂犯罪案件不再作为指定监视居住的情形，因此《刑事诉讼法》删除了特别重大贿赂犯罪指定监视居住的规定，实现了与监察法在内容和形式上的衔接。故现行《刑事诉讼法》第七十五条规定：“对于涉嫌危害国家安全犯罪、恐怖活动犯罪，在住处执行可能有碍侦查的，经上一级公安机关批准，也可以在指定的居所执行。”

另外，《刑事诉讼法》缺席审判程序中，有关贪污贿赂犯罪和监察机关的内容也与监察法有衔接之处。综上，结合《监察法》和《刑事诉讼法》相关条文来看，两者在很多方面都有衔接性规定。

三、监察法与其他法律的关系

监察法的内容包括监察机关及其职责、监察范围和管辖、监察权限、监察程序、反腐败国际合作、对监察机关和监察人员的监督、法律责任等，由此看来，《监察法》采取了“综合立法”的方式，虽然只有六十九条，却既有组织法的内容，也有程序法的内容。因此，《监察法》的出台，除了对刑事诉讼法影响较大以外，对刑法、人民检察院组织法、国家赔偿法等法律也造成了一定的影响，监察法与这些法律也存在一定的关系。

1. 监察法与刑法的关系

监察法与刑法是综合性法律与实体法律的关系。监察法是综合性法律，刑法是实体法，在对行使公权力的公职人员职务犯罪案件进行监察时，适用监察法的规定，但是罪名的认定及应当承担的刑罚则需受刑法的规制。

2. 监察法与人民检察院组织法的关系

监察法与人民检察院组织法是综合性法律与组织法的关系。人民检察院组织法是专门的组织法，对检察院的机构设置、人员任免以及行使职权的程序等内容规定得较为详细。而监察法是一部综合性的法律，不但包括监察委员会的机构设置、人员产生及任免等组织法方面的内容，也包括监察对象、监察管辖、监察程序等程序法方面的内容，还包括反腐败国际合作、法律责任等内容。我国目前并没有一部专门的监察机关组织法。人民检察院组织法规定了各级人民检察院与专门人民检察院的组织与职权，确立了各级人民检察院的职权，这是检察机关依法行使监督权的法律依据，也是监察机关行使处置权的依据。为配合国家监察体制改革，《监察法》通过并公布施行之后，立法机关对人民检察院组织法中涉及检察院职权的条款进行了相应修改，避免了监察法与人民检察院组织法的矛盾冲突，以实现监察机关与检察机关职权的和谐统一。

3. 监察法与国家赔偿法的关系

监察法与国家赔偿法是综合性法律与救济法的关系。根据《国家赔偿法》的规定，国家机关和国家机关工作人员行使职权，有法定侵犯公民、法人和其他组织合法权益的情形，造成损害的，受害人有依照该法取得国家赔偿的权利。从性质上说，国家赔偿法就是一部救济法。《监察法》第六十条至六十七条规定了监察机关及其工作人员的法律责任，第六十七条明文规定了监察机关及其工作人员行使职权，侵犯公民、法人和其他组织合法权益造成损害的，依法给予国家赔偿。在具体进行国家赔偿时，存在两种意见：一是修改《国家赔偿法》，专设监察赔偿规定；二是制定专门的监察赔偿法律，作为监察赔偿的适用依据。2021 年 9 月施行的《监察法实施条例》细化了《监察法》的规定，首次明确了可以申请国家赔偿的具体情形，以及监察机关履行国家赔偿责任的程序和方式，使监察赔偿具有可操作性。

思考题

1. 简述监察权与检察权的异同。
2. 试述监察权的属性。
3. 简述监察法的概念与特点。
4. 简述监察法的作用。
5. 试述监察法律关系。
6. 试述监察法与宪法的关系。

推荐阅读文献

1. 魏昌东：《中国特色国家监察权的法治化建构策略——基于对监察“二法一例”法治化建构的系统性观察》，《政法论坛》2021 年第 5 期。

2. 王建国，谷耿耿：《宪制改革视域下监察委属性定位的法理逻辑》，《河南师范大学学报（哲学社会科学版）》2021 年第 3 期。

3. 杨抒见：《监察法律关系刍论》，《西南政法大学学报》2020 年第 6 期。

4. 张梁：《中国特色“二维”监察权：属性、使命与功能》，《广西社会科学》2020 年第 2 期。

5.《“御史监察”的历史构造与运转实效》，《法学研究》2020 年第 4 期。

6. 朱福惠：《论检察机关对监察机关职务犯罪调查的制约》，《法学评论》2018 年第 5 期。

7. 戴涛：《监察体制改革背景下调查权与侦查权研究》，《国家行政学院学报》2018 年第 1 期。

8. 马怀德：《再论国家监察立法的主要问题》，《行政法学研究》2018 年第 1 期。

9. 徐汉明：《国家监察权的属性探究》，《法学评论》2018 年第 1 期。

10. 姜明安：《国家监察法立法的若干问题探讨》，《法学杂志》2017 年第 3 期。

第二章　监察工作基本原则

学习目标　通过本章的学习，学生可以掌握以下内容：1. 深入理解六项基本原则的内涵；2. 深入理解监察法基本原则之于《监察法》立法目的和立法意义的作用；3. 监察法基本原则在提高反腐败效率和质量上的价值；4. 监察机关依法独立行使监察权原则和监察机关与审判机关、检察机关、执法部门互相配合，互相制约原则的关系。

关键概念　监察权独立原则；以事实为依据、以法律为准绳原则；平等原则；权责对等，严格监督原则；惩戒与教育相结合，宽严相济原则；标本兼治、综合治理原则

《监察法》是为了深化国家监察体制改革，加强对所有行使公权力的公职人员的监督，实现国家监察全面覆盖，深入开展反腐败工作而制定的法律，是一部对国家监察工作起统领性和基础性作用的法律。体现了全面从严治党与全面依法治国的有机统一，实现了党内监督与人民监督的有机结合，是理论与实践相结合的重大顶层设计，是新形势下为反腐败斗争提供坚强法治保障的现实需要，是推进国家治理体系和治理能力现代化的战略举措。《监察法》既是监察工作的组织法，专门规定了监察机关的性质、监察机关的定位、监委领导体制等，又是反腐败法。对监察工作原则的正确认识，有助于深刻认知监察工作制度体系与实践规范。

监察工作基本原则包括监察权独立原则；以事实为依据、以法律为准绳原则；平等原则；权责对等，严格监督原则；惩戒与教育相结合，宽严相济原则；标本兼治、综合治理原则。

第一节　监察权独立原则

监察权独立原则是为了排除行政机关、社会团体和个人对监察机关的非法干扰，同时明确监察机关与司法机关等在办理职务违法犯罪过程中的工作关系而确立的。建立中国特色国家监察体制，监察权依法有效运行是关键。我国《宪法》第一百二十七条明确规定："监察委员会依照法律规定独立行使监察权，不受行政机关、社会团体和个人的干涉。"《监察法》第四条予以重申："监察委员会依照法律规定独立行使监察权，不受行政机关、社会团体和个人的干涉。监察机关办理职务违法和职务犯罪案件，应当与审判机关、检察机关、执法部门互相配合，互相制约。监察机关在工作中需要协助的，有关机关和单位应当根据监察机关的要求依法予以协助。"

一、监察机关依法独立行使监察权的宪法规范基础

国家监察体制改革自2016年启动，历时两年，从北京、浙江、山西等部分省市试点到全国推开，逐渐形成了一个统一的国家权力监督机制，这一改革举措也引起了宪法上国家权力结构的重大变化。2018年3月11日，第十三届全国人民代表大会对现行宪法作出修改，其核心内容之一就是新增"监察委员会"一节，使原来以全国人大作为最高国家权力机关所领导下的"一府两院"模式转变成了"一府一委两院制"模式。《宪法》专门用五条（第一百二十三至一百二十七条）对监察委员会的性质、地位等核心问题作了规定。其中，第一百二十七条第一款是关于监察权的独立性问题的规范，即"监察委员会依照法律规定独立行使监察权，不受行政机关、社会团体和个人的干涉"。这与宪法对法院和检察院的权力规范的表述一致。从法律规范中我们可以看出立法本意：根本法旨在赋予法院、检察院、监察委员会这三大机构同等的宪法地位，让它们在各自的权力范围内，"依法""独立"行使职权，不受干涉。

（一）监察权独立的宪法与法律保障

《宪法》对监察权运行的核心内容加以规范，如明确了监察机关的性质、

地位、组成、产生、任期、职权、领导方式、工作机制及其独立性等。《监察法》根据宪法规范也作了相应规定，即“监察委员会依照法律规定独立行使监察权，不受行政机关、社会团体和个人的干涉”。但是国家监察权的边界何在？如何行使？具体权力行使规则是什么？《宪法》第一百二十四条（监察委员会的组织和职权由法律规定）则将其交给了法律，即《监察法》及其相关法律予以明确，这是国家为监察机关行使职权排除干扰进行的顶层设计。

（二）相关概念的解读

《宪法》第一百二十七条言及的“行政机关”应当解释为包括司法机关、检察机关、军事机关及狭义的行政权主体（包括国务院在内的各级人民政府及其机构、部门等）。将《宪法》第一百二十七条的“行政机关”作广义化理解符合立法本意。作为一个新设立的且是专门履行对公职人员进行监督问责的国家机关，只有在保证能拒绝除己以外的所有国家机关的非法干预的前提下，才能保证其真正的独立性。此外，作为新设国家机关，其工作职能是整合了原属于其他国家机关的职能，也只有做到真正的不受任何国家机关干涉才能完整地实现监督权。《宪法》第一百二十七条的“社会团体”主要是非政府组织，包括法人团体和非法人团体，也包括基层性群众自治团体。此外，关于“个人”，包括一切自然人，是剥离了各种政治、经济或文化身份的抽象意义上的私法人格者，当然也涵盖了党政干部，针对的是剥离其职权及影响力之外的个人行为。①

二、监察权的“独立性”

监察权的“独立性”，是指监察权由监察机关（即监察委员会）独立行使，除了依照宪法法律规定的限制与约束外，不受非法的影响、介入或干预的独立性。根据《宪法》第四十一条的规定，我国公民对于监察机关和监察机关工作人员的违法失职行为，有向有关国家机关提出申诉、控告或者检举的权利。即公民监督权之合法行使并不构成对监察权运行的非法干涉，一切依法对监察权运行的监督也不构成干涉。同时，对于公民的申诉、控告或者检举，

---

① 汪江连：《论监察机关依法独立行使监察权》，《法治研究》2018 年第 6 期。

有关国家机关必须查清事实，负责处理。任何人不得压制和打击报复。因此，《宪法》第一百二十七条第一款明确了监察委员会行使监察权，不受行政机关、社会团体和个人的干涉，是指不受非法干涉，依法的影响、介入或干预就不构成宪法第一百二十七条第一款意义上的“干涉”。监察机关及监察工作人员有权拒绝、制止非法干预和影响。只有保持监察权的独立性，才能保证监督权的正确实施，才能确保具体案件的合法处置，从而实现监察权的立法初衷与公众期待。监察权的独立性主要包括如下内容：

（一）监察权由监察机关（监察委员会）而非监察官或监察人员依法独立行使

简言之，监察权的独立性是组织化权力的独立性，一如我国的审判权、检察权由人民法院、人民检察院独立行使一样，是组织化（单位）独立权力，而非人格化（个人性）独立权力。[①]从《监察法》文本规范出发，不难看出法律将监察权归于“监察机关”[②]，而不是任何个人（监察人员或者监察官）。作为监察权的具体行使者，监察工作人员开展监察工作是受监察机关的指派，对外不具有个体独立性，在具体监察案件的处理过程中的独立性是有限的，重要事项的处置、决定以及施行都需要经由主管领导、上级领导或者监察机关领导机构批准。例如，关于留置权的适用，《监察法》第四十三条规定：“监察机关采取留置措施，应当由监察机关领导人员集体研究决定。设区的市级以下监察机关采取留置措施，应当报上一级监察机关批准。省级监察机关采取留置措施，应当报国家监察委员会备案。”关于限制出境措施的采取，《监察法》第三十条规定：“监察机关为防止被调查人及相关人员逃匿境外，经省级以上监察机关批准，可以对被调查人及相关人员采取限制出境措施，由公安机关依法执行。”《监察法》第四十二条对调查过程中的重要事项，规定了应当集体研究后按程序请示报告等等。因此，监察权的独立是监察机关（监察委员会）的独立，而非监察官或监察人员的独立，其工作原理与行政机关工作原理类同，明显区别于人民检察院和人民法院开展工作的方式和机制。监察工作强调集体决策，而抑制监察人员的个体决断资格与冲动，试图减少

---

① 汪江连：《论监察机关依法独立行使监察权》，《法治研究》2018年第6期。

② 《监察法》第三条：各级监察委员会是行使国家监察职能的专责机关。

个人的专断。

（二）权力制约原则

《监察法》第四条第二款规定："监察机关办理职务违法和职务犯罪案件，应当与审判机关、检察机关、执法部门互相配合，互相制约。"这是对监察机关与审判机关、检察机关、执法部门在办理具体案件中应遵循的基本原则的规定。审判机关是指各级人民法院，检察机关是指各级人民检察院，执法部门是指公安机关、国家安全机关、审计机关、质检部门、安全监管部门等行政执法部门。[①] 加强监督是国家治理现代化与法治化的必然选择，信任无法替代监督，只有在制约监督之下的权力才能成为真正的法治化权力。因此，监察机关接受制约监督也是监察机关的立身之本。《监察法》及《监察法实施条例》对监察机关接受制约监督作出了全面细致的规定。《监察法实施条例》第八条规定："监察机关办理职务犯罪案件，应当与人民法院、人民检察院互相配合、互相制约，在案件管辖、证据审查、案件移送、涉案财物处置等方面加强沟通协调，对于人民法院、人民检察院提出的退回补充调查、排除非法证据、调取同步录音录像、要求调查人员出庭等意见依法办理。"为此，必须建立互相配合、互相制约的机制。

1. 互相配合有利于充分发挥国家机关职能职责，形成反腐合力，实现反腐目标

《宪法》第一百二十七条对监察机关监察权的独立性加以规范，核心涵义是指监察权不受非法干预、影响。在具体职务违法与犯罪案件中，仅靠监察机关一己之力无法完成反腐工作，监察机关需要且必须与审判、检察和其他相关执法部门配合，才能实现对案件的正确、全面处理。例如，《监察法》第二十四条规定，在监察机关进行搜查时，可以根据工作需要提请公安机关配合，公安机关应当依法予以协助；《监察法》第二十九条规定，依法应当留置的被调查人如果在逃，监察机关可以决定在本行政区域内通缉，由公安机关发布通缉令，追捕归案；《监察法》第三十条规定，监察机关为防止被调查人及相关人员逃匿境外，经省级以上监察机关批准，可以对被调查人及

① 中共中央纪律检查委员会、中华人民共和国国家监察委员会法规室：《〈中华人民共和国监察法〉释义》，中国方正出版社，2018，第 65 页。

相关人员采取限制出境措施，由公安机关依法执行；《监察法》第三十四条规定，人民法院、人民检察院、公安机关、审计机关等国家机关在工作中发现公职人员涉嫌贪污贿赂、失职渎职等职务违法或者职务犯罪的问题线索，应当移送监察机关，由监察机关依法调查处置；《监察法》第四十三条第三款规定，监察机关采取留置措施，可以根据工作需要提请公安机关配合，公安机关应当依法予以协助。因此，《监察法实施条例》第九条规定："监察机关开展监察工作，可以依法提请组织人事、公安、国家安全、审计、统计、市场监管、金融监管、财政、税务、自然资源、银行、证券、保险等有关部门、单位予以协助配合。有关部门、单位应当根据监察机关的要求，依法协助采取有关措施、共享相关信息、提供相关资料和专业技术支持，配合开展监察工作"，并对《监察法》上述领域都予以具体细化规定。

2. 互相制约是为了防止权力滥用

监察机关整合了纪检、行政监察、预防腐败、反贪、反渎等多元的监督主体，将所有行使公权力的公职人员纳入监察范围，对所有行使公权力的公职人员进行监察，调查职务违法和职务犯罪，开展廉政建设和反腐败工作，维护宪法和法律的尊严，可谓"位高权重"。为了防止权力滥用，需建立有效的监督机制。有的学者认为，"对公权力的监督不能以单一机制来完成，如果一个监督机关权力过大，或者组织体系过于单一化，也存在行使职权过程中的风险与不确定性，特别是党纪、监察与反贪等司法权融为一体时，监督的有效性也会面临新挑战"。因此，我国《监察法》设计了对监察机关的综合监督模式。①

（1）党委监督。《监察法》第二条规定："坚持中国共产党对国家监察工作的领导。"《监察法实施条例》第二条规定："坚持中国共产党对监察工作的全面领导，增强政治意识、大局意识、核心意识、看齐意识，坚定中国特色社会主义道路自信、理论自信、制度自信、文化自信，坚决维护习近平总书记党中央的核心、全党的核心地位，坚决维护党中央权威和集中统一领导，把党的领导贯彻到监察工作各方面和全过程。"制定《监察法》，设立监察委员会，是国家为深入开展反腐工作而作出的重大政治体制改革。反

① 齐小力，陆冬华：《论公安机关和监察机关互相配合、互相制约》，《中国人民公安大学学报（社会科学版）》2018 年第 3 期。

腐不仅是法治现代化国家的标志，也是一件政治性很强的工作，必须在党中央集中统一领导下推进。《监察法》把党委监督作为第一位的监督，把党的领导贯穿于监察工作全过程和各方面。纪委监委要始终把坚持党的领导、坚持党中央的集中统一领导、维护党中央权威和集中统一领导的特殊使命和重大责任，具体落实到强化监督、执纪审查、执法调查处置、巡视巡察、追责问责中去；要认真贯彻落实党的路线方针政策和党委决策部署，重大事项及实施过程结果要及时主动向同级党委报告，自觉接受党委监督。[①]

（2）人大监督。从监察委员会的产生上，《监察法》第八条和第九条分别规定，国家监察委员会由全国人民代表大会产生，地方各级监察委员会由本级人民代表大会产生。《监察法》第五十三条规定，各级监察委员会向同级人民代表大会负责，接受本级人民代表大会及其常务委员会的监督。人事任免权的主体与监督权主体的统一，有利于实现真实、有效、有力的监督。同时《监察法》第五十三条还对主要监督方式予以规定："各级人民代表大会常务委员会听取和审议本级监察委员会的专项工作报告，组织执法检查。县级以上各级人民代表大会及其常务委员会举行会议时，人民代表大会代表或者常务委员会组成人员可以依照法律规定的程序，就监察工作中的有关问题提出询问或者质询。"明确具体监督方式，可以让人大监督落到实处，而不流于形式。如听取工作报告是人大监督最直接最有效的方式之一。人大常委会通过听取监察委员会负责人工作报告，能够在较短时间内掌握了解和集中评议监察委员会工作情况。[②]人大常委会听取监察委员会工作报告是公民实现民主的方式，也是公民实现对国家机关监督的最权威方式。《监察法实施条例》第二百五十二条规定，"各级监察委员会应当按照《监察法》第五十三条第二款规定，由主任在本级人民代表大会常务委员会全体会议上报告专项工作"；第二百五十三条、第二百五十四条又对接受、配合本级人民代表大会常务委员会组织的执法检查、回答询问、答复质询等事项作出了具体规定。

---

① 谢超：《〈监察法〉对中国特色反腐败工作的法治影响》，《法学杂志》2018 年第 5 期。

② 韩大元：《论国家监察体制改革中的若干宪法问题》，《法学杂志》2017 年第 3 期。

（3）其他外部监督。《监察法》第五十四条规定：“监察机关应当依法公开监察工作信息，接受民主监督、社会监督、舆论监督。”信息公开是实现“让权力在阳光下运行”的基本要求。监察机关依法公开信息是其接受民主监督、社会监督、舆论监督的前提。因此，为了有效保障其他机关和个人对监察机关监督权的实现，监察法对监察委员会提出了信息公开的要求。《监察法实施条例》第二百五十五条明确指出：“各级监察机关应当通过互联网政务媒体、报刊、广播、电视等途径，向社会及时准确公开下列监察工作信息：（一）监察法规；（二）依法应当向社会公开的案件调查信息；（三）检举控告地址、电话、网站等信息；（四）其他依法应该公开的信息。”结合《宪法》等其他法律规定，对监察机关及其工作人员违反法律法规，不依法履职和侵害被调查人合法权益等行为，被调查人及其近亲属有权向该机关申诉，其他公民还可以依法通过检举控告、申诉等方式实现监督权。外部监督的多主体化、多样化为实现权力制约提供了可能。

（4）自我监督。监察委员会对所有行使公权力的国家公职人员实施了监察全覆盖。那么在行使监察权的过程中，要做到合法、规范，必须有相应的监督和制约机制。最有效、成本最低的制约来自于内部监督。《监察法》第五十五条规定：“监察机关通过设立内部专门的监督机构等方式，加强对监察人员执行职务和遵守法律情况的监督，建设忠诚、干净、担当的监察队伍。”该条规定确保了监察委员会内部监督常态化。《监察法实施条例》第二百五十八至二百六十一条，对监察权运行关键环节进行经常性监督检查等事项也作出了具体规范要求。此外，《监察法》第七章对监察委员会内部监督作了具有可操作性的进一步规范。如《监察法》第五十七条规定：“对于监察人员打听案情、过问案件、说情干预的，办理监察事项的监察人员应当及时报告。有关情况应当登记备案。发现办理监察事项的监察人员未经批准接触被调查人、涉案人员及其特定关系人，或者存在交往情形的，知情人应当及时报告。有关情况应当登记备案。”《监察法》第五十八条和第五十九条分别规定了回避制度及保密制度、职业禁止制度等，从程序和实质上，以十分严格的标准和措施强化了内部监督。最后明确了监察机关及其工作人员的法律责任。《监察法》第六十五条规定，监察机关及其工作人员有未经批准、授权处置问题线索，发现重大案情隐瞒不报，或者私自留存、处理涉案材料的；利用职权或者职务上的影响干预调查工作、以案谋私的；违法窃取、泄露调查工作信息，或者泄露举报事项、举报受理情况以及举报人信息的；对被调查人或者涉案人员逼供、诱供，或者侮辱、打骂、虐待、体罚或者变相体罚的；违反规定处置查封、扣押、冻结的财物的；违反规定发生办案安全事故，或者发生安全事故后隐瞒不报、报告失实、处置不当的；违反规定采取留置措施的；违反规定限制他人出境，或者不按规定解除出境限制的；其他滥用职权、玩忽职守、徇私舞弊的行为之一的，对负有责任的领导人员和直接责任人员依法给予处理。同时，《监察法》第六十七条还规定："监察机关及其工作人员行使职权，侵犯公民、法人和其他组织的合法权益，造成损害的，依法给予国家赔偿。"值得一提的是，《监察法实施条例》第二百七十三条明确了终身责任制："监察机关应当建立办案质量责任制，对滥用职权、失职失责造成严重后果的，实行终身责任追究。"

（5）监察机关与公、检、法三机关之间的相互监督，主要通过案件处理过程中程序上的相互制约产生监督效果。例如，搜查、发布通缉令、采取限制出境措施提请公安机关配合过程中的监督，监察机关依法收集的物证、书证、证人证言、被调查人供述和辩解、视听资料、电子数据等证据材料，在刑事诉讼中作为证据使用时检察院、法院的监督。审判机关、检察机关和公安机关通过程序上的制约，及时纠错，确保案件正确、合法处置。同样，制约是相互的，《监察法实施条例》第五十二条明确规定："监察机关必要时可以依法调查司法工作人员利用职权实施的涉嫌非法拘禁、刑讯逼供、非法搜查等侵犯公民权利、损害司法公正的犯罪，并在立案后及时通报同级人民检察院。"

三、"合署办公"与监察权的"独立性"之实现

"合署办公"，简言之就是两个或者两个以上的机构在一起办公的做法，纪检监察合署办公即属此类。回顾我国反腐实践，历史向我们鲜活地展示，正是由于党坚定的反腐决心与举措，反腐工作才取得了巨大的突破性进展，国家政治生态愈加清明，机关作风愈加优良。也正是基于对事实的认识，执政党作出成立专门反腐工作机构的决定，这是符合中国国情的审慎之举。监察机关的设立体现了国家反腐的决心，坚持党对国家监察工作的领导，也是中国特色腐败治理体制的首要原则。《宪法》修正案对党的领导核心地位作

出根本法的确认，《监察法》把党对反腐工作集中统一领导体制固定下来，成为夺取反腐斗争压倒性胜利的法治保证。[①]纪检监察合署办公机制的具体运行既要遵守宪法法律，也要依照党规党纪。纪委与监察机关合署办公，一套人马、两块牌子，具有必然性。

（一）合署办公与纪法协同

《监察法》第一条、第三条和第十五条对监察机关工作职责作了原则性规定，即监察机关对所有行使公权力的公职人员进行监察，调查职务违法和职务犯罪，开展廉政建设和反腐败工作。公职人员包括：①中国共产党机关、人民代表大会及其常务委员会机关、人民政府、监察委员会、人民法院、人民检察院、中国人民政治协商会议各级委员会机关、民主党派机关和工商业联合会机关的公务员，以及参照《中华人民共和国公务员法》管理的人员；②法律、法规授权或者受国家机关依法委托管理公共事务的组织中从事公务的人员；③国有企业管理人员；④公办的教育、科研、文化、医疗卫生、体育等单位中从事管理的人员；⑤基层群众性自治组织中从事管理的人员；⑥其他依法履行公职的人员。因此，纪委和监委合署办公有利于加强党对党风廉政建设和反腐败工作的统一领导，形成工作合力，治理腐败根源，实现反腐斗争的胜利。从《监察法》规定可以看出，监察对象是公职人员，相当一部分公职人员是党员。将纪委与监委合署办公，是党管干部原则的延伸，也是从党纪和国法两个层面同时推进反腐工作，契合更好实现监察工作目标的现实需要。

（二）合署办公与权力分立

如何实现党领导反腐败工作、监察机关依法独立行使监察权及构筑纪检监察协调衔接的法治机制，避免以党代政、党政不分，是纪委和监委合署办公面临的一个重要问题。《监察法实施条例》第三条明确指出："监察机关与党的纪律检查机关合署办公，坚持法治思维和法治方式，促进执纪执法贯通、有效衔接司法，实现依纪监督和依法监察、适用纪律和适用法律有机融合。"

---

① 魏昌东：《〈监察法〉与中国特色腐败治理体制更新的理论逻辑》，《华东政法大学学报》2018 年第 3 期。

在实践中，虽然纪委和监察机关一套人马、两块牌子，但是在具体工作事项上，二者采取了联合办案，分别决定、分别处理的模式。这种具体决定模式，就是党对监察工作领导的主导方式，既有利于加强党对腐败治理权的具体领导，也有利于有效规避既往治理中的困局。纪检监察合署办公的关键是处理好坚持“党的领导”与保障监察委员会依法独立行使监察权的关系。

1. 明确权限分配

在权限的分配上，纪委监察权力要明确。例如，留置权属于且只属于监察机关，纪委不得以自己的名义行使留置权，更不能以任何方式干预。党纪问题，纪委管；法纪问题，监委管。当然，在具体办案过程中会涉及经过组织审批、备案、报告或者决定之机构的内部工作机制，但是，对外开展工作必须要符合《监察法》及其相关的法律法规关于决定主体合法性之规定。

2. 规范留置措施

合署办公一个较为重要的问题就是留置是否已经取代“两规”的问题。根据《宪法》和《监察法》的相关规定，如果需要对监察对象予以人身自由的限制，就用留置措施实现目的。无论是“双规”还是“两指”都失去了作用的空间和必要，此做法可消解对公民人身自由限制的合宪性合法性质疑。目前，学界所担忧的是监察委员会的留置措施，是否应当适用《刑事诉讼法》中涉及人身自由限制时的法律帮助权问题。也有学者从司法审查的角度指出，监察委员会在采取留置措施时应当经过检察机关或人民法院的审批。这涉及《宪法》第一百二十七条第二款“监察机关办理职务违法和职务犯罪案件，应当与审判机关、检察机关、执法部门互相配合、互相制约”的规定，其具体的实施机制仍然需要进一步的学术研究。①

第二节　以事实为根据、以法律为准绳原则

一、法律规范

《监察法》第五条规定：“国家监察工作严格遵照宪法和法律，以事实

① 汪江连：《论监察机关依法独立行使监察权》，《法治研究》2018年第6期。

为根据，以法律为准绳。”《监察法》第五条为监察机关处理公职人员违法犯罪行为提供了法律遵循，“事实”与“法律”是监察结果的一体两翼，二者不可分割。以事实为基础，以法律为标准，是正确处理监察案件的基本要求。

“以事实为根据”，是指监察机关在处理与公职人员是否违法犯罪有关的事实情况时应做到客观公正，实事求是，不夸大、不缩小。在案件的各个环节都必须严守“事实”关，不能有任何的折扣认定。只有把握好这个前提，以法律为准绳才能更好地实现。为了确保始终以事实为根据，监察法赋予了监察机关必要权力，例如，《监察法》第十八条规定：“监察机关行使监督、调查职权，有权依法向有关单位和个人了解情况，收集、调取证据。有关单位和个人应当如实提供。”

“以法律为准绳”，亦贯穿于监察机关工作的各个方面，从对案件线索的处理以及正式立案、调查进而作出处理决定等各个环节，都必须严格遵守法律规定。例如，《监察法》第十一条规定：“对公职人员开展廉政教育，对其依法履职、秉公用权、廉洁从政从业以及道德操守情况进行监督检查；对涉嫌贪污贿赂、滥用职权、玩忽职守、权力寻租、利益输送、徇私舞弊以及浪费国家资财等职务违法和职务犯罪进行调查；对违法的公职人员依法作出政务处分决定；对履行职责不力、失职失责的领导人员进行问责；对涉嫌职务犯罪的，将调查结果移送人民检察院依法审查、提起公诉；向监察对象所在单位提出监察建议。”监察委员会依照本法和有关法律规定履行监督、调查、处置职责。《监察法实施条例》第二十六至第三十一条以明确列举的方式，将贪污受贿犯罪、滥用职权犯罪、玩忽职守犯罪、徇私舞弊犯罪、重大责任事故犯罪以及其他犯罪的罪名细化。《监察法实施条例》第四十至第四十三条将监察对象具体罗列，都是为了保证落实法律准绳的精确度。因此，“以法律为准绳”不仅保证了监察机关“以事实为根据”，也是法律对监察机关工作的要求，更是监察机关获得公信力的基础。

二、具体内涵

监察委员会是专门行使国家监察职能的机关，依法行使职权，不得滥用职权是最基本的要求。作为对监察机关依法行使职权的保障、规范，《监察法》从监察机关及其职责、监察范围和管辖、监察权限、监察程序、反腐败国际合作、对监察机关和监察人员的监督、法律责任等七个方面，全方位、多角度地对监察机关行使职权予以规定。

程序合法是以法律为根据原则的基本保障。《监察法》第五章“监察程序”规定之细化，充分体现了程序法治原则：第一，程序法制。监察法律关系当中的主体应当按照法律规定的具体程序实施行为。而且这里的程序都要按照法律规定，用法定形式使其规范且具体，要将依法监察的要义贯穿到监察程序的始终。第二，相对方参与。这一原则主要表现为监察法保护被调查人在监察程序中应有陈述权、申请复审权等权利。第三，监察效率。该原则主要是指为提高监察效率而量化办案时限等。第四，程序公平。这一原则是指在监察活动中监察机关能够在程序上作出公平合理的决定。同时，《监察法》还借鉴吸收并明确遵循刑事诉讼法中一些符合中国国情和纪检监察执纪执法工作实际的先进制度和理念，要求纪检监察机关及其工作人员进一步转变传统执纪取证观念，严格依照法定程序收集证据，确保“程序合法性”，并树立“由证到供和供证结合”的调查取证意识，坚决杜绝走“由供到证”的老路。①

程序合法具体体现在以下方面：

第一，《监察法》第三十六条明确规定，监察机关应当严格按照程序开展工作。

第二，规定了报案或者举报案件以及案件线索的处理程序。如《监察法》第三十五条至三十九条规定：“监察机关对于报案或者举报，应当接受并按照有关规定处理。对于不属于本机关管辖的，应当移送主管机关处理。监察机关应当严格按照程序开展工作，建立问题线索处置、调查、审理各部门相互协调、相互制约的工作机制。监察机关应当加强对调查、处置工作全过程的监督管理，设立相应的工作部门履行线索管理、监督检查、督促办理、统计分析等管理协调职能。监察机关对监察对象的问题线索，应当按照有关规定提出处置意见，履行审批手续，进行分类办理。线索处置情况应当定期汇总、通报，定期检查、抽查。需要采取初步核实方式处置问题线索的，监察机关应当依法履行审批程序，成立核查组。初步核实工作结束后，核查组应当撰写初步核实情况报告，提出处理建议。承办部门应当提出分类处理意见。初

---

① 谢超：《〈监察法〉对中国特色反腐败工作的法治影响》，《法学杂志》2018 年第 5 期。

步核实情况报告和分类处理意见报监察机关主要负责人审批。经过初步核实，对监察对象涉嫌职务违法犯罪，需要追究法律责任的，监察机关应当按照规定的权限和程序办理立案手续。”

第三，对立案调查的法定程序和具体措施加以规范。如《监察法》第四十条规定：“监察机关对职务违法和职务犯罪案件，应当进行调查，收集被调查人有无违法犯罪以及情节轻重的证据，查明违法犯罪事实，形成相互印证、完整稳定的证据链。严禁以威胁、引诱、欺骗及其他非法方式收集证据，严禁侮辱、打骂、虐待、体罚或者变相体罚被调查人和涉案人员。”这些规定都体现了程序法治原则，有效地防止了监察机关权力的滥用。

第四，坚持证据裁判原则。证据裁判原则是指诉讼中司法人员认定案件事实必须以证据为依据，它是现代刑事诉讼中认定案件事实应当遵循的核心原则。证据裁判原则是指任何证据首先要具有证明资格，然后再判断证据是否具有证明力的内容，主要包含四项具体要求：其一，根据证据认定事实，没有证据不能认定案件事实。如何运用证据、使用证据贯穿于整个诉讼制度，在诉讼证明中，裁决某个事实问题必须要依据证据来判定，此为证据裁判的基本含义。其二，裁判过程中的证据必须具备其应当具备的相应资格。此处的证据仅指法律范畴的证据。庭审的一方提供的某份资料，如果并不归属法律范畴，即使其对裁判有帮助，在司法裁判中也因没有法律意义而无用。其三，进入法庭调查的证据是裁判依据的必要条件。只有经过法庭调查的证据，才能成为法院判案的主要依据。其四，在证据的收集上，《监察法》作了严格的规定，具体如下：①要求形成相互印证、完整稳定的证据链。真实、合法、客观是证据存在的基础。证据完整与否、证据链条明晰与否影响着证据的证明力，也是判断监察工作合法与否的客观标准。《监察法》第四十条第一款规定“监察机关对职务违法和职务犯罪案件，应当进行调查，收集被调查人有无违法犯罪以及情节轻重的证据，查明违法犯罪事实，形成相互印证、完整稳定的证据链”。这是监察机关收集证据的基本要求，也是证据裁判原则的重要体现。②监察机关依法收集的证据材料，可以在刑事诉讼中作为证据直接使用。《监察法》第三十三条第一款规定“监察机关依照本法规定收集的物证、书证、证人证言、被调查人供述和辩解、视听资料、电子数据等证据材料，在刑事诉讼中可以作为证据使用”。当然该条第二款也进一步申明“监察机关在收集、固定、审查、运用证据时，应当与刑事审判关于证据的要求和标准相一致”。该规范对于纪法贯通、法法衔接具有很大的促进作用，同时也节约了公共资源，提高了工作效率。③明确坚持非法证据排除规则。《监察法》第三十三条第三款规定以非法方法收集的证据应当依法予以排除，不得作为案件处置的依据。非法证据排除规则是指利用非法手段取得的证据，法庭在任何情况下都不予采纳。这也是世界各国通行的一项重要证据规则。另外，《监察法实施条例》不仅在证据一节对上述证据要求予以了细化凸显，也对职务违法和职务犯罪的证明标准予以区分（第六十二条和第六十三条），体现出与实体问题相对应的程序平衡意识。《监察法》吸收了非法证据排除规则并将其作为应当遵循的一项基本原则。基于此，《监察法》对证据的收集给予了严格的规定。如《监察法》第二十条规定：“在调查过程中，对涉嫌职务违法的被调查人，监察机关可以要求其就涉嫌违法行为作出陈述，必要时向被调查人出具书面通知。对涉嫌贪污贿赂、失职渎职等职务犯罪的被调查人，监察机关可以进行讯问，要求其如实供述涉嫌犯罪的情况。”④保障被留置人员合法权益，用留置取代“两规”“两指”。留置措施是指在职务犯罪案件中，由监察委具体办案人员提请有权主体审批是否采取留置措施，审批通过后，由办案人员持批准文件将留置人抓捕并关押在特定的场所。如果犯罪事实成立，则在证据收集充分后提请检察院逮捕，留置措施解除；如果犯罪事实不成立或证据不足，则由有权主体审批解除留置措施。[①] 从本质上说，留置措施是一种限制人身自由的权力。因此，《监察法》对监察机关采取留置措施规定了严格的手续，表现在：第一，对适用留置措施规定了严格的范围；[②] 第二，保障被调查人权利；[③] 第三，留置审批程序严格。留置措施的规范和细化，适应了腐败问题违规与违法交织的特点和规律，破解了刑事强制措施难以突破职务犯罪案件的困局，为揭露、证实、惩治腐败违法犯罪提供了有力的法律武器，同时也为废除实际需要但又有争议的“两规”“两指”措施创造了条件。[④]

---

① 张翔，赖伟能：《基本权利作为国家权力配置的消极规范——以监察制度改革试点中的留置措施为例》，《法律科学》2017 年第 6 期。

② 《监察法》第二十二条。

③ 《监察法》第四十一条。

④ 谢超：《〈监察法〉对中国特色反腐败工作的法治影响》，《法学杂志》2018 年第 5 期。

此外，《监察法》对监察机关行使谈话、讯问、询问、查询、冻结、调取、查封、扣押、搜查、勘验检查、鉴定等具体调查措施也进行了规定，为监察委员会履行职责完成任务提供了明确的法律根据，充分体现了监察职权法定的原则。

第三节　平等原则

一、法律规范

平等原则，也称法律面前人人平等原则，其基本内涵是“相同的人和相同的情形必须得到相同的或者至少是相似的对待，只要这些人和这些情形按照普遍的正义标准在实质上是相同或相似的”①。法律面前人人平等原则最早是在公元前6世纪由波斯贵族欧塔涅斯提出来的。在资产阶级革命时期，法律面前人人平等作为反对封建等级与特权制度的一句口号影响深远。目前，世界上绝大多数国家宪法中规定了“法律面前人人平等或人的平等权利”。法律面前人人平等也是我国宪法规定的基本原则之一。《监察法》第五条规定，监察工作“在适用法律上一律平等，保障当事人的合法权益”。监察法上的平等原则是指监察机关对所有监察对象，不论民族、职业、出身、性别、教育程度都应一律平等地适用法律，不允许有任何特权。“保障当事人的合法权益”，是指严格遵循相关法律规定，不得违法侵犯公民、法人和其他组织的合法权益。这里的“当事人”，既包括被调查人，也包括涉案人员等其他人员。

二、具体内涵

适用法律平等原则是宪法平等原则对监察活动与监察行为的必然要求。具体而言，监察法中平等原则的基本内涵就是对于职务违法和职务犯罪人，

---

①［美］E. 博登海默：《法理学：法律哲学与法律方法》，邓正来译，中国政法大学出版社，1999，第286页。

不论其家庭出身、社会地位、职业性质、财产状况、政治面貌、才能业绩如何，一律平等地适用法律追究其相应的责任，依法调查和定案，不允许任何人有超越法律的特权。概言之，监察法中的平等原则体现为平等地保护法益。监察机关在适用法律时，不能因为所调查的对象不同而确立不同的标准，对相同的职务违法和职务犯罪进行相同或相似的对待，对不同的职务违法和职务犯罪进行合理的区别对待。适用法律平等原则的重要保障则是正当法律程序。具体来讲，监察法的平等原则要求监察机关及其工作人员依法办案，不偏私；合理考虑相关因素，不专断；平等对待监察对象，不歧视。

首先，“依法办案，不偏私”，即要求严格遵守法律规定。因为法律不是确定某一个人的特殊利益，不是针对某一个人或某几个人的，而是针对人之整体，确定人之整体行为规则的。因此，它不会对处于同样情况的人们作出不同的规定，例如在同样情况下，对监察对象甲的违法行为规定这样的罚则而对监察对象乙的同样违法行为规定那样的罚则。法律是一视同仁的，监察机关如果离开法律办事，就可能因感情或其他因素而不能一视同仁，就可能同样情况不同对待，不同情况相同对待，从而出现不公正。不公正可以表现为明显的违法，但很多情况下则可能被形式合法的外衣所包裹。例如，法律对监察机关处理某种违法行为赋予了较广泛的自由裁量权，监察机关对多个监察对象的表面相同违法行为或不同违法行为作出相同或不同处理，形式上是平等适用法律，但实质上并没有考虑各监察对象违法行为的不同情节（目的、动机、手段、危害结果等），其适用法律并非真正平等，监察机关工作人员在作出处理决定时可能考虑了监察对象与自己的关系或其职务高低等不应该考虑的因素。所以这种处理行为从表面上看是合法的，但实质上却是不公正和违法的。

其次，所谓“合理考虑相关因素，不专断”，即要求监察机关处理案件、适用法律时严格以案件事实、证据为依据，不掺杂各种关系因素。所谓“相关因素”，包括法律、法规规定的条件，政策的要求，社会公正的准则，监察对象违法行为的情节，行为可能产生的危害后果等。所谓“专断”，就是凭自己的主观认识推理、判断，任意地、武断地作出处理决定。

最后，所谓“平等对待监察对象，不歧视”，即要求监察机关及其工作人员在办理监察案件和作出处理决定时不厚此薄彼，不凭某种关系或自己的好恶加重或减轻对特定监察对象的处罚。监察机关适用法律处理任何监察对

象的任何违法行为，都必须依法平等对待，不能因特定监察对象的身份、职务、民族、性别、宗教信仰等的不同而对之予以不平等的待遇。在《监察法实施条例》层面，无论是对尊重被留置人员人格和民族习俗的强调（第一百条），还是对处理结果的复审和复核救济（第二百一十条）、监察机关在履职过程中对企业正常生产经营的保护（第二百七十一条），以及对可申请国家赔偿情形的细化规定（第二百八十条），都是平等原则的体现与落实。当然，法律对具有某种特定情形（如自首、揭发他人立功、主动消除或减轻危害后果等）的监察对象，规定了特定处置方式的，监察机关应依法对之作出特别处理。这样做正是“适用法律平等原则”的要求。[①]

第四节　权责对等，严格监督原则

一、法律规范

《监察法》第五条规定监察工作“权责对等，严格监督”。信任不能代替监督，任何权力都要受到监督。权力具有无限扩大性，责任是对权力滥用的最有力的制衡方式。也就是说，权力的威慑性力量与责任的制约性力量两者之间是可以互换的，并由此形成了一个权力运行和责任履行的动态系统。权责关系不清将会造成权力使用者的腐败，冲击党和国家的长治久安。强化对监察委员会权力的监督是国家治理法治化的要求。“权责对等，严格监督”总结了党的十八大以来管党治党的做法和经验，体现了行使权力和责任担当相统一的思想。有多大的权力就要承担多大的责任，权力就是责任，有权必有责，有责要担当，不担当要问责，也体现出严管就是厚爱，信任不能代替监督。[②]权责对等，严格监督原则是监察机关依法独立行使监察权的前提，独立行使监察权绝不意味着监察机关可以不受任何约束和监督。监察机关在党

① 姜明安：《论监察法的立法目的与基本原则》，《行政法学研究》2018年第4期。

② 秦前红：《监察机关依法开展自我监督之路径研究》，《深圳社会科学》2018年第1期。

的集中统一领导下开展工作，要在本级人大及其常委会监督下开展工作，下级监察机关要接受上级监察机关的领导和监督，地方各级监察机关要接受国家监察委员会的领导和监督。《监察法》第七章“对监察机关和监察人员的监督”以及第八章“法律责任”，是对第五条规定监察工作“权责对等，严格监督”原则的细化。2021年8月通过的《中华人民共和国监察官法》更是将相关规定提升到系统单行法的层面。

二、具体内涵

《监察法》第五十三条规定：“各级监察委员会应当接受本级人民代表大会及其常务委员会的监督。各级人民代表大会常务委员会听取和审议本级监察委员会的专项工作报告，组织执法检查。县级以上各级人民代表大会及其常务委员会举行会议时，人民代表大会代表或者常务委员会组成人员可以依照法律规定的程序，就监察工作中的有关问题提出询问或者质询。”《监察法》第五十四条规定：“监察机关应当依法公开监察工作信息，接受民主监督、社会监督、舆论监督。”《监察法》第五十五条规定：“监察机关通过设立内部专门的监督机构等方式，加强对监察人员执行职务和遵守法律情况的监督，建设忠诚、干净、担当的监察队伍。”《监察法》第五十七条规定：“对于监察人员打听案情、过问案件、说情干预的，办理监察事项的监察人员应当及时报告。有关情况应当登记备案。发现办理监察事项的监察人员未经批准接触被调查人、涉案人员及其特定关系人，或者存在交往情形的，知情人应当及时报告，有关情况应当登记备案。”此外，《监察法》规定了监察人员的回避制度、保密制度、申诉制度，还对监察机关、监察人员在行使监察权力过程中的违法失职行为处理作了详细规定。当然，《监察法实施条例》中也明确，监察人员因依法履行职责遭受不实举报、诬告陷害、侮辱诽谤，致使名誉受到损害的，监察机关应当会同有关部门及时澄清事实，消除不良影响，并依法追究相关单位或者个人的责任（第二百七十六条）。通过全面的外部监督和严格的内部监督机制及法律责任，可以把监察机关的权力关进制度的笼子，使监察机关及其工作人员始终在严格的监督制约下履职尽责，防止权力滥用。

第五节　惩戒与教育相结合，宽严相济原则

“惩前毖后、治病救人”是中国共产党的一贯方针。《中国共产党章程》明确规定，“党组织对违犯党的纪律的党员，应当本着惩前毖后、治病救人的精神，按照错误性质和情节轻重，给以批评教育直至纪律处分”。这也是中国共产党的实践经验。历史证明，只有坚持这一方针，才能达到既严明法纪、又团结同志的目的。因此，《监察法》第五条明确规定监察工作要“惩戒与教育相结合，宽严相济”。

一、法律规范

《监察法》确立了从宽制度。从宽的前提是认罪认罚。监察法的从宽制度与我国刑法的宽严相济制度相呼应，包括实体上从宽和程序上从简两个方面。《监察法》第三十一条规定：“涉嫌职务犯罪的被调查人主动认罪认罚，有下列情形之一的，监察机关经领导人员集体研究，并报上一级监察机关批准，可以在移送人民检察院时提出从宽处罚的建议：（一）自动投案，真诚悔罪悔过的；（二）积极配合调查工作，如实供述监察机关还未掌握的违法犯罪行为的；（三）积极退赃，减少损失的；（四）具有重大立功表现或者案件涉及国家重大利益等情形的。”《监察法实施条例》第二百一十四条至二百一十七条又分别对上述四项可从宽事项作出类型化的具体规定，便利掌握操作。这是《监察法》借鉴吸收并明确规定了认罪认罚从宽制度中实体上从宽处理的内容，具有重要意义：一是有利于及时有效惩罚职务违法与职务犯罪行为。二是有利于繁简分流。对不同类型的职务违法与职务犯罪采取不同的应对策略，对严重程度不同的行为进行分类管理应对。三是有利于最大限度地节约公共资源。针对大量案件事实清楚、争议不大、行为人认罪认罚的轻罪案件，采用简易程序进行审理，在确保法律效率和社会效率的基础上，高效、快捷地落实宽严相济的监察政策。四是有利于减少不必要羁押，从而保障人权。就认罪认罚的公职人员，会因为程序的简化和快速处理，在实质上得到了减少询问、调查甚或留置的实际好处，对减少社会对抗，修复社会关系大有裨益。

《监察法》第三十二条规定："职务违法犯罪的涉案人员揭发有关被调查人职务违法犯罪行为，查证属实的，或者提供重要线索，有助于调查其他案件的，监察机关经领导人员集体研究，并报上一级监察机关批准，可以在移送人民检察院时提出从宽处罚的建议。"这项制度的确立，既有利于监察机关在一些重大职务犯罪案件中，通过涉案人员获得被调查人追诉和定罪的关键证据，及时有效地打击犯罪，又可以通过涉案人员的从宽处理，体现因人施策、分化瓦解的办案策略和宽严相济、区别对待的执法政策。[①]

二、具体内涵

这一原则主要适用于对违纪违法公职人员的惩戒（处置、处分、问责，包括追究刑事责任）。根据现代法治原则，对违纪违法公职人员的惩戒，不能单纯为惩戒而惩戒，惩戒应与教育相结合。监察委员会的职责中，第一项职责即是"对公职人员开展廉政教育，对其依法履职、秉公用权、廉洁从政从业以及道德操守情况进行监督检查"。在监督检查过程中，发现公职人员在依法履职、秉公用权、廉洁从政从业以及道德操守方面存在问题，有违纪违法情事，自然要对之进行惩戒，但同时也要对之进行教育，使之自觉纠正违纪违法行为，并且今后不再违反。此外，"惩戒与教育相结合"这一原则中的"教育"，不仅是指对违纪违法公职人员的特定教育，也指对其他公职人员的一般教育，即通过对违纪违法公职人员的惩戒，教育其他公职人员依法履职、秉公用权、廉洁从政从业和培养良好的道德操守。这一原则中的"宽严相济"是指对公职人员的惩戒要全面考虑违纪违法公职人员行为的性质、目的、动机、手段、对社会的危害等诸多情节，该严则严，该宽则宽，不能一味严惩。一味严惩既不符合现代法治的要求，也不利于教育违纪违法者，达到反腐败的治本之效。[②]

---

①谢超：《〈监察法〉对中国特色反腐败工作的法治影响》，《法学杂志》2018年第5期。

②姜明安：《论监察法的立法目的与基本原则》，《行政法学研究》2018年第4期。

第六节　标本兼治、综合治理原则

一、法律规范

《监察法》第六条规定："国家监察工作坚持标本兼治、综合治理，强化监督问责，严厉惩治腐败；深化改革、健全法治，有效制约和监督权力；加强法治教育和道德教育，弘扬中华优秀传统文化，构建不敢腐、不能腐、不想腐的长效机制。"

习近平总书记在党的十九大报告中对新时代党的建设提出总要求，要"深入推进反腐败斗争，不断提高党的建设质量，把党建设成为始终走在时代前列、人民衷心拥护、勇于自我革命、经得起各种风浪考验、朝气蓬勃的马克思主义执政党……夺取反腐败斗争压倒性胜利。人民群众最痛恨腐败现象，腐败是我们党面临的最大威胁。只有以反腐败永远在路上的坚韧和执着，深化标本兼治，保证干部清正、政府清廉、政治清明，才能跳出历史周期率，确保党和国家长治久安。当前，反腐败斗争形势依然严峻复杂，巩固压倒性态势、夺取压倒性胜利的决心必须坚如磐石。要坚持无禁区、全覆盖、零容忍，坚持重遏制、强高压、长震慑，坚持受贿行贿一起查，坚决防止党内形成利益集团。在市县党委建立巡察制度，加大整治群众身边腐败问题力度。不管腐败分子逃到哪里，都要缉拿归案、绳之以法。推进反腐败国家立法，建设覆盖纪检监察系统的检举举报平台。强化不敢腐的震慑，扎牢不能腐的笼子，增强不想腐的自觉，通过不懈努力换来海晏河清、朗朗乾坤。"这正是对标本兼治、综合治理原则的生动诠释。

二、具体内涵

在《监察法》第四十五条规定的处置措施中，就包括对监察对象所在单位廉政建设和履行职责存在的问题等提出监察建议。《监察法实施条例》第二百零五条对此予以明确：监察建议一般应当包括监督调查情况；调查中发现的主要问题及其产生的原因；整改建议、要求和期限；向监察机关反馈整改情况的要求。标本兼治、综合治理原则包含三项内容：一是加强监督问责，严厉惩治腐败，强化不敢腐震慑；二是深化改革、健全法治，有效制约和监督权力，扎牢不能腐的笼子；三是加强法治道德教育，弘扬中华优秀传统文化，增强不想腐的自觉。[①]不敢腐、不能腐、不想腐是相互融合、交互作用、有机统一的整体。不敢腐是通过外界制度等的震慑对公职人员内心施压，遏制腐败内心；不能腐是通过外界制度等的规制，不给公职人员留腐败空间；不想腐是通过内部外部的监督、制约、施压以及自我修养的提升而实现的公职人员的内心确认。因此，三者是一个有机整体。把反腐纳入法治轨道是强化不敢腐的震慑，扎牢不能腐的笼子，增强不想腐的自觉，是实现海晏河清、朗朗乾坤的必由之路。

《监察法》的诞生，是以法治的方式进行反腐的重要标志，可以保障反腐实践的公平性，避免人格化以及感情等因素的困扰，同时基于法治不因人的变化而变化的原理，保证了腐败预防与惩治的常规性与长效性。此外，法治反腐还是一种成本较低的反腐模式，在这种模式下，人人都可以成为腐败行为的监督者与腐败治理的参与者，从而实现反腐效力最大化与成本最优化的有机结合。

《监察法》是为了深化国家监察体制改革，加强对所有行使公权力的公职人员的监督，实现国家监察全面覆盖，深入开展反腐败工作，推进国家治理体系和治理能力现代化而专门制定的法律。它是一部对国家监察工作起统领性和基础性作用的法律，体现了全面从严治党与全面依法治国的有机统一，实现了党内监督与人民监督的有机结合，是理论与实践相结合的重大顶层设计，是新形势下为反腐败斗争提供坚强法治保障的现实需要，是推进国家治理体系和治理能力现代化的战略举措。《监察法》既是监察工作的组织法（专门规定了监察机关的性质、监察机关的定位、监察机关的领导体制等），又是反腐败法。对监察权独立行使等各原则的动态分析，有助于深刻认知监察工作制度体系与实践规范，在新的起点上铺展中国特色的监察体制蓝图。

---

① 姜明安：《论监察法的立法目的与基本原则》，《行政法学研究》2018年第4期。

思考题

1. 监察权独立原则的内涵及其法理依据是什么？

2. 为什么监察权必须具有“独立性”？

3. 在纪委与监察机关合署办公的情况下，监察权的“独立性”如何体现？

4. “以事实为根据、以法律为准绳原则”在监察法中的体现是什么？

5. 监察法中平等原则的法律意义是什么？

6. 惩戒与教育相结合，宽严相济原则的法理学意义是什么？

推荐阅读文献

1. 秦前红：《监察改革中的法治工程》，译林出版社，2020。

2. 张云霄：《监察法学新论》，中国政法大学出版社，2020。

3. 薛小建：《中国国家监察体制的历史与变革》，人民日报出版社，2020。

4. 中国法制出版社：《纪检监察法律及党内法规学习手册（增订版）》，中国法制出版社，2020。

5. 马怀德：《监察法学》，人民出版社，2019。

6. 姚文胜：《国家监察体制改革研究》，中国社会科学出版社，2019。

7. 马怀德：《中华人民共和国监察法理解与适用》，中国法制出版社，2018。

8. 尤光付：《监察的理论和体制机制研究》，中国社会科学出版社，2019。

9. 崔凯：《〈监察法〉“互相配合，互相制约”原则的明确及展开》，《中南大学学报（社会科学版）》2021 年第 4 期。

10. 董茂云：《监察委员会独立性地位的三个认识维度》，《东方法学》2020 年第 3 期。

11. 秦前红，石泽华：《论依法监察与监察立法》，《法学论坛》2019 年第 5 期。

12. 姜明安：《论监察法的立法目的与基本原则》，《行政法学研究》2018 年第 4 期。

第三章　监察机关及其职责

学习目标　通过本章的学习，学生可以掌握以下内容：1. 监察机关的基本属性；2. 监察机关的基本定位；3. 各级监察机关设置的法律规定、关系属性及其组建过程；4. 监察机关的产生程序与组成人员的规定；5. 监察机关的监督、调查和处置三大职责。

关键概念　监察机关；监察机关属性；监察机关设置；监察机关产生；监察机关职责

第一节　监察机关概述

监察机关是行使国家监察职能的专责机关，对所有行使公权力的公职人员进行监察，调查职务违法和职务犯罪，开展廉政建设和反腐败工作。推动设立国家监察机关和地方各级监察机关，是党的十八大以来党领导完善党和国家监督体系的最新理论和实践成果。《中华人民共和国宪法修正案》（2018年）（以下简称《宪法修正案》）规定，中华人民共和国各级监察委员会是国家的监察机关。《监察法》作为反腐败国家立法，是监察工作的基本遵循，对保障各级监察机关正确行使职权具有重要作用。《监察法》第三条规定："各级监察委员会是行使国家监察职能的专责机关。"监察委员会是实现党和国家自我监督的政治机关，其性质和地位不同于行政机关、司法机关。《监察法实施条例》第三条规定："监察机关与党的纪律检查机关合署办公，坚持法治思维和法治方式，促进执纪执法贯通、有效衔接司法，实现依纪监督和依法监察、适用纪律和适用法律有机融合。"《监察法实施条例》第四条规定："监察机关应当依法履行监督、调查、处置职责，坚持实事求是，坚持惩前毖后、治病救人，坚持惩戒与教育相结合，实现政治效果、法律效果和社会效果相统一。"

一、监察机关的属性与定位

（一）监察委员会是国家的监察机关，具有国家机构的宪法地位

1. 监察委员会获得作为国家机构的宪法地位

宪法是治国安邦的总章程，修改宪法是党和国家政治生活中的一项大事。2018年3月，十三届全国人民代表大会第一次会议通过的《宪法修正案》，在《宪法》第三章“国家机构”中增加一节“监察委员会”，作为第七节，就国家监察委员会和地方各级监察委员会的性质、地位等作出规定。与此相适应，《宪法》第一章“总纲”等处也作了相应修改。《宪法修正案》对监察委员会的性质作出明确规定：中华人民共和国各级监察委员会是国家的监察机关。《宪法修正案》对监察委员会与国家权力机关的关系作出具体规定，即国家监察委员会对全国人民代表大会和全国人民代表大会常务委员会负责，地方各级监察委员会对产生它的国家权力机关和上一级监察委员会负责；各级人民代表大会常务委员会监督本级监察委员会的工作。为了更好地实现监督，各级人民代表大会有权罢免本级监察委员会主任，人民代表大会常务委员会的组成人员不得担任监察机关的职务。《宪法修正案》对监察委员会与行政机关、审判机关、检察机关等的关系也有清晰规定：一方面，监察委员会依照法律规定独立行使监察权，不受行政机关、社会团体和个人的干涉；另一方面，监察机关办理职务违法和职务犯罪案件，应当与审判机关、检察机关、执法部门互相配合，互相制约。这些规定，既确立了监察委员会作为国家机构的宪法地位，也明晰了其与国家权力机关及其他国家机构之间的关系。

2. 确立监察委员会作为国家机构的宪法地位意义重大

2018年的《宪法修正案》确立监察委员会作为国家机构的宪法地位，具有重要意义。[①]

首先，确立监察委员会的宪法地位，为深化国家监察体制改革提供了根本法治保障。全面深化改革、全面依法治国如鸟之两翼、车之两轮，全面依法治国需要全面深化改革，全面深化改革也需要法治保障。正确把握改革和

---

① 金成波：《确立监察委员会作为国家机构的宪法地位》，《中国纪检监察报》2018年3月30日，第2版。

法治的关系，要求在法治下推进改革、在改革中完善法治，实现改革决策和立法决策相统一、相衔接，做到重大改革于法有据。国家监察体制改革是党的十八大以来最重要的政治体制改革，是具有全局性、根本性的深刻变革，涉及政治权力、政治体制、政治关系的重大调整，既是一项社会革命，又是一场自我革命。确立监察委员会的宪法地位体现了重大改革于法有据的要求。

其次，确立监察委员会的宪法地位，为保证国家监察委员会履职尽责提供了根本遵循。监察委员会是国家的监察机关，依据宪法和监察法组建和运行，履行宪法、监察法等赋予的职责，与纪委合署办公，作为党内监督专责机关和行使国家监察职能的专责机关行使监督权和监察权。

再次，确立监察委员会的宪法地位，为监察法的制定提供了依据。由“一府两院”变为“一府一委两院”，这是从顶层设计上对国家权力进行的重大调整，必须于法有据。宪法修正案确定了监察委员会作为反腐败工作机构的性质和监督执法机关的职能定位，为监察法的制定提供了依据，为监察委员会建立组织体系、履行职能职责、运用相关权限、构建配合制约机制、强化自我监督等提供了根本依据，为保证监察委员会履职尽责提供了根本遵循。

最后，确立监察委员会的宪法地位，为反腐败向纵深发展提供了制度支撑。党的十九大报告对反腐败斗争形势作出判断并明确目标：“人民群众最痛恨腐败现象，腐败是我们党面临的最大威胁……当前，反腐败斗争形势依然严峻复杂，巩固压倒性态势、夺取压倒性胜利的决心必须坚如磐石。”监察委员会就是反腐败工作机构，监察法就是反腐败国家立法。国家监察委员会的组建和揭牌，标志着党和国家反腐败机构更加完备，监察对象扩大到“所有行使公权力的公职人员”，形成巡视、派驻、监察3个全覆盖的权力监督格局，形成发现问题、纠正偏差、惩治腐败的有效机制。

3. 确立监察委员会作为国家机构的宪法地位确立了新的监察体制

从深层变化来看，《宪法修正案》赋予监察委员会以宪法地位，确立了新的监察体制。[①]修改前的宪法，确立的是行政监察体制，称为监察部、监察厅、监察局以及预防腐败局等的监察机关隶属于狭义政府，是行政机关序列，主要是对国家行政机关及其公务员和国家行政机关任命的其他人员实施监察，

① 邓联繁：《监察委员会是宪法修正案的重要内容》，《湖南日报》2018年3月22日，第12版。

存在监察盲区与空白地带。修改后的宪法，凸显了监察委员会的国家性而不是行政性，确立的是国家监察体制，称为监察委员会的监察机关独立于狭义政府，与行政机关相提并论，对所有行使公权力的公职人员进行监察，实现了监察全覆盖。概言之，虽然宪法修改前后都有监察机关，但无论“名”还是“实”，都已发生重大变化。

在国家权力结构中设置监察机关，不仅确立了新的监察体制，而且是从我国历史传统和现实国情出发加强对公权力监督的重大改革创新，体现了中国特色社会主义道路自信、理论自信、制度自信、文化自信。[①]监察委员会作为行使国家监察职能的专责机关，与党的纪律检查委员会合署办公，实现党性和人民性的高度统一。监察委员会是实现党和国家自我监督的政治机关，不是行政机关、司法机关。监察委员会依法行使的监察权，不是行政监察、反贪反渎、预防腐败职能的简单叠加，而是在党的直接领导下，代表党和国家对所有行使公权力的公职人员进行监督，既调查职务违法行为，又调查职务犯罪行为，其职能权限与司法机关、执法部门明显不同。同时，监察委员会在履行职责过程中，既要加强日常监督，查清职务违法职务犯罪事实，进行相应处置，还要开展严肃的思想政治工作，进行理想信念宗旨教育，做到惩前毖后、治病救人，努力取得良好的政治效果、法纪效果和社会效果。

总之，确立监察委员会的宪法地位，在宪法中明确监察委员会的性质定位和职能职责，将党的主张变成了国家意志，为加强党对反腐败工作集中统一领导，形成反腐败工作合力，夺取反腐败斗争彻底胜利提供了国家根本法保障。根据宪法制定监察法，对所有行使公权力的公职人员实行有效监督，将促进国家公职人员依法履职、秉公用权，有利于推进国家治理体系和治理能力现代化，确保党和国家长治久安。

（二）各级监察委员会是行使国家监察职能的专责机关

《监察法》第三条规定，各级监察委员会是行使国家监察职能的专责机关，主要职能是对所有行使公权力的公职人员进行监察，调查职务违法和职务犯罪，开展廉政建设和反腐败工作，维护宪法和法律的尊严。“专责机关”

---

① 钟纪言:《赋予监察委员会宪法地位　健全党和国家监督体系》,《人民日报》2018年3月3日，第3版。

不仅强调监察机关的专业化特征、专门性职责，而且突出强调监察机关的责任。行使监察权不仅仅是监察机关的职权，更是责任和使命担当。

1. 监察委员会解决了反腐败力量分散问题

监察制度是中国古代国家治理体系中的重要一环，早在秦朝开始就确立了监察御史制度，经过两千多年的发展，逐步形成了一套自上而下的独立于行政权的监察体系，监察范围覆盖财政、人事管理、司法、教育等多方面。在《监察法》出台之前，尽管我国反腐败体制机制改革不断深入，但是反腐败“九龙治水”格局还没有从法律上得到根本改变。此前，我国反腐败和廉政建设的职能机构，主要有中国共产党纪律检查机关、国家司法机关、政府监察机关和审计机关以及国家预防腐败局。公安、工商、金融、统计等其他有关部门和机构，也在自身职责范围内依法承担反腐败和廉政建设的相关工作。从机构设置的布局来看，当时纪检监察体制下的多部门协作，对于预防和惩处腐败应该是有成效的。但是，在监督机制不健全，廉洁从政的氛围尚未形成的条件下，腐败现象在一些领域仍然易发多发，极少数高中级干部严重违纪违法案件时有发生。这充分表明龙多不治水，这么多反腐部门并没有形成反腐的合力，反腐败机构缺乏明确的权责界限，各机构职能重叠，反腐败部门职能碎片化，导致反腐败各环脱节，难以有效遏制腐败的滋生蔓延。监察委员会成立后，通过整合行政监察、预防腐败和检察机关查处贪污贿赂、失职渎职及预防职务犯罪等工作力量，同党的纪律检查机关合署办公，实行一套工作机制、两个机关名称，履行纪检、监察两项职能，对党中央或地方党委全面负责，有利于形成监督合力，提高工作效率。

2. 监察委员会的职能更加聚焦

党的十八大后，在各级纪检监察机关实行转职能、转方式、转作风（以下简称“三转”）之前的很长一段时间，地方和基层纪检监察机关扮演着众多尴尬的角色，履行着与自身职责不相符合的工作：或者参与甚至牵头负责各种招标评标、询价定价、政府采购等活动，无形中以监督的名义为监管对象搞权钱交易、权力寻租和暗箱操作担责代过；或者对政府部门的事务大包大揽，越俎代庖，结果却是“种了别人的田，荒了自家的地”，还往往出力不讨好；或者代表同级党组织将党风廉政建设的主体责任、领导作用和监督责任、协调作用全都扛了起来，导致角色错位，职能颠倒。

第一，越位问题。过去，地方党委总认为纪检监察机关办事信得过、有

力度，任何事情只要有纪检监察机关参与，就能保证公平公正、安全高效，从而导致基层纪检监察机关任务繁重。除党风廉政建设和反腐败工作外，纪检监察机关还承担着政务公开、行政审批服务管理、招投标监管、征地拆迁督查等任务。这样一来，一些纪检监察机关的领导干部经常出现“协调变牵头、牵头变主抓、主抓变负责”的情况，主动把自己摆进去，做到“事事牵头，样样挂帅”，这就出现了“种了别人的田，荒了自家的地”的情况。

第二，错位问题。很长一段时间，纪检监察机关围绕中心、服务大局，被推到经济、社会生产、生活第一线，有时候甚至直接充当监管主体和执法主体。比如在征地拆迁、项目建设、安全生产、信访维稳等工作中，要求纪委监察局全程参与，认为纪委监察局有权威，推进急难险重工作有力度。一些单位片面理解纪检监察工作围绕中心、服务大局的内涵，在土地招拍挂、项目招投标和招商引资等方面，认为只要邀请了纪检监察机关参与，就具有了合法性和权威性。有的工作甚至逾越了纪检监察职能边界，执纪监督的主业反而被弱化、淡化。久而久之，“执法监察”变成了“行政执法”，“效能监察”变成了“效能建设”，“纠风治乱”变成了“行风管理”，错位问题越来越突出。

第三，缺位问题。越位、错位问题的存在，必然导致缺位问题严重。一是参谋缺位。一些地方和基层纪检监察机关长期被动听命于上级机关和同级党委政府的工作安排及部署，习惯于按部就班，将大部分精力用于具体工作实践上，对本地区、本部门党风廉政建设和反腐败工作缺乏系统的调查研究，对党委解决一些普遍性廉政问题提出的具有针对性建议较少。二是协调缺位。对上级纪检监察机关和本级党委政府安排的工作任务，没有按照职能职责、“一岗双责”“谁主管谁负责”“管行业就是管行风”的原则及时分解，一些工作任务的责任单位、责任方式、工作目标、工作措施、完成时间不明确，没有发挥好协调作用。三是监督缺位。这主要表现在对下级监督多，对同级监督少；对工作效能、廉洁自律方面监督多，对品德修养等其他方面监督少；对工作八小时以内监督多，对工作八小时以外的监督几乎空白。四是问责追责缺位。对群众反映的热点问题、重大安全事故等背后的腐败问题以及被媒体曝光的涉嫌违纪问题，没有及时倒查责任或追究相关党员干部责任，对一些违纪违规者的处理存在失之于软、失之于宽的现象。纪检监察机关缺位问题的直接后果就是，近些年来腐败问题蔓延的势头难以遏制，成为影响党和政府形象，以及党的执政根基的最根本性原因。

深化国家监察体制改革后，监察委员会作为国家监察专责机关，依法对所有行使公权力的公职人员进行监察，调查职务违法和职务犯罪，开展廉政建设和反腐败工作，有效避免了越位、错位和缺位问题，权力的边界更加清晰，责任更加明确。

3. 监察委员会解决了纪法衔接不畅的问题

《监察法》的出台在《宪法修正案》之后，及时将宪法修改所确立的监察制度进一步具体化，是我们党依宪执政、依宪治国的生动实践和鲜明写照。为依法保证监察机关有效履行监察职能，监察法赋予监察机关必要的权限。一是规定监察机关在调查职务违法和职务犯罪时，可以采取谈话、讯问、询问、查询、冻结、搜查、调取、查封、扣押、勘验检查、鉴定等措施。二是被调查人涉嫌贪污贿赂、失职渎职等严重职务违法或者职务犯罪，监察机关已经掌握其部分违法犯罪事实及证据，仍有重要问题需要进一步调查，并有涉及案情重大、复杂，可能逃跑、自杀，可能串供或者伪造、隐匿、毁灭证据等情形之一的，经监察机关依法审批，可以将其留置在特定场所；留置场所的设置和管理依照国家有关规定执行。三是监察机关需要采取技术调查、通缉、限制出境措施的，经过严格的批准手续，按照规定交有关机关执行。与此同时，监察法还就监察委员会进行监察程序，特别是对留置的程序作出严格规范。《监察法》不论是在监察职能还是在监察程序上，都对监察委员会作出了具体的规定，明确了监察委员会履行法定职责的法定程序，在纪检监察机关合署办公的条件下，实现了纪律检查、国家监察和国家司法的有效衔接。

（三）监察委员会是实现党和国家自我监督的政治机关

根据《宪法修正案》和《监察法》规定，监察委员会是专司国家监察职能的国家机关。从法律的规定和我国的政治现实来看，监察委员会是实现党和国家自我监督的政治机关，其性质和地位不同于行政机关、司法机关。党的十八大后，党的纪律检查工作实现了纪严于法、纪在法前的转化，精准有效用好监督执纪“四种形态”，填补了“好同志”和“阶下囚”之间的党内监督漏洞。而国家监察体制改革，则是以法律为尺子，填补国家监督的空白。在国家权力结构中设置监察机关，是从我国历史传统和现实国情出发加强对公权力监督的重大改革创新。在党的统一领导下，纪委监委合署办公，实现

了党内监督和国家监督、党的纪律检查与国家监察有机统一。监察委员会不设党组、不决定人事事项，本质上就是党的工作机构。监察委员会作为政治机关，政治属性是第一属性、根本属性，必须始终把讲政治放在第一位。[①]

《监察法》出台前，行政监察的对象主要是行政机关的工作人员，而检察院主要侦办国家工作人员职务犯罪，不管职务违法行为。《监察法》出台后，监察机关从政府系统中分离出来，专司国家监察职责。监察委员会依法行使的监察权，不是行政监察、反贪反渎、预防腐败职能的简单叠加，而是在党直接领导下，代表党和国家对所有行使公权力的公职人员进行监督，既调查职务违法行为，又调查职务犯罪行为，可以说依托纪检、拓展监察、衔接司法，但又决不是司法机关。同时，监察委员会的工作具有很强的政治性，在履行职责过程中既要加强日常监督、查清职务违法犯罪事实，进行相应处置，还要开展严肃的思想政治工作，进行理想信念宗旨教育，做到惩前毖后、治病救人，努力取得良好的政治效果、法纪效果和社会效果。

《监察法实施条例》在第二章“监察机关及其职责”中，对《监察法》颁布实施以来的监察制度进行梳理，将纪律监督、监察监督、派驻监督、巡视监督统筹衔接和各项监督贯通协调的要求在监察法规中予以固定，固化了监察机关作为党和国家自我监督的政治机关属性。

二、监察机关的组建与设置

（一）监察机关的组建

我国四级监察机关的组建，经历了三省（市）试点，然后在全国推开。《监察法》施行后，国家监察委员会正式挂牌，宣告组建完成。

1. 试点阶段

（1）试点背景。深化国家监察体制改革是事关全局的重大政治体制改革，是对我国政治体制、政治权力、政治关系的重大调整，是从国情出发强化对权力监督制约的重大制度创新。国家监察是对行使公权力的公职人员最直接最有效的监督，本质上属于党和国家的自我监督。我国 80% 的公务员、95%

---

①闫鸣：《监察委员会是政治机关》，《中国纪检监察报》2018 年 3 月 8 日，第 3 版。

以上的领导干部是共产党员，党内监督和国家监察既具有高度内在一致性，又具有高度互补性。在党内监督已经实现全覆盖的基础上，通过深化国家监察体制改革，整合行政监察、预防腐败和检察机关查处贪污贿赂、失职渎职及预防职务犯罪等工作力量，设立国家、省、市、县监察委员会，将进一步完善具有中国特色的监督体系，实现对所有行使公权力的公职人员监察全覆盖。正确认识国家监察体制改革诸多问题的钥匙在于“合署办公”，各级监察委员会同党的纪律检查机关合署办公，实行一套工作机构、两个机关名称，履行纪检、监察两项职能，由各级纪律检查委员会对党中央或地方党委全面负责并报告工作。

（2）试点过程。2016年10月27日通过的党的十八届六中全会公报指出，各级党委应当支持和保证同级人大、政府、监察机关、司法机关等对国家机关及公职人员依法进行监督，这是中国官方首次将“监察机关”与人大、政府、司法机关一并提及。2016年11月7日，中办印发《关于在北京市、山西省、浙江省开展国家监察体制改革试点方案》（以下简称《方案》），部署在上述三省市设立各级监察委员会。《方案》提出，国家监察体制改革是事关全局的“重大政治改革”，是建立在党统一领导下的“国家反腐败工作机构”，要实施组织和制度创新，整合反腐败资源力量，扩大监察范围，丰富监察手段，实现对行使公权力的公职人员监察全面覆盖，建立集中统一、权威高效的监察体系。过去是“一府两院”制，监察委员会成立后就成为“一府一委两院”制，实行半垂直的领导体制。根据《方案》的部署，试点地区的监察委员会将与纪委合署办公，成为“党统一领导下的国家反腐败工作机构”，检察机关反贪、反渎、预防腐败等部门也将隶属监察委员会。同年12月下旬，十二届全国人大常委会第二十五次会议表决通过全国人大常委会改革试点工作的决定。试点地区根据全国人大常委会的决定，筹备组建省、市、县三级监察委员会，推动检察机关相关部门转隶，确保2017年3月底完成省级监察委员会组建工作，2017年6月底完成市、县两级监察委员会组建工作。

（3）主要成效。在北京市、山西省、浙江省开展国家监察体制改革试点，按照方案的要求完成了试点任务，形成了可复制可推广的宝贵经验。①

①《积极探索实践 形成宝贵经验 国家监察体制改革试点取得实效——国家监察体制改革试点工作综述》，载中央纪委监察部网，2017年11月5日发布，访问时间：2019年9月1日。

一是完善了党和国家自我监督体系，实现党内监督与国家监察相统一。党内监督与国家监察是一体两面的辩证关系，在实现党内监督全覆盖的同时，建立国家监察机构，实现对所有行使公权力的公职人员监察全覆盖，真正把公权力关进制度笼子，体现了党内监督与国家监察内的在一致性与高度互补性。

二是健全了反腐败领导体制。试点过程中，三省（市）从组织形式、职能定位和决策程序上将党对反腐败工作的统一领导具体化，决策指挥、资源力量、措施手段更加集中统一，党领导的反腐败工作体系更加科学完备。把坚持党的领导贯穿始终，主体责任有效落实。党委细化工作措施，对反腐败领导更加坚强有力。试点地区党委切实加强对纪委、监委工作的领导，由原来侧重“结果领导”转变为“全过程领导”，把党的领导体现在全面从严治党的日常工作中。

三是构建了集中统一、权威高效的监察体系，实现对行使公权力的公职人员监察全覆盖。按照试点方案要求，试点地区整合行政监察、预防腐败和检察机关查处贪污贿赂、失职渎职及预防职务犯罪等工作力量，有效解决行政监察范围过窄、反腐败力量分散等问题，实现由监督“狭义政府”到监督“广义政府”的转变。集中力量抓好转隶，完成三级监委组建。全面覆盖公职人员，公权力受到有效监督。为适应监督全覆盖要求，将监察职能向派驻机构和乡镇一级拓展。

四是实现纪委、监委合署办公，机构、职能和人员全面融合。试点地区实行党的纪律检查委员会与国家监察委员会合署办公，对党委全面负责，履行纪检、监察两项职责，监察委员会不设党组，主任、副主任分别由同级纪委书记、副书记兼任，实行一套工作机构、两个机关名称，聚焦中心任务，科学设置机构。

五是实践运用调查权、发挥留置威慑力，充分行使监委职责权限。三省（市）各级监委认真履行监督、调查、处置职责，探索运用调查手段，严格规范权力行使，确保惩治腐败力度不减。全要素试用调查措施，有效发挥职能作用。按照能试尽试原则，试点地区监委在调查职务违法犯罪过程中充分运用 12 项调查措施和技术调查、限制出境等措施。规范行使监察权，建立健全工作机制。

六是探索执纪监督与执纪审查部门分设的内部监督机制。试点地区各级纪委、监委把深化转职能、转方式、转作风贯穿试点工作始终，创新体制机制，调整内部机构设置，实现案管、监督、调查、审理各环节相互配合、相互制约。

省、市两级实行执纪监督与执纪审查部门分设，统筹整合监督力量，完善内部纪法衔接，强化自我监督制约。

七是形成监察机关与司法执法机关相互衔接、执纪与执法相互贯通的工作机制。在省（市）党委领导下，试点地区充分发挥党委政法委的协调作用，加强监察机关与公安机关、检察机关、审判机关的沟通协作，实现了监察程序与司法程序有序对接、监察机关与司法执法机关相互制衡。调查工作更加顺畅。建立健全监察机关与司法执法机关的协调机制，“法法”协调衔接全线打通、顺畅高效，案件处置质量和效率明显提高。

八是实践探索在前、总结提炼在后，为制定《监察法》提供实践基础。试点地区紧紧围绕改革试点方案提出的目标任务，坚持以问题导向推动改革，积极探索实践、认真归纳总结，形成了可复制可推广的经验，为改革全面推开和制定《监察法》提供了实践支撑。

2. 全国推开阶段

2017 年 10 月 23 日，中办印发《关于在全国各地推开国家监察体制改革试点方案》，11 月 4 日，十二届全国人民代表大会常务委员会第三十次会议通过在全国各地推开监察体制改革试点工作的决定。① 各市县按照中央部署和省（区、市）党委要求，借鉴先行先试地区成功经验，周密组织实施，统筹协调推进。各级党委负总责、纪委负专责，相关单位各司其职，强化责任担当，按图精准施工、合力协作攻坚。② 按照改革路线图，各地监察厅局的行政监察和预防腐败局，与检察院的反贪、反渎、职务犯罪预防三个部门都要转隶到新组建的监察委员会。组建后的监察委员会，与同级纪委合署办公，实行一套工作机构、两个机关名称。各级监察委员会主任由同级纪委书记兼任，副主任由同级纪委副书记兼任，委员主要由纪委常委兼任，同时也包括从检察院转隶来的同志。各地区在坚持机构、编制、职数“三个不增加”原则的基础上，积极优化内设部门结构，推动机构资源、工作力量向监督执纪一线倾斜。

2018 年 2 月 25 日，随着广西壮族自治区崇左市大新县监察委员会正式成立，仅用时三个多月，除先行试点的北京、山西、浙江外的 28 个省（区、市）

---

① 姜洁：《蹄疾步稳描绘监察体制改革蓝图》，《人民日报》2018 年 2 月 26 日，第 4 版。

② 同上。

的三级监察委员会就全部完成组建，这标志着深化国家监察体制改革试点工作取得重要阶段性成果。

3. 国家监察委员会挂牌

2018 年 3 月 23 日，中华人民共和国国家监察委员会（以下简称“国家监察委员会”)在北京揭牌,举行新任国家监察委员会副主任、委员宪法宣誓仪式。揭牌和宪法宣誓仪式，宣告了国家监察委员会这一具有创制意义的国家反腐败工作机构正式运行，为构建集中统一、权威高效的中国特色国家监察体制竖起了新的里程碑，党和国家反腐败工作由此翻开崭新一页。国家监察委员会的组建和运行，开启了从试点探索向依法履职、持续深化国家监察体制改革的新阶段。

国家监察委员会的成立，是国家监察体制改革的重大成果，却绝不是改革的“终点”，不断加强党对反腐败工作的集中统一领导，是改革永远的目标。在党中央的坚强领导下，各级纪委监委推动建立健全党委定期研判反腐败斗争形势、把握政治生态、听取重大案件汇报等制度，从组织形式、职能定位、决策程序上将党对反腐败工作的统一领导具体化。深化国家监察体制改革，整合原行政监察、预防腐败、检察院反贪反渎等工作力量，组建监察委员会，使反腐败决策指挥、资源力量、措施手段更加集中统一。

（二）监察机关的设置

2018 年《宪法修正案》规定，中华人民共和国设立国家监察委员会和地方各级监察委员会。根据这一规定，监察机关包括国家、省、市、县四级监察委员会。

1. 国家监察委员会

《监察法》第七条第一款规定，中华人民共和国国家监察委员会是最高监察机关，这是对国家监察委员会的法律定位。宪法规定，全国人民代表大会是最高国家权力机关；国务院是最高国家行政机关；最高人民法院是最高审判机关；最高人民检察院是最高检察机关。这次宪法修改明确，在我国四级监察机构中国家监察委员会是中央一级的监察机关，作为最高监察机关，在我国监察体系中居于最高地位。

国家监察委员会的最高监察地位主要体现在[①]：一是监察委员会的设立和产生由宪法规定，组织和职权由法律规定。二是国家监察委员会的组成人员由全国人民代表大会及其常务委员会选举或者任命产生。其中，国家监察委员会主任由全国人民代表大会选举产生，其他组成人员由主任提名，全国人民代表大会常务委员会任免。三是国家监察委员会负责全国监察工作，领导地方各级监察委员会的工作。四是国家监察委员会有权办理各级监察机关管辖范围内的监察事项。

2. 地方各级监察委员会

《监察法》第七条第二款规定了地方各级监察委员会的机构设置。本条规定与宪法关于我国行政区域划分的规定一致。《宪法》第三十条规定，全国分为省、自治区、直辖市；省、自治区分为自治州、县、自治县、市；直辖市和较大的市分为区、县。根据法律规定，地方设省级监察委员会、市（地）级监察委员会、县级监察委员会，乡镇不设监察委员会，但监察委员会可以在乡镇设派驻机构，《监察法》第十二条对此作了规定。

3. 监察委员会的派驻派出机构和监察专员

（1）派驻监督是纪检监察专责监督的重要制度安排。党的十八大以来，派驻机构按照中央纪委要求，聚焦中心任务，转职能、转方式、转作风，不断强化监督、执纪、问责。派驻纪检监察机构合署办公，派驻或者派出监察机构、监察专员职责与纪委派驻机构职责相匹配，要充分发挥“派”的权威和“驻”的优势，聚焦监督、调查、处置，使驻在单位和区域的党风廉政建设和反腐败工作得到切实加强，为全面从严治党提供有力支撑。党的十九大修改的党章规定，党的中央和地方纪律检查委员会向同级党和国家机关全面派驻党的纪律检查组。《中国共产党党内监督条例》总结党的十八大以来派驻纪检机构改革实践经验，把派驻监督纳入党内监督的制度框架，明确了纪委派驻纪检组与派出机关的工作关系、派驻纪检组的职责任务、派出机关的领导方式，为强化党内监督、推进全面从严治党提供了制度保障。深化国家

① 中共中央纪律检查委员会、中华人民共和国国家监察委员会法规室：《〈中华人民共和国监察法〉释义》，中国方正出版社，2018，第 77 页。如无特殊注明，本章关于监察机关基本属性、基本定位、关系属性、设置规定、人员组成、产生程序、三大职责的解读，均源自该书的权威解释。

监察体制改革，成立监察委员会，并与本级党的纪律检查委员会合署办公，代表党和国家行使监督权和监察权，履行纪检、监察两项职责，加强对所有行使公权力的公职人员的监督，从而在我们党和国家形成巡视、派驻、监察三个全覆盖的统一的权力监督格局，形成发现问题、纠正偏差、惩治腐败的有效机制。在监察法中规定监察机关派驻或者派出监察机构、监察专员，正是从法律层面上将这一机制法治化、规范化。

完善领导体制，不断增强派驻监督全覆盖的有效性。健全系统集成、协同高效的体制机制，是实现派驻监督从“有形覆盖”到“有效覆盖”的关键所在。《纪检监察机关派驻机构工作规则》（以下简称《规则》）深入总结派驻监督实践做法，对各级党委、驻在单位、派出机关、驻在单位纪检机构、机关纪检监察工作委员会、派驻主管部门纪检监察组等主体与派驻机构的关系作出具体规范，推动形成同向发力、协作互动、监督有力的工作格局。一是强调党委的领导和驻在单位的支持配合。立足中央党内法规定位，对各级党委健全派驻机构设置、干部管理、工作保障机制，听取纪委监委关于派驻监督工作汇报等作出规定，要求驻在单位主动向派驻机构通报重要情况和问题，为其开展工作创造条件、提供保障。二是明确派出机关对派驻机构直接领导、统一管理。规定纪委常委会和派出机关分管领导、相关部门对派驻机构进行领导指导的职责任务，具体规定监督检查部门日常联系的6项内容、“室组”联动监督的6个方面、“室组地”联合办案的5个事项以及“组组”协作的6项工作，强化上下贯通、左右衔接、集成联动，充分发挥纪检监察系统优势和作用。三是明确派驻机构对驻在单位内设纪检机构进行指导检查。规定派驻机构督促、支持内设纪检机构发挥职能作用，协调人员力量开展监督执纪工作，推动内设纪检机构监督实起来、执纪硬起来、作用发挥强起来。特别是充分发挥垂直管理单位组织制度优势，专门规定派驻垂直管理单位的纪检监察组对驻在单位各级纪检机构的工作进行统筹，推动各级纪检机构一级抓一级、层层落实监督责任。四是发挥机关纪检监察工委、派驻主管部门纪检监察组的协助职能。规定机关纪检监察工作委员会审理有关派驻机构审查调查的案件，明确派驻国有资产监管机构、教育行政部门纪检监察组加强对国有企业、普通高等学校派驻机构工作的指导，推动派驻机构提高办案质量，形成监督合力。

（2）监察委员会的派驻派出机构和监察专员设置。党章和纪委工作条例、监察法对纪委监委派驻纪检监察机构作出基本规范。《监察法》第十二条对监察委员会的派驻派出机构和监察专员进行了规定。第一款规定的是各级监察委员会派驻或者派出监察机构、监察专员的范围以及组织形式。监察派驻制度的内容十分丰富，监察法原则性地规定了监察委员会往哪里派、怎么派，给监察派驻制度留下了较大的制度空间，对派驻或者派出范围、组织形式等的具体设置，留待日后逐步细化、完善。本款具体列举了派驻或者派出的范围，具体包括本级中国共产党机关、国家机关、法律法规授权或者委托管理公共事务的组织和单位以及所管辖的行政区域、国有企业等。这里的国家机关主要是指行使国家权力、管理国家事务的机关，包括国家权力机关、国家行政机关、审判机关、检察机关等。这里的行政区域主要是指街道、乡镇以及不设置人民代表大会的地区、盟等区域。县级监察委员会向所管辖的街道、乡镇派出监察机构、监察专员，可以每个街道、乡镇单独派出，也可以几个街道、乡镇归口派出，推动国家监察向基层延伸，就近解决群众身边的腐败问题。派驻或者派出的组织形式，具体包括监察机构或者监察专员。监察委员会设置派驻、派出监察机构抑或监察专员，应遵循实际需要，根据监察对象的多少和任务的轻重而定。一般来说，对于地区、盟等地方的监察机构，可以采取派出监察机构的形式；对于街道、乡镇，可以采取派出监察专员的形式；而对于中国共产党机关、国家机关等的监察机构，可以采取派驻监察机构的形式。

《规则》进一步规范各级各类派驻机构设置。党的十八大以来，在党中央集中统一领导下，纪委监委向党和国家机关、国有企业、国有金融企业、普通高等学校等派驻纪检监察机构，但在派驻方式、机构设置等方面有所不同。《规则》既把握共性，明确纪委监委向本级党和国家机关、所管辖的国有金融企业派驻纪检监察组，又区别个性，适应各行业领域的党建工作体制和各地区实际，对国有企业、普通高等学校等单位不搞“一刀切”，明确可以按照规定派驻纪检监察组，或者依法派驻监察机构，派驻监察专员并设立监察专员办公室，与驻在单位党的纪律检查机构合署办公，实现党内监督和国家监察全覆盖。

（3）监察委员会派驻派出机构和监察专员的主要职责。派驻监督是纪委监委监督职能的延伸，是上级纪委监委延伸到被监督单位的“触角”和“探头”。随着派驻机构改革的不断深化，充分发挥“派”的权威和“驻”的优势，

做实做细日常监督，突出“精准”二字，是坚持和完善党和国家监督体系，强化对权力运行制约和监督的有效方法。

《监察法》第十三条规定，派驻或者派出的监察机构、监察专员根据授权，按照管理权限依法对公职人员进行监督，提出监察建议，并对公职人员进行调查、处置。这一条规定的主要目的既是明确派驻或者派出监察机构、监察专员的法定职责，使其开展工作具有明确的依据，也是明确其义务和责任，对不履行或者没有履行好法定职责的派驻或者派出监察机构、监察专员，要依法追究其失职责任。

本条规定主要包括两个方面内容：一是根据授权进行监督，提出监察建议。派驻或者派出的监察机构、监察专员的设置、具体职责和可以行使的权限，包括监督对象有哪些人员、具体履行什么样的监督职责等，由相关法律文件做出明确授权，其根据授权开展相关工作。从党的十八大以来的实践情况看，派驻或者派出的监察机构、监察专员的监督对象，是中国共产党机关、国家机关、法律法规授权或者委托管理公共事务的组织和单位以及行政区域、国有企业内的所有公职人员，其中重点对象是领导人员。比如，国家监察委员会派驻的监察机构，监督的重点对象是驻在机关和部门领导班子、中管干部和司局级干部。监督的内容，主要是公职人员依法履职、秉公用权、廉洁从政从业以及道德操守情况。随着监察法施行后国家监察体制改革的不断深化，派驻或者派出的监察机构、监察专员的监督重点，还需要根据实践的发展不断总结提炼、规范完善。派驻监察机构、监察专员根据监督结果，对驻在单位廉政建设和履行职责存在的问题等提出监察建议。二是根据授权依法进行调查、处置。从党的十八大以来的实践情况看，派驻或者派出的监察机构、监察专员可以根据授权，对有关公职人员涉嫌贪污贿赂、滥用职权、玩忽职守、权力寻租、利益输送、徇私舞弊以及浪费国家资财等职务违法进行调查，根据调查结果，对违法的公职人员依照法定程序作出警告、记过、记大过、降级、撤职、开除等政务处分决定。但是其调查、处置对象，不包括派驻或者派出它的监察委员会直接负责调查、处置的公职人员。比如，国家监察委员会派驻的监察机构，可以依法调查、处置驻在机关、部门的司局级及以下干部，但是对于驻在机关、部门的中管干部，则由国家监察委员会进行调查、处置。需要注意的是，在派出或者派驻监察机构的职责权限上，派出监察机构原则上既可以对公职人员涉嫌职务违法进行调查、处置，又可以对涉嫌职务犯罪进行调查、处置；而派驻监察机构的具体职责权限，则需要根据派出它的监察机关的授权来确定。

《规则》第四章在概括规定派驻机构履行监督执纪问责和监督调查处置职责的基础上，具体规定了派驻机构开展监督、督促落实主体责任、廉政教育、受理处置检举控告、参与核查、审查调查、处理处分、受理处置申诉等 8 项具体职责。同时，《规则》还强化了派驻机构主要负责人监督专责，明确其按照规定担任驻在单位的党组（党委）成员，履行监督专责，不分管驻在单位工作。这样规定，既有利于派驻机构贴近监督，及时掌握驻在单位的相关情况，又可以确保派驻机构一心一意开展监督，防止因利益羁绊而不敢、不愿监督。《规则》对派驻机构线索处置、立案审批、措施使用、审理、党纪政务处分、问责、移送起诉等执纪执法流程作出具体规定，明确 7 个报派出机关审批或备案、3 个报派驻机构主要负责人审批的事项，体现派出机关对派驻机构的制约和监督，推动派驻机构在法治轨道上履行职责。

4. 监察官制度

《监察法》第十四条规定，国家实行监察官制度，依法确定监察官的等级设置、任免、考评和晋升等制度。规定本条的主要目的是为建立中国特色监察官制度提供法律依据。本条规定主要包括两个方面内容：一是明确规定国家实行监察官制度。监察官制度的关键所在是权责对等。必须依据监察法的基本规定，立足中国历史文化传统，在吸收国（境）外有益经验的基础上，立足国情，形成具有中国特色的监察官制度体系，对监察官履职的政治、道德、廉洁等要求作出明确规定，实现权力、责任、义务、担当相统一。这既有利于监察机关工作人员增强工作的荣誉感、责任感和使命感，以更高的标准、更严的要求，依法履职尽责，为廉政建设和反腐败工作贡献力量，也是深化国家监察体制改革过程中的重要组织制度创新，从而推进国家治理体系和治理能力现代化。二是为确定监察官的等级设置、任免、考评和晋升等具体制度赋予法律依据。在监察官等级设置上，要创制具有中国特色的监察官称谓和等级，独立于法官、检察官、警官制度，不照抄照搬。可以参考古今中外的监察官称谓，创制充分体现中国文化特点的监察官衔级名称。监察官等级既要层次合理，又要力求扁平化，体现精简、高效的队伍建设方针。在监察官任免、考评和晋升等制度设计上，要科学设立上下进退机制。监察官门槛要高、退出机制要强，尤其是要细化规定违法违规监察官降低衔级、处分等

条件，把重音落在从严建设队伍上。对于监察官的工资待遇，要坚持权责对等原则，突出责任和担当，参考有关专业干部队伍的待遇标准，综合考虑国家财政负担能力等因素，研究解决方案。

第十三届全国人民代表大会常务委员会第三十次会议表决通过的《中华人民共和国监察官法》（以下简称《监察官法》，以宪法和监察法为依据，坚持党管干部原则，坚守为人民服务的宗旨，坚持“责任法”的定位，以法律形式明确监察官的职责义务，加强对监察官的监督制约，构建中国特色监察官制度，为进一步健全反腐败领导体制和工作机制、完善党和国家监督体系、推进国家治理体系和治理能力现代化提供了重要保障。《监察官法》共9章68条，可以分为三个板块。第一板块为第一章总则，主要规定了立法目的和依据、指导思想、监察官的范围，以及对监察官的总体要求；第二板块为第二章至第八章，是主体部分，明确了监察官的职责、义务和权利，监察官的条件和选用，监察官的任免，监察官的管理，监察官的考核和奖励，监察官的监督和惩戒，监察官的职业保障等内容；第三板块为第九章附则，规定了衔接条款及施行日期等。监察官法将监察官履职要求具体化、制度化、法律化，实现权力、责任、义务、担当相统一，体现了更为严格的要求，有利于各级纪检监察机关和广大纪检监察干部牢固树立法治意识、程序意识和证据意识，运用法治思维法治方式推进监督、防治腐败，确保执纪执法权规范正确行使。

三、监察机关的产生与组成

（一）监察机关的产生

《监察法》集组织、程序、实体法于一体，第八条第一款规定，国家监察委员会由全国人民代表大会产生，负责全国监察工作。这一款规定了国家监察委员会的产生和职责。宪法规定，国家行政机关、监察机关、审判机关、检察机关都由人民代表大会产生，对它负责，受它监督。本条第一款和第九条第一款分别规定，国家监察委员会由全国人民代表大会产生，地方各级监察委员会由本级人民代表大会产生。由人民代表大会产生国家监察机关，对人大负责、受人大监督，贯彻了人民代表大会这一根本政治制度，体现了人民当家作主的要求，有利于强化人大作为国家权力机关的监督职能，拓宽人民监督权力的途径，更好地体现党的领导、人民当家作主和依法治国有机统一。

同时，规定国家监察委员会负责全国监察工作，明确了其作为最高监察机关，统一领导地方各级监察机关工作的地位。

《监察法》第九条第一款规定，地方各级监察委员会由本级人民代表大会产生，负责本行政区域内的监察工作。这一款规定了地方各级监察委员会的产生和职责。在中央层面，国家监察委员会由全国人民代表大会产生。相应在地方层面，地方各级监察委员会由本级人民代表大会产生。同时，县级以上地方各级监察委员会负责本行政区域内的监察工作，接受国家监察委员会的统一领导，是整个国家监察体系的有机组成部分。

（二）监察机关的人员组成及其任职期限

《监察法》第八条第二款规定，国家监察委员会由主任、副主任若干人、委员若干人组成，主任由全国人民代表大会选举，副主任、委员由国家监察委员会主任提请全国人民代表大会常务委员会任免。第八条第三款规定，国家监察委员会主任每届任期同全国人民代表大会每届任期相同，连续任职不得超过两届。

《监察法》第八条第二款规定了国家监察委员会的组成。国家监察委员会由主任一人、副主任和委员若干人组成。关于副主任和委员的职数，《监察法》未作具体规定。在产生方式方面，国家监察委员会主任由全国人民代表大会选举产生，副主任、委员由国家监察委员会主任提请全国人民代表大会常务委员会任免，这与最高人民法院、最高人民检察院相关领导人员产生方式相同。

《监察法》第八条第三款规定了国家监察委员会主任的任职期限。国家监察委员会由全国人民代表大会产生，任期与全国人民代表大会每届任期相同。任期届满，要重新经过全国人民代表大会选举新的国家监察委员会主任。《监察法》没有规定监察委员会副主任、委员每届任期同全国人民代表大会每届任期相同，是为了保证国家监察机关职权行使的连续性。在国家监察委员会每届任期内当选的监察委员会主任，其任期以本届人民代表大会剩余的任期为限。本款规定国家监察委员会主任连续任职不得超过两届，与宪法关于最高人民法院院长、最高人民检察院检察长连续任职届数的规定相一致。宪法和法律对最高人民法院副院长、最高人民检察院副检察长和地方各级人民法院院长、副院长，各级人民检察院检察长、副检察长连续任职期限未作规定。为保持一致，本法也未对监察委员会副主任、委员连续任职期限作出规定。

（三）监察机关之间的关系属性

党的十九届六中全会通过的《中共中央关于党的百年奋斗重大成就和历史经验的决议》把“坚持党的领导”总结为党百年奋斗历史经验的第一条，强调“把党的领导落实到党和国家事业各领域各方面各环节”。党的十八大以来，在党中央领导下持续深化纪律检查体制改革、国家监察体制改革、纪检监察机构改革，根本目的都是坚持和加强党对纪检监察工作的全面领导。

《中华人民共和国宪法修正案》（2018 年）规定，中华人民共和国国家监察委员会是最高监察机关。国家监察委员会领导地方各级监察委员会的工作，上级监察委员会领导下级监察委员会的工作。《监察法》第十条规定，国家监察委员会领导地方各级监察委员会的工作，上级监察委员会领导下级监察委员会的工作。本条是关于监察机关上下级领导关系的规定。规定本条的主要目的是明确监察机关系统内上下级之间的领导体制，用法律形式把这种国家监察体制的组织创新固定下来。

《中国共产党章程（修正案）》（2017 年）规定，党的地方各级纪律检查委员会和基层纪律检查委员会，在同级党的委员会和上级纪律检查委员会双重领导下进行工作，上级党的纪律检查委员会加强对下级纪律检查委员会的领导。党的十八届三中全会通过的《中共中央关于全面深化改革若干重大问题的决定》明确提出，推动党的纪律检查工作双重领导体制具体化、程序化、制度化，强化上级纪委对下级纪委的领导。深化党的纪律检查体制改革，加强制度创新，就要强化上级纪委对下级纪委的监督，推动纪委双重领导体制落到实处。党的十九届三中全会通过的《中共中央关于深化党和国家机构改革的决定》再次强调，深化党的纪律检查体制改革，推进纪检工作双重领导体制具体化、程序化、制度化，强化上级纪委对下级纪委的领导。党的各级纪律检查委员会与监察委员会合署办公，在监察法中明确规定国家监察委员会领导地方各级监察委员会的工作，上级监察委员会领导下级监察委员会的工作，为落实双重领导体制提供了坚实的法治保障。

《监察法》第十条规定主要包括两个方面内容：一是国家监察委员会领导地方各级监察委员会的工作。领导的本义是率领并引导。领导本身包含教育、管理和监督。国家监察委员会在全国监察体系中处于最高地位，主管全国的监察工作，率领并引导所属各内设机构及地方各级监察委员会的工作，一切监察机关都必须服从它的领导。在监察法中确立这样的监察机关领导关系，能够保证“全国一盘棋”，保证全国监察机关集中统一领导、统一工作步调、统一依法履职。二是上级监察委员会领导下级监察委员会的工作。地方各级监察委员会负责本行政区域内的监察工作，除了依法履行自身的监督、调查、处置职责外，还应对本行政区域内下级监察委员会的工作实行监督和业务领导。按照党的十八届三中全会通过的《中共中央关于全面深化改革若干重大问题的决定》精神，地方监察委员会查办职务违法犯罪案件以上级监察委员会领导为主，线索处置和案件查办在向同级党委报告的同时，必须向上级纪委监委报告。在监察法中确立这样的监察机关上下级领导关系，有利于地方各级监察委员会在实际工作中减少或排除各种干扰，依法行使职权。监察工作牵涉各方面的利益，地方各级监察委员会在查办案件或办理其他监察事项过程中，可能会遇到来自某些方面的阻力和地方保护主义的干扰，因此规定上级监察委员会领导下级监察委员会的工作，一方面有利于加强对下级监察委员会履行监察职责情况的监督，上级监察委员会可以通过检查工作、受理复核申请等方式，对发现的问题予以纠正，监督下级监察委员会严格依法办事，公正履职，另一方面当下级监察委员会遇到阻力时，上级监察委员会可以支持其依法行使职权，帮助其排除各种干扰。

《监察法实施条例》坚持正确政治方向，把坚持和加强党的全面领导贯穿到立规全过程，落实到制度设计的各方面。第一章总则第二条中明确要求，“把党的领导贯彻到监察工作各方面和全过程”。此外，第十条“国家监察委员会在党中央领导下开展工作”，第二百五十一条“监察机关和监察人员必须自觉坚持党的领导”等内容都表明，纪检监察各项工作始终在党的统一领导下扎实有序开展。

《中国共产党纪律检查委员会工作条例》（以下简称《纪委工作条例》）牢牢把握“坚持党的领导”这一根本目的，将“坚持党的全面领导，坚持党中央集中统一领导”作为纪委开展各项工作必须遵循的首要原则，并在领导体制、运行方式、工作机制等规定中予以具体化程序化。一是强调中央纪委自觉坚持和加强党的领导。明确中央纪委国家监委在党中央领导下履行党的最高纪律检查机关和国家最高监察机关职责，严格执行加强和维护党中央集中统一领导的各项制度要求，及时向中央政治局、中央政治局常务委员会请示汇报工作。二是坚持并完善地方各级纪委和基层纪委双重领导体制。在接

受同级党委领导方面，强调地方各级纪委和基层纪委贯彻落实同级党委决策部署，按照规定请示报告重大事项，并在纪委全会、常委会职权和纪委履职程序中细化了相关要求；在加强上级纪委对下级纪委的领导方面，明确了8个方面具体内容，规定上级纪委督促指导和支持下级纪委开展同级监督，要求各级纪委将审查特别重要或者复杂案件中的问题和处理的结果，在向同级党委报告的同时即向上级纪委一并报告。三是明确纪委监委在党的领导下集中决策、一体运行。国家监察体制改革以来，党中央领导制定监察法，组建四级监察委员会并与党的纪律检查委员会合署办公，奠定了党和国家监督体系的“四梁八柱”。《纪委工作条例》总结提炼监察体制改革成果，强调实现纪委监委领导体制和工作机制的统一融合，坚持纪严于法、执纪执法贯通。

第二节　监察机关的职责

《监察法》第十一条规定，监察委员会依照本法和有关法律规定履行监督、调查、处置职责。监督是指针对享有公权力的公职人员进行监督，主要监督检查其依法履职、秉公用权、廉洁从政从业等情况，在三项职责中处于基础性地位。调查是监察委员会的一项经常性工作，主要运用12种措施对涉嫌贪污贿赂、滥用职权、玩忽职守、权力寻租、利益输送、徇私舞弊以及浪费国家资财等职务违法和职务犯罪行为进行调查，突出体现监察委员会作为国家反腐败工作机构的职责定位。处置包括“政务处分”“问责”“移送检察机关”“提出监察建议”等4个方面内容，是监委开展工作的有力抓手。党的十九大修改的党章规定，党的各级纪律检查委员会的职责是监督、执纪、问责。监察法对监察委员会监督、调查、处置三大职责的规定，与党章规定的纪委的监督、执纪、问责职责相一致，确保监委在职责上与纪委相匹配，避免实际工作中的职责混乱和分散等问题。

一、监督职责

（一）监督是监察委员会的首要职责

监察委员会代表党和国家，依照宪法、监察法和有关法律法规，监督所有公职人员行使公权力的行为是否正确，确保权力不被滥用，确保权力在阳光下运行，把权力关进制度的笼子。党的十八大以来，面对依然严峻复杂的反腐败斗争形势，以习近平同志为核心的党中央带领全党进行了艰辛的探索。2016年10月，党的十八届六中全会通过了《中国共产党党内监督条例》，明确规定了党内监督的原则、任务、主要内容和重点对象，针对不同主体，明确监督职责，规定具体监督措施，实现党内监督全覆盖。党内监督和国家监察都是中国特色治理体系的重要组成部分，一体两面，具有高度内在一致性。监察全覆盖和监督的严肃性实效性，直接关乎党的执政能力和治国理政科学化水平。制定监察法，就是要通过制度设计实现对所有行使公权力的公职人员监察全覆盖，弥补国家监察的短板，体现依规治党与依法治国、党内监督与国家监察有机统一。在合署办公体制下，纪委的监督、执纪、问责与监委的监督、调查、处置是对应的，既有区别又有一致性。纪检机关的监督和监察机关的监督在指导思想、基本原则上是高度一致的，目的都是惩前毖后、治病救人，抓早抓小、防微杜渐。

近年来，纪检监察机关持续深化纪检监察体制改革，坚持问题导向、目标导向、结果导向，在监督执纪执法过程中边实践边总结，积累了不少好经验好做法。比如，在履行监督职责方面，探索创新日常监督的方式，探索监察监督与纪律监督、派驻监督、巡视监督的统筹衔接、贯通协同，不断提升监督质效。《监察法实施条例》紧紧围绕"行使公权力"这一本质特征，对监察法规定的六类监察对象逐项进行细化，以明文列举的方式作出规定，进一步解决实践中监察对象界定存在争议的问题。

《纪委工作条例》进一步完善监督检查的内容方式，细化政治监督的重点内容，明确日常监督、专项监督、基层监督等监督方式。为增强工作的针对性操作性，《纪委工作条例》列举日常监督的12种方式，突出专项监督所针对的4个方面问题，明确基层监督需要整合和衔接的资源力量，促进基本职责、第一职责得到切实履行。

（二）落实纪委和监委的双重职责

纪委、监委合署办公，要落实它们的双重职责。《中国共产党党内监督条例》明确规定，党的各级纪律检查委员会是党内监督的专责机关，履行监督执纪问责职责，加强对所辖范围内党组织和领导干部遵守党章党规党纪、贯彻执

行党的路线方针政策情况的监督检查。党内监督的主要内容是：①遵守党章党规，坚定理想信念，践行党的宗旨，模范遵守宪法法律情况；②维护党中央集中统一领导，牢固树立政治意识、大局意识、核心意识、看齐意识，贯彻落实党的理论和路线方针政策，确保全党令行禁止情况；③坚持民主集中制，严肃党内政治生活，贯彻党员个人服从党的组织，少数服从多数，下级组织服从上级组织，全党各个组织和全体党员服从党的全国代表大会和中央委员会原则情况；④落实全面从严治党责任，严明党的纪律特别是政治纪律和政治规矩，推进党风廉政建设和反腐败工作情况；⑤落实中央八项规定精神，加强作风建设，密切联系群众，巩固党的执政基础情况；⑥坚持党的干部标准，树立正确选人用人导向，执行干部选拔任用工作规定情况；⑦廉洁自律、秉公用权情况；⑧完成党中央和上级党组织部署的任务情况。党内监督的方式包括党委（党组）的日常管理监督、巡视监督、组织生活制度、党内谈话制度、干部考察考核制度、述责述廉制度、报告制度、插手干预重大事项记录制度，以及纪委的执纪监督、派驻监督、信访监督、党风廉政意见回复、谈话提醒和约谈函询制度、审查监督、通报曝光制度等。党内监督要求把纪律挺在前面，运用监督执纪“四种形态”，经常开展批评和自我批评、约谈函询，让“红红脸、出出汗”成为常态；党纪轻处分、组织调整成为违纪处理的大多数；党纪重处分、重大职务调整的成为少数；严重违纪涉嫌违法立案审查的成为极少数。

在合署办公体制下，纪委的监督、执纪、问责与监委的监督、调查、处置是对应的，纪检机关的监督和监察机关的监督在指导思想、基本原则上是高度一致的，目的都是惩前毖后、治病救人，抓早抓小、防微杜渐。党内监督的内容、方式和要求，也都适用于国家监察的监督。一定要准确把握、高度重视监察委员会的日常监督职责，把纪委监督与监委监督贯通起来。严格监督本身就是反腐败高压态势的组成部分。监察机关履行监督职责的方式包括教育和检查。廉政教育是防止公职人员发生腐败的基础性工作，根本内容是加强理想信念教育，使公职人员牢固树立马克思主义的世界观、人生观、价值观和正确的权力观、地位观、利益观，使讲规矩、守法律成为公职人员的自觉行动，不断增强不想腐的自觉。监督检查的方法包括列席或者召集会议、听取工作汇报、实施检查或者调阅、审查文件和资料等，内容是公职人员依法履职、秉公用权、廉洁从政从业以及道德操守情况。

（三）把监督挺在前面

《监察法》明确了监察机关的监督职责："对公职人员开展廉政教育，对其依法履职、秉公用权、廉洁从政从业以及道德操守情况进行监督检查。"与一般法律注重惩治和打击不同，监察法的目的是加强党对反腐败工作的集中统一领导，强化党和国家自我监督，要求监察委员会在保持对腐败问题高压惩治的同时，更加注重对监察对象的监督，抓早抓小，防患未然。深入推进全面从严治党，必须把监督挺在前面，贯通党内监督和国家监察，突出权力监督的预防腐败功能，防患未然，将监督关口提到"四种形态"之前。

《党章》第四十六条明确规定，党的各级纪律检查委员会的职责是监督、执纪、问责。《监察法》第十一条规定，监察委员会履行监督、调查、处置职责。不论是纪委还是监委，监督都是其第一位的、基本的职责。在国家监察体制改革后，纪委、监委实行合署办公，代表党和国家行使监督权和监察权，履行纪检、监察两项职责，加强对所有行使公权力的公职人员的监督，从而在我们党和国家形成巡视、派驻、监察三个全覆盖的统一的权力监督格局。落实纪委监委这一基本的监督职责，首先要依托纪检、拓展监察、衔接司法，既预防腐败的发生，又审查违纪问题、调查违法犯罪问题，还要同时考虑纪的因素和法的内容，不断提高监督效果。其次，党内监督必须紧紧围绕政治建设这个根本，把"四种形态"作为强化监督的抓手，把巡视利剑擦得更亮，派驻监督要发挥"探头"作用。同时，把党内监督同国家机关监督、民主监督、司法监督、群众监督、舆论监督贯通起来，增强监督合力。最后，国家监察是对公权力最直接最有效的监督，实现监察全覆盖和监督的严肃性、实效性，是监察委员会必须落实的基本要求。

《监察法实施条例》专设一节对监察法第十一条第一项规定的监督检查职责予以细化，坚持执纪执法贯通的理念，针对监察监督的特点，把纪检监察机关开展政治监督的目标任务、丰富内涵和着力点转化为监察法规，同时体现把监督寓于日常工作之中、融入权力运行全过程的要求，要求监察机关结合公职人员的职责加强日常监督，针对系统性行业性的突出问题和群众反映强烈的问题开展专项监督，以办案促进整改、以监督促进治理，充分发挥监督保障执行、促进完善发展作用。目前，各级监察委员会按照中央要求，积极推进内设机构改革，成立专门的监督部门增强监督力量。同时许多地方

还积极探索有效的方法路径，有的整合信、访、电、网、邮等信访举报渠道，让信访流程更加简捷高效，使监督“眼睛更亮”“耳朵更灵”；有的通过选聘监督员、监察员等方式拓展监督渠道，积极探索向国有企业、事业单位、村居委员会等延伸监督触角；有的探索加强执纪监督与派驻监督全面融合的途径，形成监督合力；等等。通过一系列实招硬招的运用，让监督跟上来、强起来，为做好调查处置工作打下坚实基础。

二、调查职责

（一）调查职责的主要内容

调查公职人员涉嫌职务违法和职务犯罪，是监察委员会的一项经常性工作。它是监察委员会开展廉政建设和反腐败工作、维护宪法和法律尊严的一项重要措施。对公职人员涉嫌职务违法和职务犯罪进行调查，体现了监察委员会作为反腐败工作机构的定位，体现了监察工作的特色，能有效地强化不敢腐的震慑，减少和遏制腐败行为的发生，维护宪法和法律尊严，保持公权力行使的廉洁性。

调查的主要内容，包括涉嫌贪污贿赂、滥用职权、玩忽职守、权力寻租、利益输送、徇私舞弊以及浪费国家资财等职务违法和职务犯罪行为，基本涵盖了公职人员腐败行为的各种类型。[①]这些行为都是党的十八大以来通过执纪审查、巡视等发现的比较突出的职务违法和职务犯罪行为。其中，“贪污贿赂”，主要是指贪污、挪用、私分公共财物以及行贿受贿等破坏公权力行使廉洁性的行为；“滥用职权”，主要是指超越职权，违法决定、处理其无权决定、处理的事项，或者违反规定处理公务，致使公共财产、国家和人民利益遭受损失的行为；“玩忽职守”，主要是指公职人员严重不负责任，不履行或者不认真、不正确履行职责，致使公共财产、国家和人民利益遭受损失的行为；“徇私舞弊”，主要是指为了私利而用欺骗、包庇等方式从事违法的行为。有的行为与刑法规定的罪名和有关法律法规规定的违法行为并不完全一一对应，但实质是一致的。比如，“权力寻租”，主要是指公职人员利用手中的

① 中共中央纪律检查委员会、中华人民共和国国家监察委员会法规室：《〈中华人民共和国监察法〉释义》，中国方正出版社，2018，第 92 页。

公权力，违反或者规避法律法规，谋取或者维护私利的行为；“利益输送”，主要是指公职人员利用职权或者职务影响，以违反或者规避法律法规的手段，将公共财产等利益不正当授受给有关组织、个人的行为；“浪费国家资财”，主要是指公职人员违反规定，挥霍公款，铺张浪费的行为。

（二）调查职责的特点

《监察法》对于监察委员会的监督职责采取了“正面”、概括的规定方式，范围较宽，内容比较抽象，较难把握与理解，比如公职人员依法履职、秉公用权、廉洁从政从业以及道德操守情况都包括在内。而《监察法》对于监察委员会的调查职责则是采用具体列举方式，将涉嫌贪污贿赂、滥用职权、玩忽职守、权力寻租、利益输送、徇私舞弊以及浪费国家资财等职务违法和职务犯罪规定为调查范围，以增强调查职责的针对性、实效性。根据《监察法》规定，监察机关对所有行使公权力的公职人员的职务犯罪行为都可以进行调查，但是基于工作的便利性和实效性，也可以考虑部分职务犯罪的调查由有关机关负责。

《监察法实施条例》明确了监察机关调查范围，分别对监察机关调查违法和犯罪职责作出规定。对于违法案件调查职责，列出了职务违法的客观行为类型，明确了特定情况下调查、处置其他违法行为的情形。对于犯罪案件调查职责，以列举罪名的方式对监察机关管辖职务犯罪的范围作出了明确规定。《刑法修正案（十一）》出台后，监察机关有权管辖的职务犯罪罪名共有 101 个，包括监察机关单独管辖的罪名，以及与检察机关、公安机关共同管辖的罪名。《监察法实施条例》对相关管辖规则均进行了明确。这 101 个罪名既是监察机关调查职务犯罪的职责清单，也是对公职人员特别是领导干部履行职责的最底线要求和负面清单，是公权力行使的制度笼子。

（三）监察机关调查权与公安机关、检察机关等侦查权之间的区别

《监察法》通过国家立法赋予监察委员会必要的权限和措施，将原行政监察法已有规定和实践中正在使用、行之有效的措施确定下来，明确监察机关可以采取谈话、讯问、询问、查询、冻结、调取、查封、扣押、搜查、勘验检查、鉴定、留置等措施开展调查。《监察法实施条例》在第四章中分节对 15 项监察措施的适用条件、工作要求、文书手续以及告知义务等事项作出详细规定，确保监察机关依法正确采取措施。必须注意的是，监察委员会是

由国家权力机关设立的监督机关，是党统一领导下的反腐败工作机构；反腐败针对的职务犯罪与一般刑事犯罪不同，监察机关的调查权不同于也不能视同于公安、检察机关等的侦查权[①]，二者主要区别如下：

1. 法律依据不同

监察机关调查权的适用依据是《监察法》，突出体现惩戒与教育相结合，宽严相济。侦查权的适用依据主要是《刑事诉讼法》，突出体现公安机关办案时保障人权与打击犯罪并重，公正与效率平衡。需要特别指出的是，监察机关采取的留置调查措施，不能简单套用或视同于执法和司法机关的强制措施。监察法对留置的审批程序、留置场所、调查过程的安全和被留置人员饮食、休息、医疗服务等都有极其严格的规定，强调保障被调查人的人身权、财产权和申辩权等合法权益。凡是采取留置措施的都必须经过监察机关领导人员集体研究决定，设区的市级以下监察机关采取留置措施应报上一级监察机关批准，省级监察机关采取留置措施应报国家监察委员会备案。而且，被调查人在留置期间，案件承办人始终坚持以理、以证据服人，以家、国之情感人，通过让其学习党章、重温入党誓词、谈话等方法，促其自我省悟。

2. 行使主体不同

调查权的行使主体是监察委员会，监察委员会是政治机关而非司法机关，决定重要调查事项要由同级党委、上级监察委员会批准。侦查权的行使主体是具有特定主体资格的机构和人员，这种特定的主体资格由法律来规定和认可。在我国，能够进行侦查的机关只能是公安机关、人民检察院、国家安全机关、军队保卫部门，其他任何机关、团体或者公民个人都无权行使侦查权。二者行使主体虽然不同，但监察机关办理职务违法和职务犯罪案件时又与公安机关、检察机关互相配合，互相制约。对于监察机关移送的案件，人民检察院经审查认为需要补充核实的，应当退回监察机关补充调查，必要时可以自行补充侦查。监察机关调查涉嫌重大贪污贿赂等职务犯罪，根据需要，经过严格的批准手续，可以采取技术调查措施，交公安机关执行。

3. 适用对象不同

监察机关调查权的适用对象是涉嫌贪污贿赂、滥用职权、玩忽职守、权力寻租、利益输送、徇私舞弊以及浪费国家资财等职务违法和职务犯罪的公

---

① 马誉宁：《12种措施与监察职责相匹配》，《中国纪检监察》2018年第10期。

职人员，监察对象是行使公权力的公职人员。公安、检察机关等行使的侦查权，适用对象是涉嫌刑事犯罪或经济犯罪的人员，涵盖了涉嫌刑事犯罪和经济犯罪的公职人员，但不包括军人违反职责的犯罪和军队内部发生的刑事案件，以及其他依照法律和规定应当由其他机关管辖的刑事案件。同时，为完善与监察法的衔接机制，保留检察机关在诉讼活动法律监督中发现司法工作人员利用职权实施非法拘禁、刑讯逼供、非法搜查等侵犯公民权利、损害司法公正的涉嫌犯罪行为的侦查权。公职人员既涉嫌严重职务违法或者职务犯罪，又涉嫌其他违法犯罪的案件，由监察机关与公安、检察机关等协商解决管辖问题，一般应当以监察机关为主调查，其他机关予以配合。

综上所述，《监察法》赋予监察机关调查权限的目的不是“扩权”，而是为了更好地履行监察职责。总体来看，目前规定的12种主要调查措施，基本与监察机关承担的职责任务相匹配，有利于监察工作规范化、法治化。

三、处置职责

监督、调查、处置是监察机关的三项职责，有了监督、调查结果后，监察机关下一步该如何履行处置职责呢？对此，根据《监察法实施条例》第三十三、三十四、三十五、三十六条规定，监察机关根据监督、调查结果，依法作出如下处置。

（一）对违法的公职人员依法作出政务处分决定

监察委员会根据监督、调查结果，对违法的公职人员依照法定程序作出警告、记过、记大过、降级、撤职、开除等政务处分决定。第十三届全国人民代表大会常务委员会第十九次会议通过的《中华人民共和国公职人员政务处分法》（以下简称《政务处分法》），是中华人民共和国成立以来第一部全面系统规范公职人员政务处分工作的国家法律，进一步明确了政务处分种类、处分期间，以及政务处分的适用规则，为监察机关精准开展政务处分提供了更为明确的法律依据。《政务处分法》将监察全覆盖的要求进一步具体化，使政务处分匹配党纪处分、衔接刑事处罚，构筑起惩治职务违法的严密法网，对于健全反腐败国家立法，强化对权力运行的制约和监督，构建一体推进不敢腐、不能腐、不想腐体制机制具有重要意义。

（二）对履行职责不力、失职失责的领导人员进行问责

《监察法实施条例》第三十四条规定，监察机关在追究违法的公职人员直接责任的同时，依法对履行职责不力、失职失责，造成严重后果或者恶劣影响的领导人员予以问责。监察机关应当组成调查组依法开展问责调查。调查结束后经集体讨论形成调查报告，需要进行问责的按照管理权限作出问责决定，或者向有权作出问责决定的机关、单位书面提出问责建议。2019 年 9 月修订后的《中国共产党问责条例》，明确了党委（党组）、纪委、党的工作机关启动问责调查、作出问责决定等有关事项的具体情形，为精准有效问责提供了制度遵循。开展党内问责工作要明确问责主体、问责情形、问责内容、问责对象，进一步突出问责工作重点，确保问责效果。

这里所谓的“问责”，是指监察委员会根据问责的有关规定，对不履行或者不正确履行职责的，按照管理权限对负有管理责任的领导人员作出问责决定，或者向有权作出问责决定的机关提出问责建议。问责的对象是公职人员中的领导人员，主要是指：中国共产党机关、人大机关、行政机关、监察机关、审判机关、检察机关、政协机关、民主党派和工商联机关中，担任各级领导职务和副调研员以上非领导职务的人员；参照公务员法管理的单位中担任各级领导职务和副调研员以上非领导职务的人员；大型、特大型国有和国有控股企业中层以上领导人员，中型以下国有和国有控股企业领导班子成员，以及上述企业中其他相当于县处级以上层次的人员；事业单位领导班子成员及其他六级以上管理岗位人员。《中国共产党问责条例》第五条明确规定，问责对象是党组织、党的领导干部，重点是党委（党组）、党的工作机关及其领导成员，纪委、纪委派驻（派出）机构及其领导成员。这一规定有效解决了问责泛化的突出问题。

（三）对涉嫌职务犯罪的，将调查结果移送人民检察院依法审查、提起公诉

《监察法实施条例》有效衔接刑事诉讼程序，主动对接以审判为中心的诉讼制度改革，设专节规定移送审查起诉事宜，明确监察机关在监察执法与刑事司法衔接中的具体职责，完善指定司法管辖的协商程序和工作要求，规范提出从宽处罚建议的情形和程序，保证监察机关调查的涉嫌职务犯罪案件

有序进入刑事司法程序。《监察法实施条例》第三十五条规定，监察机关对涉嫌职务犯罪的人员，经调查认为犯罪事实清楚，证据确实、充分，需要追究刑事责任的，依法移送人民检察院审查起诉。因而，对被调查人涉嫌职务犯罪，监察机关经调查认为犯罪事实清楚，证据确实、充分的，制作起诉意见书，连同案卷材料、证据一并移送检察机关依法审查、提起公诉。监察体制改革后，对监察机关移送的案件，应由检察机关作为公诉机关直接依法审查、提起公诉，不需要检察机关再进行立案。这就对移送提出了更高要求，调查必须认定案件犯罪事实清楚，证据确实、充分，移送的证据也要与刑事审判的要求和标准相一致。

（四）对监察对象所在单位提出监察建议

监察建议是监察委员会依照法定职权，根据监督、调查结果，对监察对象所在单位廉政建设和履行职责存在的问题等，向相关单位和人员就其职责范围内的事项提出的具有一定法律效力的建议。监察建议不同于一般的工作建议，它具有法律效力，被提出建议的有关单位无正当理由必须履行监察建议要求其履行的义务，否则，就要承担相应的法律责任。《监察法实施条例》第三十六条规定：“监察机关根据监督、调查结果，发现监察对象所在单位在廉政建设、权力制约、监督管理、制度执行以及履行职责等方面存在问题需要整改纠正的，依法提出监察建议。”监察机关应当跟踪了解监察建议的采纳情况，指导、督促有关单位限期整改，推动监察建议落实到位。此外，监察机关根据监督、调查结果，对有职务违法行为但情节较轻的公职人员，可以按照管理权限，直接或者委托有关机关、人员，进行谈话提醒、批评教育、责令检查，或者予以诫勉。

必须指出的是，监察机关经调查，对没有证据证明被调查人存在违法犯罪行为的，应当撤销案件，并通知被调查人所在单位。规范监察机关的处置工作，既可以保证监察机关依法履行处置职责，也能防止监察机关滥用处置权限。

四、监督、调查、处置一体推进

监督、调查、处置，三项职责既有各自具体的内涵要求，又彼此联系、

相互作用。[①] 监督是监委的基本职责，调查是最有威慑的一种监督手段，而监督、调查的实效则依靠处置来体现和保障，三者有机统一于强化国家监察、加强权力监督、深入开展反腐败斗争的生动实践。

（一）监督调查处置一体推进具有很强针对性

实践中，一方面，由于惯性思维，一些地方对三项职责的理解还不够全面，一定程度上还存在重办大案要案、轻抓早抓小以及重调查处置、轻红脸出汗等思想，错误认为“监督费力不讨好”“办好大要案才是英雄”，在履行监督职责上用力不够。另一方面，随着监察全覆盖的推进，面对监察对象数量成倍增加的现实，对如何创新手段有效开展监督思考不深、探索不多，存在“老办法用不好”“新办法不会用”等问题。对于部分转隶过来的干部来讲，由于以前日常监督工作做得相对较少，到监察委员会后面临新的职责，有一个适应和提升的过程；对纪检监察干部而言，在执纪之外增加了执法的要求，也带来纪法贯通、法法衔接等新课题。这些问题，有的是局部的，有的带有普遍性，需要引起足够重视并在实践中认真加以解决。

（二）一体推进要把握好“进”的着力点

监督调查处置一体推进，要找准薄弱环节，补齐短板。例如，加强对本地区本部门政治生态的分析研判，把握好“树木”与“森林”的辩证关系，从大局整体出发准确掌握“森林”状况，让监督调查处置“心中有数”，防止出现工作盲目、“脚踩西瓜皮，滑到哪里是哪里”的情况。一些地方通过建立党员领导干部个人廉政活页夹、建立被监督单位“台账”等方式，绘制出被监督地区和部门政治生态的“晴雨表”，解决监督底数不清的短板，效果明显。“进”要盯住重点领域、关键环节，分清轻重主次，围绕党中央决策部署贯彻执行，聚焦“关键少数”，精准发现问题、精准进行处置。“进”要深入运用“四种形态”，综合把握党的政策策略和纪律法律要求，既运用好第一种形态，对倾向性苗头性问题抓早抓小、及时红脸出汗，防止公职人员由小问题滑向大错误，又综合运用第二、三种形态，防止一般违纪违法发

---

①余哲西：《监督、调查、处置一体推进——保证监察全覆盖的质量和效果》，《中国纪检监察》2018 年第 13 期。

展成严重违纪违法甚至发展成犯罪，管住“中间地带”，还要不放松第四种形态，坚持受贿行贿一起查，以有力惩处确保监督有效，在合理运用“四种形态”过程中实现三项职责一体推进。

（三）一体推进必须严格依规依纪依法

监督调查处置一体推进，必须严格依规依纪依法，做到职责法定、管辖法定、权限法定、程序法定。各级纪委监委需要自觉加强能力建设，增强运用法治思维和法治方式开展工作的本领，坚持实事求是原则，重程序、讲规矩，做好纪法贯通、法法衔接，才能朝着履职高效、监督有力的方向不断迈进，确保改革制度优势转化为治理效能。

纪检监察监督是对监督的再监督。加强对纪检监察机关及其工作人员的监督，是监察法和其他纪检监察法规一贯的要求。《监察法实施条例》通篇贯彻监察机关要接受最严格约束和监督的要求，充分吸收既有制度成果，将实践中行之有效的做法上升为法规规定，在第七章专章规定了对监察机关和监察人员的监督，构建系统化全方位的监督机制。一是坚持党的领导、管理和监督。党的领导职责中必然包含监督职责，党组织对监察机关的监督是第一位的监督。《监察法实施条例》强调，监察机关和监察人员必须自觉坚持党的领导，在党组织的管理、监督下开展工作。二是接受人大监督和民主监督、司法监督、社会监督、舆论监督。在监察法原则性规定的基础上，进一步明确各级监委向本级人大常委会报告专项工作的形式、程序和审议意见办理要求，细化接受执法检查和答复质询案的程序，完善向社会公开监察工作信息的具体范围，明确特约监察员制度的法律地位，为人大监督、民主监督等充分发挥作用提供保障。三是完善监察机关内控机制。明确要求监察机关建立内部工作部门协调制约机制、案件质量评查机制，确立打听案情、过问案件、说情干预登记备案制度，细化履职回避制度和保密制度等，构建起严密细致的权力监督控制机制。在监督对象上，覆盖各级监察机关、各个内设部门和各名监察人员；在监督事项上，涵盖执行职务、与特定人员交往、配偶子女经商办企业等各方面；在监督流程上，囊括监察机关工作各环节，将监察人员入职、履职、离职全程纳入监督，确保监察机关及其工作人员受到严格的制度和纪律约束。

思考题

1. 如何理解监察机关是行使国家监察职能的专责机关？

2. 根据《监察法》的规定，简述国家监察机关的设置、产生及人员组成。

3. 简述监察机关的三大职责。

4. 简述党章关于纪检机关三大职责和国家监察机关三大职责的规定之间的联系与区别。

5. 结合监察机关职责的规定，谈谈反腐败治本与治标的关系。

推荐阅读文献

1. 苏绍龙：《“监督 + 监察”体制下失范人大代表的调查处置——由人大代表“被责令辞职”展开的思考》，《政法论坛》2022 年第 2 期。

2. 李志强：《监察委员会的职能定位及其类型化构造》，《山东社会科学》2021 年第 1 期。

3. 宋方青，张可：《国家监察委员会监察法规制定权：权限范围与制度构建》，《湘潭大学学报（哲学社会科学版）》2021 年第 4 期。

4. 谢小剑：《职务违法与职务犯罪监察调查程序“相对二元化模式”提倡》，《法商研究》2021 年第 5 期。

5. 井晓龙：《监察调查权与检察侦查权衔接研究》，《法学杂志》2020 年第 12 期。

6. 刘计划：《监察委员会职务犯罪调查的性质及其法治化》，《比较法研究》2020 年第 3 期。

7. 秦前红，石泽华：《基于监察机关法定职权的监察建议：功能、定位及其法治化》，《行政法学研究》2019 年第 2 期。

8. 魏昌东：《监督职能是国家监察委员会的第一职能：理论逻辑与实现路径——兼论中国特色监察监督系统的规范性创建》，《法学论坛》2019 年第 1 期。

9. 左卫民，安琪：《监察委员会调查权：性质、行使与规制的审思》，《武汉大学学报（哲学社会科学版）》2018 年第 1 期。

10. 李红勃：《迈向监察委员会：权力监督中国模式的法治化转型》，《法学评论》2017 年第 3 期。

11. 姬亚平，吉亮亮：《国家监察委员会的设立与运行制度研究》，《财经法学》2018 年第 1 期。

12. 周佑勇：《监察委员会权力配置的模式选择与边界》，《政治与法律》2017 年第 11 期。

13. 施鹏鹏：《国家监察委员会的侦查权及其限制》，《中国法律评论》2017 年第 2 期。

第四章 监察范围与管辖

学习目标 通过本章的学习，学生可以掌握以下内容：1. 监察对象范围；2. 监察职责范围；3. 监察地域管辖、监察级别管辖、监察指定管辖；4. 管辖权争议。

关键概念 监察范围；地域管辖；提级管辖；指定管辖；管辖权异议

第一节 监察范围

监察委员会在行使监督、调查、处置职权时，必须厘清监察范围与管辖问题。在《监察法》的立法过程中，秉承“宜粗不宜细”的原则，以免因过细的立法不符实际而束缚了自己的手脚。原则性立法虽然解决了立法时的很多难题，但是也造成监察执法中因规范供给严重不足而无所适从的情形。[①] 虽然《监察法》第十五、十六、十七条对监察范围与管辖问题进行了相应规定，但很多细节性问题并未详述，这使得在实践适用过程中仍然对监察范围与管辖问题存在模糊认识。因此，详细厘清监察范围与管辖问题，对推进监察工作、保证见效果具有极大的促进作用。

一、监察对象范围

针对监察对象范围这一问题进行论述，主要是为了厘清《监察法》具体适用于哪些人的范围问题。《监察法》第十二条规定，监察机关在行使职权过程中，各级监察委员会可以向本级党政机关、法律法规授权或委托管理公

① 秦前红：《国家监察法实施中的一个重大难点：人大代表能否成为监察对象》，《武汉大学学报（哲学社会科学版）》2018 年第 6 期。

共事务的组织与单位以及管辖的行政区域、国有企业等单位派驻或派出监察机构、监察专员。由此可以看出，监察委员会的管辖对象范围涉及各类机关单位团体中的国家公务人员。

《监察法》第三条规定，各级监察委员会依法对所有行使公权力的公职人员进行监察。此处的“公职人员”，不仅取决于其固定身份，还取决于其从事活动的内容及根据。判断一个人是否属于监察对象，必须坚持动态识别原则，即需要结合“人”和“事”两个标准来进行综合判断。“人”，就是指行使公权力的公职人员；“事”，就是是否从事了与职权相联系的管理事务。[①]监察机关管辖的是公职人员的职务违法和职务犯罪行为，如果公职人员在非履行公务过程中发生违反《道路交通安全法》《治安管理处罚法》《民法》等行为，则不属于监察机关管辖。此外，医生、教师等人员一旦从事与职权相联系的管理公共事务，包括采购、招生、基建等事宜，就属于被监察对象。对此，《监察法》第十五条以列举加概括的立法方式对监察机关行使职权的对象范围进行了较为详尽的规定，《监察法实施条例》第三十八条至四十三条也对《监察法》第十五条所涉的内容进一步作出解释说明。综合来看，监察对象具体可分为以下六大类：

（一）公务员和参公管理人员

公务员，是指依法履行公职、纳入国家行政编制、由国家财政负担工资福利的工作人员。2016 年 1 月 1 日起颁布实施的《中华人民共和国公务员法》（简称《公务员法》）第二条也对其进行了明确规定。依据公务员职位的性质、特点和管理需要等因素，其职位类别具体可划分为综合管理类、专业技术类和行政执法类等。《监察法实施条例》第三十八条第一项对依据《公务员法》确定公务员范围的做法予以确认，同时第二项进一步明确参公管理人员的概念，即有关单位中经批准参照公务员法进行管理的工作人员。

《监察法》第十五条第一项规定，公务员和参公管理人员是其第一类监察对象主体，具体包括：

---

① 王希鹏：《深化国家监察体制改革须重点把握好五个问题》，《中国党政干部论坛》2018 年第 9 期。

1. 人民代表大会及其常务委员会机关公职人员

人民代表大会及其常务委员会机关公职人员具体包括：①县级以上各级人民代表大会常务委员会领导人员，乡、镇人民代表大会主席、副主席；②县级以上各级人民代表大会常务委员会工作机构和办事机构的工作人员；③各级人民代表大会专门委员会办事机构的工作人员。

对于人大代表是否属于监察对象范围，目前存在两种不同观点：肯定观点认为，此处的各级人民代表大会及其常务委员会机关公职人员，需要对其进行扩大解释，其不仅仅包括机关工作人员，还包括各级人大代表。[①] 人大代表属于行使公权力的公职人员，在《监察法》第十五条第六项兜底条款的文义解释范围之内，监察委员会是能够监察人大代表的。[②] 否定观点认为，人大代表为特殊的非典型公职人员，不宜将人大代表等同于纯粹的公职人员而一视同仁地纳入监察范围，否则会损害人民代表大会制度，并动摇代表的政治基础。按照《中华人民共和国代表法》的规定，人大代表不仅享有法律上的权利、义务，而且因其是人民利益的代表者、人民意志的委托者，对代表履职不当的追究，一般采取罢免、停止执行代表职务、责令辞职等政治问责方式。[③]

我们对此问题持肯定观点。人大代表是国家权力机关的组成人员，是人民代表大会组织上、权力上的主体，也是人民主权的代表。各级人大代表要代表本地区人民行使国家权力、管理国家与社会事务并对人民负责。人大代表在其担任代表期间，对于与其代表职务相关的行为，监察机关有权对其进行监察。同时，《监察法实施条例》也对该做法作出明确确认，《监察法实施条例》第四十三条规定，履行人民代表大会职责的各级人民代表大会代表，履行公职的中国人民政治协商会议各级委员会委员、人民陪审员、人民监督员是《监察法》第十五条第六项规定的其他依法履行公职的人员之一。

此外，针对各级人民代表大会及其常务委员会自身能不能成为监察对象，也存在学理争议。有观点认为基于我国宪法确立的政体结构，人民代表大会及其常务委员会不能成为监察调查的对象，在单位犯罪中应当明确排除适用

---

① 蔡乐渭：《国家监察机关的监察对象》，《环球法律评论》2017 年第 2 期。

② 郭文涛：《监察委员会监察人大代表的理解与论证》，《西南政法大学学报》2018 年第 4 期。

③ 秦前红：《国家监察法实施中的一个重大难点：人大代表能否成为监察对象》，《武汉大学学报（哲学社会科学版）》2018 年第 6 期。

于人民代表大会及其常委会。[1] 我们对此观点持否定态度。

2. 党政机关公职人员

党政机关主要包括中国共产党和各民主党派机关，以及各级人民政府。

人民政府是我国各级国家行政机关的通称，是同级人民代表大会的执行机关，分为中央人民政府与地方人民政府。中央人民政府，即国务院，是我国最高国家权力机关的执行机关，是最高国家行政机关。地方人民政府，依据我国《宪法》规定分为省（自治区、直辖市）、县（自治县、市）、乡（民族乡、镇）三级，是地方各级国家权力机关的执行机关，是地方各级国家行政机关。人民政府对本级人民代表大会及其常务委员会、上一级国家行政机关负责并报告工作，负责组织和管理本行政区域内的各项行政事务。其中，县级以上地方各级人民政府依照法律规定权限，管理本行政区域内经济、教育、科学、文化、卫生、体育事业、城乡建设事业以及财政、民政、公安、民族事务、司法行政、监察、计划生育等行政事务；发布决定和命令，任免、培训、考核和奖惩地方各级国家公务员等。乡、民族乡、镇的人民政府执行本级人民代表大会的决议和上级国家行政机关的决定和命令，管理本行政区域内的行政事务。省、直辖市的人民政府决定乡、民族乡、镇的建制和区域划分。由此可见，政府公务人员属于国家监察的范围。

中国共产党是执政党、领导党，行使执政权、领导权，本质上就是公权力。因此，中国共产党各级机关工作人员是行使公权力的公职人员，属于监察委员会的监察对象。[2] 此外，各民主党派是参政党，其在我国政治领域中发挥着至关重要的作用，在一定程度和范围内行使着国家公权力，而且《公务员法》也将各民主党派机关工作人员纳入公务人员范畴。因此，各民主党派机关公务人员也属于国家监察的对象。同时，对于虽未列入党政机关人员编制，但在党政机关中从事公务的人员，《监察法实施条例》第四十三条也将其规定为监察法第十五条第六项所称的其他依法履行公职的人员范围内，亦属于监察委员会的监察对象。

---

① 程雷：《“侦查”定义的修改与监察调查权》，《国家检察官学院学报》2018 年第 5 期。

② 马怀德：《国家监察体制改革的重要意义和主要任务》，《国家行政学院学报》2016 年第 6 期。

当然，对于“党员”这一特殊主体的监督，除了监察机关的监督外，还有以党内监督为主的纪律监察监督。这就需要准确把握区分党内纪律检查机关和监察机关的监督差异。党内监督的对象是各级党组织以及全体党员。值得注意的是，《中国共产党纪律处分条例》（以下简称《纪律处分条例》）中的个别条款，仅适用于党员领导干部，例如组织、参加违规成立的老乡会、校友会等，以及违规从事商业活动等。而监察机关的首要职责是监督，其监察对象是所有行使公权力的公职人员以及相关人员。监察机关的监察范围既包括公职人员的违法行为，也包括公职人员的犯罪行为。与之前检察机关受理的贪污渎职不同的是，监察机关不仅仅对贪污受贿等行为进行监察，而且还承担着对党员干部和公职人员的日常监督职责。纪委监委合署办公，工作内容涉及监督和惩治党员和公职人员的“违纪”“违法”“犯罪”三个层面。[①]

3. 各级司法机关公职人员

狭义的司法机关，一般是指人民法院和人民检察院。广义的司法机关包括公安机关、国家安全机关、司法行政机关、军队保卫部门、监狱等负责刑事侦查的机构。《监察法》中的各级司法机关，应进行广义理解。

人民法院、人民检察院等司法机关是依法行使国家司法权的公权力国家机关。人民法院依法独立行使审判权，人民检察院依法独立行使检察权，公安机关依法行使侦查权，国家安全机关依法行使特殊侦查权，其都具有司法机关的性质。因此，上述机关中的法官、检察官、仲裁员、司法辅助人员等公职人员，当属于国家监察的对象范围。当然，有一类特殊群体，即被依法选出的在人民法院履行职务的人民陪审员以及履行特定手续被聘为特邀检察监督等的人员。此类人员在其职权范围内的职务事项，也是在行使国家公权力，因此，其职权范围内的行为，也属于国家监察的范围。

4. 监察委员会公职人员

监察委员会是实现党和国家自我监督的政治机关，并非传统意义上的行政机关、司法机关。其依法行使的监察权，不是行政监察、反贪反渎、预防腐败等职能的简单叠加，而是在注重监督的基础上，既调查职务违法行为，又调查职务犯罪行为，职能权限与司法机关、执法机关存在明显不同。监察委员会在履行职责过程中，既要加强日常监督，查清职务违法犯罪事实，进

---

① 王希鹏：《监察对象辨析》，《中国纪检监察报》2018年4月11日，第8版。

行相应处置，还要开展严肃的思想政治工作，进行理想信念宗旨教育，实现政治效果、法纪效果和社会效果的有机统一。

监察委员会是国家监察权的行使主体，但其职权范围并非无尽的，对监察权的监督也是非常必要的。《监察法》第五十三条规定，各级监察委员会应当接受本级人民代表大会及其常务委员会的监督。第五十五条规定，监察机关通过设立内部专门的监督机构等方式，加强对监察人员执行职务和遵守法律情况的监督，建设忠诚、干净、担当的监察队伍。由此可见，对监察机关的监督，不仅需要监察委员会的自我监督，而且还需要党内监督、人大监督以及社会监督等各方面的合力，从而形成完善的综合立体化监督网络。

5. 中国人民政治协商会议各级委员会机关公职人员

中国人民政治协商会议与我国党政机关存在差异。就性质而言，中国人民政治协商会议并非国家行政机关，而是爱国统一战线组织，是中国共产党同各民主党派和无党派民主人士在“长期共存、互相监督、肝胆相照、荣辱与共”方针指导下的多党合作和政治协商的重要机构，是我国政治领域中发扬社会主义民主的一种重要形式，主要职责为政治协商、民主监督与参政议政。

中国人民政治协商会议由中国共产党和各民主党派、无党派民主人士、各人民团体、各界爱国人士共同组成，政协委员是中国各个领域有代表性和有社会影响、有参政议政能力的人士。具体而言，政协委员以协商推荐的方式产生，每届政协委员名额和人选经由上届全国委员会主席会议审议同意后，由常务委员会协商决定。由此，中国人民政治协商会议各级委员会机关中的公职人员也当属于国家监察的对象范围。《监察法实施条例》第四十三条将履行公职的中国人民政治协商会议各级委员会委员也规定为其他依法履行公职的人员之一，纳入监察对象范围。

6. 工商业联合会机关公职人员

工商业联合会是中国共产党领导下的多党合作和政治协商单位，也可看作是具有统战性、经济性、民间性的社会群众团体组织，是党和政府联系非公有制经济人士的桥梁与纽带，是政府管理非公有制经济的得力助手。工商联合会主要参与国家大政方针及政治、经济、社会生活中重要问题的政治协商，民主监督，参政议政；引领联合会成员积极参加国家经济建设，推动我国社会主义市场经济体制逐步完善，促进我国社会经济全面发展进步；引导全员积极参政议政，做好非公经济代表人士政治安排的推荐工作；承办政府和有

关部门的委托事项等。其行使职责范围内的事务，也属于国家监察对象范围。

公务员身份的确定，有一套严格的法定程序，只有经过有关机关审核、审批和备案等程序，登记、录用或者调任为公务员后，方可成为公务员。参照《中华人民共和国公务员法》管理的人员，是指根据公务员法规定，法律、法规授权的具有公共事务管理职能的事业单位中除工勤人员以外的工作人员，经批准参照公务员法进行管理的人员。列入参照公务员法管理范围，应当严格按照规定的条件、程序和权限进行审批。

（二）经授权或委托管理公共事务的组织公职人员

《监察法》第十五条第二项规定，管理公共事务的事业单位人员是其第二类监察对象主体，具体包括：法律、法规授权管理公共事务的组织中从事公务的人员，以及受国家机关依法委托管理公共事务的组织中从事公务的人员。《监察法实施条例》进一步明确这类监察对象是指在上述组织中，除参照公务员法管理的人员外，对公共事务履行组织、领导、管理、监督等职责的人员，包括具有公共事务管理职能的行业协会等组织中从事公务的人员，以及法定检验检测、检疫等机构中从事公务的人员。也就是说，这类对象主要是指除参照公务员法管理以外的其他依照法律、法规规定行使国家行政管理职权以及经国家机关授权管理公共事务的组织，例如，银保监会、证监会、疾控中心等单位中从事公务的人员。受国家机关委托代表国家行使职权的组织，如受卫生行政部门委托向餐饮业发放卫生许可证的卫生防疫站中从事公务的人员，以及虽未列入国家机关人员编制，但在国家机关中从事公务的人员，如合同制民警等，视为国家机关工作人员。

在我国，事业单位人数多，分布广，由于历史和国情等特殊原因，在一些地方和领域，法律、法规授权或者受国家机关依法委托管理公共事务的事业单位工作人员，其数量甚至大于公务员的数量。由于这些人员也行使国家公权力，故此，为实现国家监察全覆盖，有必要将其纳入监察对象范围，由监察机关对其进行监督、调查、处置。

（三）国有企业管理人员

《监察法》第十五条第三项规定，国有企业管理人员是其第三类监察对象主体。《监察法实施条例》第四十条进一步明确该项所称国有企业管理人员，

“是指国家出资企业中的下列人员：（一）在国有独资、全资公司、企业中履行组织、领导、管理、监督等职责的人员；（二）经党组织或者国家机关，国有独资、全资公司、企业，事业单位提名、推荐、任命、批准等，在国有控股、参股公司及其分支机构中履行组织、领导、管理、监督等职责的人员；（三）经国家出资企业中负有管理、监督国有资产职责的组织批准或者研究决定，代表其在国有控股、参股公司及其分支机构中从事组织、领导、管理、监督等工作的人员。”具体包括：国有独资企业、国有控股企业及其分支机构的领导管理人员；对国有资产负有经营管理责任的国有企业中层和基层管理人员；在管理、监督国有财产等重要岗位上工作的公务人员；国有企业所属事业单位管理人员。

国有企业掌握着国家公共资源的支配权和使用权，这种权力在一定意义上也是一种国家公权力，因此国有企业的管理者实质上也是公权力的具体实施者。国有企业管理人员通常被理解为包括国有独资、控股、参股企业及其分支机构等国家出资企业中，由党组织或者国家机关、国有公司、企业、事业单位提名、推荐任命批准等，从事领导、组织、管理、监督等活动的人员。

此处的国有企业，实际指国家出资企业，不同于刑法上的国有企业。①按照《中华人民共和国企业国有资产法》第五条规定：“国家出资企业是指‘国家出资的国有独资公司、国有独资企业，以及国有资本控股公司、国有资本参股公司’。”而按照《关于划分企业登记注册类型的规定》第三条规定：“国有企业是指企业全部资产归国家所有，并按《中华人民共和国企业法人登记管理条例》规定登记注册的非公司制的经济组织。”由此可见，“国有公司、企业”与“国家出资企业”以及其包含的“国有控股公司、参股公司、企业”是不同的法律概念，在监察适用中需要对此注意。

此外，还有国家机关、国有公司、企业、事业单位委派到非国有公司、企业、事业单位、社会团体中从事公务的人员。“委派”，即委任、派遣，其具体形式多种多样，既可以是事前、事中的任命、指派、提名、推荐，也可以是事后的认可、同意、批准等，但单纯的事后备案行为不是委派。被“委派”的人员，在被“委派”之前，可以是国家工作人员，也可以不是国家工作人员，

---

①秦前红：《国家监察法实施中的一个重大难点：人大代表能否成为监察对象》，《武汉大学学报（哲学社会科学版）》2018年第6期。

如工人、农民、待业人员等。无论被“委派”人员之前是什么身份，只要被国有单位委派到非国有单位、社会团体中从事公务，就是国家工作人员。[①]

（四）公办教科文卫体等单位管理人员

《监察法》第十五条第四项规定，公办教科文卫体单位管理人员是其第四类监察对象主体。该主体是指国家为了社会公益目的，由国家机关举办或者其他组织利用国有资产举办的教育、科研、文化、医疗卫生、体育等事业单位中，从事组织、领导、管理、监督等工作的人员，也就是公共事业单位管理人员。

我国的事业单位主要包括教科文卫体，以及新闻出版、环境监测、城市建设单位等等，此外还包括一些机关的附属机构和法律服务所。《事业单位登记管理暂行条例》第二条规定，事业单位是我国独有的一种组织形态，具体是指国家为了社会公益目的，由国家机关举办或者其他组织利用国有资产举办的，从事教育、科技、文化、卫生等活动的社会服务组织。事业单位分配和利用一定的公共资源，实际上也是在依法行使国家公权力，因其性质和目标所决定，公办单位管理人员也属于国家监察对象范畴。

（五）基层群众性自治组织管理人员

《监察法》第十五条第五项规定，基层群众性自治组织中从事管理的人员是其第五类监察对象主体。《监察法实施条例》第四十二条进一步明确该主体具体包括下列人员：一是从事集体事务和公益事业管理的人员；二是从事集体资金、资产、资源管理的人员；三是协助人民政府从事行政管理工作的人员，包括从事救灾、抢险、防汛、优抚、扶贫、移民、救济款物的管理，社会捐助公益事业款物的管理，国有土地的经营和管理，土地征收、征用补偿费用的管理，代征、代缴税款，有关计划生育、户籍、征兵工作，协助人民政府等国家机关在基层群众性自治组织中从事的其他管理工作。此处的“基层群众性自治组织中从事的管理工作”人员，主要是指村党支部、村委会和村经联社、经济合作社、农工商联合企业等管理村集体经济活动的组织管理人员。

---

① 贾宇：《刑法学（第三版）》，中国政法大学出版社，2017，第460页。

根据宪法和法律规定，基层群众性自治组织行使自治权利。这种自治权在性质上属于社会公权力，相教于一般的社会公权力，其与国家公权力之间的关系更为密切。基层群众性自治组织的管理人员，作为一种特殊社会公权力的具体行使者，也应纳入国家监察对象范围。

（六）其他依法履行公职的人员

《监察法》第十五条第六项，是对监察对象主体的一项兜底条款规定。根据《监察法实施条例》第四十三条规定，该条款中的“其他人员”，除前述涉及的各级人民代表大会代表，履行公职的中国人民政治协商会议各级委员会委员，虽未列入党政机关人员编制，但在党政机关中从事公务的人员以外，还包括以下几类：人民陪审员、人民监督员；在集体经济组织等单位、组织中，由党组织或者国家机关，国有独资、全资公司、企业，国家出资企业中负有管理监督国有和集体资产职责的组织，事业单位提名、推荐、任命、批准等，从事组织、领导、管理、监督等工作的人员；在依法组建的评标、谈判、询价等组织中代表国家机关，国有独资、全资公司、企业，事业单位，人民团体临时履行公共事务组织、领导、管理、监督等职责的人员。也就是说，该条款中的“其他人员”主要包括，其他在国家机关、国有公司、企业、事业单位、群团组织等中，依法从事领导、组织、管理、监督等公务活动的人员等。该条款主要是将我国政治生活中诸多发挥着重要治理功能和政治功能的组织纳入其中，比如工会、共青团、妇联、文联、作家协会、证监会、红十字会、法学会、基金会、医师协会和注册会计师协会等，而上述组织中很多人员都是公务员或者参公管理人员。

共青团、工会和妇联等特殊组织是我国具有特殊政治地位和功能的机关组织，其所行使的权力从本质上看属于社会公权力，其公务人员理应成为国家监察的对象。中共中央组织部人事部印发《工会、共青团、妇联等人民团体和群众团体机关参照〈中华人民共和国公务员法〉管理的意见》，明确规定，共青团、工会和妇联等人民团体和群众团体机关参照《中华人民共和国公务员法》进行管理工作。由此可知，共青团、工会和妇联等人民团体和群众团体机关中的公务人员也属于国家监察的范围。

此外，社会中介组织中从事管理公共事务的工作人员也当属监察对象范畴。中介组织是按照一定法律法规要求，或根据政府职能、权限让渡而委托

建立的，一般遵循“独立、客观、公正”原则，在社会生活中发挥着服务、协调、沟通、公证、监理等职能，居于政府、市场和社会之间，实施具体的服务性行为、执行性行为和部分监督性行为的社会组织。社会中介组织拥有与国家公权力密切相关的社会公权力，其工作人员是社会公权力的具体行使者，因此也应是国家监察机关的监察对象。[①]

当然，除了上述监察对象主体以外，还有很多机关单位的定性问题值得我们进行更加深入的研究。例如，监察机关只在县级以上的国家机关体系中设立，那么在乡镇一级设立的监察机关是法律法规授权的组织还是派驻机构？在各种经济开发区设立的监察机构是何种性质的机构？在粤港澳大湾区今后是否应该设立监察机构？……这些问题也都亟待探讨研究。

二、监察职责范围

对监察职责范围这一问题进行论述，主要是为了厘清《监察法》具体适用于哪些事的范围问题。各级监察委员会行使其监督、调查、处置三项职权时，其主要是通过谈话、讯问、询问、查询、冻结、调取、查封、扣押、搜查、勘验检查、鉴定、留置等方式进行。其中，调查权由于变身于行政调查权和检察机关的职务犯罪侦查权而更受瞩目，可以说它是这三项职权中的核心内容。[②]针对各级监察委员会管辖的主要职责范围，《监察法》第十一条对其进行了较为详细的规定，具体包括三大职责范围。

（一）监督

党的十九大以来，各级纪检监察机关积极推进纪检监察体制改革，紧紧围绕“监督”这一基本职责，以“定位向监督聚焦，责任向监督压实，力量向监督倾斜”为工作方向，形成纪律监督、监察监督、派驻监督、巡视巡察监督“四个全覆盖”的监督格局，对我国深入开展反腐败斗争工作，推进国家治理体系和治理能力现代化起到了至关重要的作用。

针对监察委员会监督职责范围，《监察法》第十一条第一项规定，监察

---

① 蔡乐渭：《国家监察机关的监察对象》，《环球法律评论》2017年第2期。

② 张杰：《〈监察法〉适用中的重要问题》，《法学》2018年第6期。

委员会针对公职人员开展廉政教育，对其依法履职、秉公用权、廉洁从政从业以及道德操守等情况进行依法监督检查。监督是监察机关的职责之一，各级监察委员会在党的领导下，加强日常管理监督，着力构建系统完备、衔接贯通、同向发力的全方位监察监督格局。但是，在监察委员会实践工作过程中，也会出现一些不足之处。例如，履职不合拍而导致的无序监督，信息不共享而导致的重复监督，问题不聚焦而导致的表面监督等问题。对此，监察委员会需要把握监督工作的重点，提升监察全覆盖的有效性、精准性以及完整性，从而取得更好的监督监察效果。

（二）调查

针对监察委员会调查职责范围，《监察法》第十一条第二项规定，监察委员会对涉嫌贪污贿赂、滥用职权、玩忽职守、权力寻租、利益输送、徇私舞弊以及浪费国家资财等职务违法和职务犯罪进行依法调查。

具体而言，监察委员会监督、调查、处置这三大项权力中包含大量专门调查的内容。2017 年 11 月 4 日党中央确定的《关于在全国各地推开国家监察体制改革试点方案》第二条规定了“监督”的内容，具体是指“监督检查公职人员依法履职、秉公用权、廉洁从政以及道德操守情况”。其中，除了对“道德操守”的监督之外，其他三项监督内容似乎没有超越《行政监察法》第十八条规定的对监察对象“执法、廉政、效能”的范围，因而不具有明显的专门调查属性。但是“调查”和“处置”的内容是，“调查涉嫌贪污贿赂、滥用职权、玩忽职守、权力寻租、利益输送、徇私舞弊以及浪费国家资财等职务违法和职务犯罪行为并作出处置决定，对涉嫌职务犯罪的，移送检察机关依法提起公诉”。在对职务违法行为和职务犯罪行为的调查和处置中，对违法行为的调查和处置显然具有行政性质，而对于犯罪行为的调查和处置则具有强烈的专门调查属性。①

（三）处置

针对监察委员会处置职责范围，《监察法》第十一条第三项规定：监察委员会对违法公职人员依法作出政务处分决定；对履职不力、失职失责的领

① 郑曦：《监察委员会的权力二元属性及其协调》，《暨南学报（哲学社会科学版）》2017 年第 11 期。

导人员进行依法问责；对涉嫌职务犯罪的案件，依法将调查结果移送至人民检察院依法审查、提起公诉；向监察对象所在单位提出监察建议。

具体而言，《监察法》第四十五条针对五种情况作出规定：有职务违法行为但情节较轻的公职人员；违法公职人员；不履行或不正确履行职责负有责任的领导人员；涉嫌职务犯罪经调查，案件事实清楚，证据确实、充分的人员；监察对象所在单位廉政建设和履行职责存在问题。此外，2018 年 4 月 16 日，由中央纪委国家监委发布的《公职人员政务处分暂行规定》第二条中也规定，公职人员有违法违规行为应当承担法律责任的，在国家有关公职人员政务处分的法律出台前，监察机关可以根据被调查的公职人员具体身份，依据相关法律、法规、国务院决定和规章对违法行为及其适用处分的规定，给予政务处分。《中华人民共和国公职人员政务处分法》的出台，则为监察机关作出政务处分提供了基本法律依据。

第二节　监察管辖

管辖问题是法律适用过程中必须厘清的另一重要问题。明确、合理地确定监察机关的管辖权限划分，对于保证监察活动的顺利进行以及监察任务的实现，具有十分重要的意义。其既可以有效避免各监察机关之间争执或推诿，又有利于有关单位与个人按照监察机关的管辖范围提供问题线索，充分发挥人民群众在反腐败斗争工作中的积极性。接到问题线索后，各级监察委员会首先需要采取初步的核实方式对案件线索进行处理，依法履行审批程序，成立核查组，在监察范围与管辖等因素的综合考量下，撰写初步的情况核实报告，提出案件线索处理建议，从而对该事项进行立案管辖。

监察管辖，是指各监察委员会依法在受理监察案件方面的职权范围分工。《监察法》第十六条、第十七条对监察管辖问题进行了规定，涉及地域管辖、级别管辖、指定管辖与管辖权争议处理。《监察法实施条例》第四十五条到五十三条，进一步将《监察法》的相关规定予以细化，并明确监察机关开展监督、调查、处置工作时，应当按照管理权限与属地管辖相结合的原则，实行分级负责制。

一、地域管辖

地域管辖，是同级监察机关之间在受理监察案件上的权限划分，主要从横向层面来确定监察案件的管辖机关。《监察法》第十六条第一款规定：“各级监察机关按照管理权限管辖本辖区内本法第十五条规定的人员所涉监察事项。”本条款中的“按照管理权限”具体是指按照干部管理权限，即涉案人员归属于哪地、哪级行政机关管辖，其涉案监察事项就归相应监察机关管辖。例如，A省监察委员会主要管辖A省省管干部所涉监察事项，B市监察委员会主要管辖B市市管干部所涉监察事项。对于“基层群众性自治组织中从事管理的人员”，其所涉监察事项由其所在的县级监察委员会管辖。县级监察委员会向其所在街道、乡镇派出监察机构、监察专员的，其所派出的监察机构、监察专员可以直接对案件进行管辖。

在实践工作中，监察地域管辖的范围比司法管辖的范围更加明确，因为监察针对的主要是人——公职人员，而司法针对的主要是事——案件。公职人员所属管辖区域一般比较明确，很少会出现公职人员的行政编制管辖争议问题，司法争议案件则不同，其可能涉及行为实施地、结果发生地、当事人居住地等各种复杂因素。当然，监察地域管辖也并非完全不会发生争议，如公职人员调任、选任、挂职锻炼等情形下，也可能会出现管辖权争议的问题。故此《监察法》第十六条第三款规定：“监察机关之间对监察事项的管辖有争议的，由其共同的上级监察机关确定。”

此外，对于被告人缺席审判情形下监察机关管辖这一问题，需要进行进一步厘清。一方面，鉴于缺席审判一般不存在被告人供述，取证难度较大，很可能需要监察机关按照《监察法》第十八条的规定，向有关单位及其工作人员了解情况，收集、调取证据；另一方面，职务犯罪本身就是依托单位工作人员身份而实施的犯罪，监察委员会监察的对象是行使公权力的公职人员，其监察管辖的范围也是以工作单位所在地来确定。[①] 监察体制改革之前，我国职务犯罪的侦查管辖遵循的是“被告人工作单位所在地”原则，这样有利于

---

① 杨宇冠，郑英龙：《〈刑事诉讼法〉修改问题研究——以〈监察法〉的衔接为视角》，《湖湘论坛》2018年第5期。

办案人员调取证据、查明案件事实。笔者也认为，缺席审判应当确立以被告人犯罪时工作单位所在地为主的管辖原则。

当然，地域管辖并不仅限于辖区范围内，针对跨行政区域的监察案件，各级监察机关需要进行协调管辖。国家监察委员会还需要统筹协调与其他国家、地区、国际组织等开展反腐败执法、引渡、司法协助、信息交流等领域的合作，对涉嫌重大贪污贿赂、失职渎职的潜逃人员，在掌握足够证据的前提下，展开境外国际追逃合作，追捕归案。

二、级别管辖

级别管辖，是不同级别监察机关受理监察案件的职权范围划分，是从纵向层面来确定监察案件的管辖机关。《监察法》第七条规定了我国监察机关的级别划分，具体划分为国家监察委员会，省、自治区、直辖市、自治州、县、自治县、市、市辖区监察委员会。《监察法》第十六条第一款规定："各级监察机关按照管理权限管辖本辖区内本法第十五条规定的人员所涉监察事项。"本条款中的"按照管理权限"具体是指按照干部管理权限，即涉案人员归属于哪地、哪级行政机关管辖，其涉案监察事项就归相应监察机关管辖。由此可以看出，监察案件管辖的确定，是依据涉案人员的行政管辖编制而定的，并非依据案件重大复杂程度、在本辖区内的影响程度等因素而定。

就级别管辖而言，各级监察机关可以管辖本辖区内所有监察事项。尽管国家、省、市、县各级监察委员会对"管理权限"存在内部分工，但监察管辖不同于司法管辖，其没有明确的级别管辖划分，而对于司法管辖，诉讼法中明确规定了各级人民法院的管辖权限划分。在级别管辖中，需要注意以下两大问题。

（一）提级管辖

提级管辖，是对分级管辖制度的必要补充，便于处理一些难度较大的监察事项。《监察法》第十六条第二款规定："上级监察机关可以办理下一级监察机关管辖范围内的监察事项，必要时也可以办理所辖各级监察机关管辖范围内的监察事项。"《监察法实施条例》第四十七条第二项、第三项规定："上级监察机关对于所辖各级监察机关管辖范围内有重大影响的案件，必要时可以依法直接调查或者组织、指挥、参与调查。地方各级监察机关所管辖的职务违法和职务犯罪案件，具有第一款规定情形的，可以依法报请上一级监察机关管辖。”也就是说，国家监察委员会不仅可以办理省级监察委员会管辖范围内的监察事项，必要时也可以办理市级乃至县级监察委员会管辖范围内的监察事项；省级监察委员会不仅可以办理市级监察委员会管辖范围内的监察事项，必要时也可以办理市辖区、县级监察委员会管辖范围内的监察事项，等等。

上级监察机关进行提级管辖的前提，首先是要按照一般管辖的分工，管理好自己管辖范围内的监察事项。

如果本应由下级监察机关依法管辖的事项，上级监察机关肆意扩大管辖范围，滥用级别领导权限，不仅不利于发挥下级监察机关工作的主动性和积极性，而且还会影响监察工作的有序、正常开展。

对于适用提级管辖的监察事项，《监察法实施条例》第四十七条第一项作出规定：①在本辖区有重大影响的；②涉及多个下级监察机关管辖的监察对象，调查难度大的；③其他需要提级管辖的重大、复杂案件。实践中常见的提级管辖情况主要有三种情况：一是上级监察机关认为在其所辖地区内属于有重大影响的监察事项；二是上级监察机关认为下级监察机关不便办理的重要复杂的监察事项，以及下级监察机关办理可能会影响案件公正处理的监察事项；三是领导机关指定由上级监察机关直接办理的监察事项。

（二）报请提级管辖

报请提级管辖，是指下级监察机关因法定事由可以报请上级监察机关管辖原本属于自己管辖的监察事项。《监察法》第十七条第二款规定：“监察机关认为所管辖的监察事项重大、复杂，需要由上级监察机关管辖的，可以报请上级监察机关管辖。”《监察法实施条例》第四十七条第二项规定：“地方各级监察机关所管辖的职务违法和职务犯罪案件，具有第一款规定情形的，可以依法报请上一级监察机关管辖。”

由于监察机关自身的实际情况，以及本机关的地位、能力，其认为所管辖的监察事项确属影响重大、疑难复杂或者有其他事由，不能或者不适宜自己管辖的，可以报请上级监察机关管辖。就报请提级管辖的监察事项而言，实践中主要包括以下三种情况：一是监察机关认为有重大影响，由上级监察

机关办理更为适宜的监察事项；二是监察机关不便办理的重大、复杂监察事项，以及自己办理可能会影响公正处理的监察事项；三是因其他原因需要由上级监察机关管辖的重大、复杂监察事项。

三、指定管辖

指定管辖，是指根据上级监察机关的指定而确定监察事项的管辖机关，是相对于法定管辖权限划分准则而言。《监察法》第十七条第一款规定："上级监察机关可以将其所管辖的监察事项指定下级监察机关管辖，也可以将下级监察机关有管辖权的监察事项指定给其他监察机关管辖。"《监察法实施条例》第四十八条第一项规定："上级监察机关可以依法将其所管辖的案件指定下级监察机关管辖。"监察机关上下级是领导指挥关系，上级监察机关有权指定下级监察机关办理自己管辖的监察事项，这是由于其相互之间领导关系的性质使然。《监察法》中关于指定管辖的管辖事项，具体包括以下两种适用情形：

第一，上级监察机关可以将原本由其所管辖的监察事项，指定下级监察机关管辖。例如，省级监察委员会可以将自己管辖的监察事项指定本省内的某个市级监察委员会管辖。指定管辖体现了上级监察机关对下级监察机关的领导，同时也能够增强监察工作的灵活性。此种管辖适用的主要原因，是上级监察机关根据具体工作需要，在依法综合考虑后进行的级别管辖调整。例如，上级监察机关的工作任务比较繁重，而下级监察机关的人员和能力又足以承担移交给其办理的监察事项时，为尽快保质保量完成工作任务，上级监察机关可以将其所管辖的监察事项指定下级监察机关管辖；或者该项监察事项由下级监察机关管辖更加适宜时，上级监察机关可以指定下级监察机关管辖该项监察事项。

第二，上级监察机关将下级监察机关有管辖权的监察事项，指定给其他监察机关管辖。例如，省级监察委员会可以将原本属于本省 A 市监察委员会管辖的监察事项，指定给本省 B 市监察委员会进行管辖。此种情况适用以下两种情况：一是地域管辖不明的监察事项。比如，涉嫌职务违法犯罪行为由分属两个或者两个以上行政区域的监察对象共同所为，可以由上级监察机关指定其中一个下级监察机关，将有管辖权的监察对象涉嫌职务违法犯罪行为交由另一个下级监察机关管辖。二是由于各种原因，原来有管辖权的监察机关不适宜或者不能办理某监察事项。比如，为了排除干扰，上级监察机关可以指定该监察机关将该监察事项交由其他监察机关办理，以保证监察事项能够得到准确、及时处理。此种管辖适用的原因，可能是某下级监察机关负责人或主要监察人员与某一特定案件存在利害关系，需要回避，也可能是上级监察机关某一时期调解各个下级监察机关工作量（有的下级监察机关可能在某一时期案多人少，有的下级监察机关可能在某一时期案少人多）的需要，还可能是出于其他某种办案方便的考虑。

对于指定管辖的操作程序及具体情形，《监察法实施条例》作出了更加具体的规定。《监察法实施条例》第四十八条第二、三、四项规定："设区的市级监察委员会将同级党委管理的公职人员涉嫌职务违法或者职务犯罪案件指定下级监察委员会管辖的，应当报省级监察委员会批准；省级监察委员会将同级党委管理的公职人员涉嫌职务违法或者职务犯罪案件指定下级监察委员会管辖的，应当报国家监察委员会相关监督检查部门备案。上级监察机关对于下级监察机关管辖的职务违法和职务犯罪案件，具有下列情形之一，认为由其他下级监察机关管辖更为适宜的，可以依法指定给其他下级监察机关管辖：（一）管辖有争议的；（二）指定管辖有利于案件公正处理的；（三）下级监察机关报请指定管辖的；（四）其他有必要指定管辖的。被指定的下级监察机关未经指定管辖的监察机关批准，不得将案件再行指定管辖。发现新的职务违法或者职务犯罪线索，以及其他重要情况、重大问题，应当及时向指定管辖的监察机关请示报告。"

需要注意的是，上级监察机关进行指定管辖，要根据办理监察事项的实际需要和下级监察机关的办理能力等因素确定，不能把自己管辖的监察事项一概指定下级监察机关管辖，也不能不顾实际情况进行指定，造成下级监察机关工作上的混乱，影响监察实效。

当然，在指定管辖中，我们需要注意区分其与报请提级管辖的区别。上级监察机关指定下级监察机关管辖其所管辖的监察事项，下级监察机关一般必须接受。即使有某种原因不便接受，也只能向上级监察机关说明情况，请求上级监察机关作出改变决定。上级监察机关认为下级监察机关解释说明的理由不充分，不改变管辖的，下级监察机关必须服从。但是，下级监察机关将其所管辖的监察事项报请上级监察机关管辖，则必须先取得上级监察机关

的同意，上级监察机关认为下级监察机关报请其管辖的监察事项，并非重大、复杂而需要由其代下级监察机关管辖，完全可以不接受下级监察机关的报请，退回下级监察机关管辖。

四、管辖权争议

管辖权争议，是指对于同一监察事项，有两个或者两个以上监察机关都认为自己具有或者不具有管辖权而发生的争议。《监察法》第十六条第三款规定："监察机关之间对监察事项的管辖有争议的，由其共同的上级监察机关确定。""共同的上级监察机关"，是指与发生管辖争议的两个或两个以上监察机关均有领导与被领导关系的上级监察机关。这一规定的基础是机关之间的隶属关系。例如，同一省的两个地市监察委员会的共同上级监察机关，是该省监察委员会；两个县级监察委员会，如分属同一省内的两个不同城市，其共同的上级监察机关还是该省监察委员会。

在监察实践工作中，会出现很多管辖权争议的情形。例如，共犯问题，在监察事项中，经常出现多名被监察公职人员，而其又不属于同一监察机关管辖的情况，此情形下应由谁来管辖，将存在管辖权争议，针对因各监察机关之间相互推诿或者争相管辖而引起的管辖权争议的解决问题，等等。对于以上管辖不明确或者有争议的监察事项，可以由有关监察机关协商；协商不成的，由共同的上级监察机关指定管辖；对情况特殊的监察事项，也可以由共同的上级监察机关指定管辖。

五、其他问题

在监察管辖问题中，除了上述问题之外，还存在很多其他的管辖问题亟待解决。

（一）针对留置对象的管辖问题

《监察法》第二十二条规定，留置对象包括被调查人以及涉嫌行贿犯罪或者共同职务犯罪的涉案人员，第十五条规定，监察对象包括公职人员和有关人员等。但在实践中，有观点指出，在"涉案人员"不属于行使公权力的公职人员的情形下，监委可否对其采取留置措施，其是否属于监察对象、能否对其立案，留置对象和监察对象的范围能否划等号的问题还需进一步明确。

（二）监察机关与检察机关的管辖权区别

在对监察机关的管辖权问题进行探讨时，我们必须注意区分检察机关与监察机关的管辖权问题。《监察法》颁布实施后，为完善与《监察法》的衔接机制，立法者在修正草案中修改了《刑事诉讼法》关于侦查定义的表述，将现行法中的“侦查”定义改为：“侦查是指公安机关、人民检察院等机关对于刑事案件，依照法律进行的收集证据、查明案情的工作和有关的强制性措施。”《人民检察院刑事诉讼规则》第八条规定，人民检察院立案侦查贪污贿赂犯罪、国家工作人员的渎职犯罪、国家机关工作人员利用职权实施的非法拘禁、刑讯逼供、报复陷害、非法搜查的侵犯公民人身权利的犯罪以及侵犯公民民主权利的犯罪案件。调整后的人民检察院自侦案件范围大致包括两类：第一，司法工作人员利用职权实施的侵犯公民权利的犯罪；第二，司法工作人员利用职权实施的损害司法公正的犯罪。这一修改内容显然是要回应监察法中将原属侦查的事项再定义为调查这一举措。[①]

此外，从《监察法》第四章“监察权限”与第五章“监察程序”的规定中可以看出，监察机关调查权的本质实乃收集证据、查明事实，此与侦查并无明显区别：第一，监察调查权是专门调查工作与强制措施的综合体，留置被作为一种调查手段，而非强制措施对待，这一点与侦查权的配置存在明显不同；第二，监察调查权的权力行使范围远远广于侦查权所针对的刑事犯罪领域；第三，调查权的立案模式及调查与立案的关系不同于刑事立案与侦查；第四，相较于刑事诉讼法规定的侦查程序而言，调查权对于言词证据的取证程序限制更少，对于实物证据的取证程序限制更为严格；第五，监察调查权是缺乏警察权支撑的强制权，监察机关不配备类似检察院、法院法警那样的强制执行队伍，导致其部分强制性色彩明显的权力需要交由公安机关等执法部门执行，或者需要公安机关等执法部门协助配合；第六，就取证程序参与主体的情况来看，调查过程呈现出极大的封闭性，既排除了辩护律师参与的

---

①卞建林：《监察机关办案程序初探》，《法律科学（西北政法大学学报）》2017年第6期。

可能性，也令检察监督无从展开。监察调查权运行过程中的监督机制主要是接受人大监督、强化自我监督并接受民主监督、社会监督、舆论监督。①

当然，对于监察机关移送的案件，人民检察院需要进行审查。《监察法》第四十七条规定了人民检察院对于监察机关移送案件的处理情况，具体而言，经人民检察院审查后，案件一般存在三种情况：第一，案件事实清楚，证据确实、充分，依法应当追究刑事责任的，此种情况下应当由检察机关依法作出起诉决定。第二，案件需要补充核实的，检察机关应当将案件退回监察机关补充调查，必要时检察院也可以自行补充侦查。对于补充调查的案件，应当在一个月内补充调查完毕。补充调查以二次为限。第三，经审查存在不起诉情形的案件，经上一级人民检察院批准之后，检察机关应依法作出不起诉决定。

思考题

1. 除书中所列，“其他依法履行公职的人员”还包括哪些人员？

2. 试述监察对象的界定标准。

3. 试述地域管辖、级别管辖、指定管辖三者之间的关系。

推荐阅读文献

1. 江国华：《中国监察法学》，中国政法大学出版社，2018。

2. 姜明安：《监察工作理论与实务》，中国法制出版社，2018。

3. 董坤：《论监察机关与公安司法机关的管辖衔接——以深化监察体制改革为背景》，《法商研究》2021 年第 6 期。

4. 林艺芳：《监察检察主体互涉案件管辖问题检视》，《法学杂志》2021 年第 4 期。

5. 谢小剑：《刑事职能管辖错位的程序规制》，《中国法学》2021 年第 1 期。

---

① 程雷：《“侦查”定义的修改与监察调查权》，《国家检察官学院学报》2018 年第 5 期。

6. 夏金莱：《论监察全覆盖下的监察对象》，《中国政法大学学报》2021 年第 2 期。

7. 卞建林：《职务犯罪监检管辖之分工与衔接》，《法学评论》2021 年第 5 期。

8. 张炜达，高小芳：《特别教育领域监察制度——基于宗教院校的思考》，《澳门法学》2020 年第 2 期。

9. 吴建雄：《司法人员职务犯罪双重管辖制度的多维思考》，《中国法学》2020 年第 6 期。

10. 秦涛，张旭东：《国家监察对象的认定：以监察权为进路的分析》，《中共中央党校（国家行政学院）学报》 2019 年第 5 期。

11. 宗婷婷，王敬波：《国家监察对象的认定标准：核心要素、理论架构与适用场域》，《中共中央党校（国家行政学院）学报》 2019 年第 4 期。

12. 孙国祥：《监察对象的刑法主体身份辨析》，《法学》2019 年第 9 期。

13. 谭宗泽：《论国家监察对象的识别标准》，《政治与法律》2019 年第 2 期。

14. 秦前红：《国家监察法实施中的一个重大难点：人大代表能否成为监察对象》，《武汉大学学报（哲学社会科学版）》2018 年第 6 期。

第五章　监察权限

学习目标　通过本章的学习，学生可以掌握以下内容：1. 监察权限的概念及特征，监察权限与侦查权限的区别；2. 收集、取证的具体权限；3. 调查程序的保障权限；4. 提出从宽处罚建议的权限；5. 排除非法证据的权限；6. 移送的问题线索调查处置以及涉嫌交叉违法犯罪主调查的权限。

关键概念　监察权限；谈话；讯问；询问；留置；查询；冻结；搜查；调取；查封；扣押；勘验检查；鉴定；技术调查；通缉；限制出境

监察机关依法履行监督、调查、处置三项职责。监察权限与监察职责有着必然的联系。监察权限，顾名思义，是指监察机关行使权力的范围和限度。江国华教授认为，“监察职责，即监察机关为行使监察职能所具有的职权和责任。监察权限即监察机关为履行职能所能行使的权力和限度。监察职责是监察权限的前提和基础，而监察权限则是监察职责的具体和保障。”①

第一节　监察权限概述

一、监察权限的概念

从监察委员会的来源看，监察权是一个整合性权力，即整合了政府的监察厅(局)、预防腐败局及人民检察院查处贪污贿赂、失职渎职以及预防职务犯罪等部门的相关职权。有学者认为，“从实践基础看，监察法赋予监察机

① 江国华：《中国监察法学》，中国政法大学出版社，2018，第 98 页。

关的监察权限都是实践中正在实际使用、比较成熟的做法，没有超出以前行政监察机关和检察院反贪反渎部门使用的权限。一是将行政监察法规定的查询、复制、冻结、扣留、封存等措施，完善为查询、冻结、调取、查封、扣押、勘验检查、鉴定等。二是将实践中运用的谈话、询问等措施确定为法定权限。三是被调查人涉嫌贪污贿赂、失职渎职等严重职务违法或者职务犯罪，监察机关已掌握其部分违法犯罪事实及证据，仍有重要问题需要进一步调查，并有涉及案情重大、复杂，或者可能逃跑、自杀等情形的，经依法审批可以将其留置在特定场所进行调查。四是对需要采取技术调查、通缉、限制出境等措施的，经严格的批准手续，交有关机关执行。”①

目前学界和实务界将监察权限等同于监察措施或者监察手段。姜明安认为，“监察法具体明确规定了监察机关的权限——行使监督、调查职权的措施、手段。这些权限共十五项：谈话、讯问、询问、留置、查询、冻结、搜查、调取、查封、扣押、勘验检查、鉴定、技术调查、通缉、限制出境。”②马誉宁认为，“监察法通过国家立法赋予监察委员会必要的权限和措施，将原行政监察法已有规定和实践中正在使用、行之有效的措施确定下来，明确监察机关可以采取谈话、讯问、询问、查询、冻结、调取、查封、扣押、搜查、勘验检查、鉴定、留置等措施开展调查。”③

但是，根据监察法的规定，监察权限并非只有上述十五种。监察权限应分为六个层次。第一层次是一般意义上的收集、取证的权限。第二层次是具体的收集、取证权。如：谈话或者要求说明情况；要求作出陈述以及讯问；询问；查询、冻结；搜查；调取、查封、扣押；勘验检查；鉴定；技术调查。第三层次是调查程序的保障权限。如：留置；通缉；限制出境。第四层次是提出从宽处罚建议的权限。第五层次是排除非法证据的权限。第六层次是问题线索的调查处置以及交叉犯罪的主调查的权限。从监察机关对问题线索的调查处置权限来看，监察权限已拓展到监察机关的处置职责层面。因此，监察权限是指确保监察机关依法履行监督、调查、处置职责的权力范围和限度。

---

① 李庚：《为什么要赋予监察机关相应的监察权限——确保惩治腐败的有效性和威慑力》，《中国纪检监察》2018 年第 6 期。

② 姜明安：《监察工作理论与实务》，中国法制出版社，2018，第 41 页。

③ 马誉宁：《如何理解监察机关的调查权区别于公安机关、检察机关等的侦查权——12 种措施与监察职责相匹配》，《中国纪检监察》2018 年第 10 期。

二、监察权限的基本特征

监察权限属于监察权的具体形式。监察权限除具有国家权力的一般性特征之外，还应具有以下基本特征。

1. 法定性

我国现行《宪法》赋予了监察委员会国家机构的地位。《宪法》第一百二十三条规定："中华人民共和国各级监察委员会是国家的监察机关。"监察权是由国家的监察机关享有的一项国家权力。监察权限由监察法规定。监察权限的种类由监察法规定。监察权限法定化的目的就是确保监察权规范化运行。《监察法》第四章专门规定"监察权限"的目的就是要规范监察权，要求监察权在法定范围内依法行使。

2. 专有性

监察权限是监察机关专门行使的权力。纪律检查委员会与监察委员会合署办公，但是监察权限只能由监察委员会行使。作为专有性的监察权限，监察机关既不能放弃又不能让与，而其他机关不能越权，除非监察机关依法委托有关机关、人员行使有关权限。①

3. 程序性

监察权限是监察机关在监察程序中使用的法定措施或者法定手段，具有程序性特征。监察权限的开展要按照监察法规定的相应程序进行，需要履行审批手续的必须办理相关手续。

4. 有限性

以"权限"规范与限制监察权力运行，体现了监察权不能无限扩张。马

---

① 如，《监察法》第十九条规定："对可能发生职务违法的监察对象，监察机关按照管理权限，可以直接或者委托有关机关、人员进行谈话或者要求说明情况。"《监察法》第二十六条规定："监察机关在调查过程中，可以直接或者指派、聘请具有专门知识、资格的人员在调查人员主持下进行勘验检查。勘验检查情况应当制作笔录，由参加勘验检查的人员和见证人签名或者盖章。"《监察法》第二十七条规定："监察机关在调查过程中，对于案件中的专门性问题，可以指派、聘请有专门知识的人进行鉴定。鉴定人进行鉴定后，应当出具鉴定意见，并且签名。"

誉宁认为，“监察法赋予监察机关调查权限的目的不是‘扩权’，而是为了更好地履行监察职责。”[①] 监察权限的有限性，一方面体现法律给监察机关赋予一定范围的权力，另一方面体现法律要求监察权不能超越法定的权力行使范围。监察权限的有限性，旨在防止监察权滥用。

综上，监察权限的法定性、专有性、程序性、有限性特征，是监察权法治化的题中应有之意。

三、监察权限与侦查权限的区别

监察权限的行使目的主要是收集证据、查明案情，可以依法采用讯问、查询、冻结、搜查、查封、扣押、勘验检查、鉴定、技术调查、通缉等措施。侦查权限是指侦查机关对刑事案件依照法律进行的收集证据、查明案情采用的各种侦查手段，包括：讯问犯罪嫌疑人；询问证人、被害人；勘验、检查；搜查；查封、扣押物证、书证；查询、冻结；鉴定；技术侦查措施；辨认；通缉等。

为了全面认识监察权限，有必要将监察权限与侦查权限进行区别。监察权限与侦查权限的区别，主要表现为以下方面：

1. 法律依据不同

监察权限的主要法律依据是《监察法》；而侦查权限的主要法律依据是《刑事诉讼法》。

2. 行使机关不同

监察权限的行使机关是监察机关，即各级监察委员会；而侦查权限由侦查机关行使。根据2018年10月26日新修改的《刑事诉讼法》，侦查机关包括公安机关、人民检察院、军队保卫部门、中国海警局、监狱。国家安全机关对危害国家安全犯罪享有侦查权。

3. 程序性质不同

监察权限行使于监察程序，主要是调查程序；而侦查权限行使于刑事诉讼的侦查程序。由于监察权限所处的程序不属于侦查程序，故检察机关对于

① 马誉宁：《如何理解监察机关的调查权区别于公安机关、检察机关等的侦查权——12种措施与监察职责相匹配》，《中国纪检监察》2018年第10期。

监察机关行使监察权限不能履行监督。

4. 适用对象不同

监察权限的适用对象为有关单位、个人；可能发生职务违法的行使公权力的人；涉嫌职务违法的被调查人、证人等人员；涉嫌贪污贿赂、失职渎职等严重职务违法或者职务犯罪的被调查人；可能隐藏被调查人或者犯罪证据的人的身体、物品、住所和其他有关地方；用以证明被调查人涉嫌违法犯罪的财物、文件和电子数据等信息；案件中的专门性问题；应当被留置的被调查人；可能逃亡境外的被调查人等。侦查权限的适用对象为犯罪嫌疑人；证人；被害人；与犯罪有关的场所、物品、尸体或人身等；可以用作证明案件事实的物品、文件、财物等；案件中的专门性问题；危害国家安全的犯罪、恐怖活动犯罪、黑社会性质的组织犯罪、重大毒品犯罪或其他严重危害社会的犯罪案件；应当逮捕而在逃的犯罪嫌疑人等。

第二节　一般意义上的收集、取证的权限

监察工作的开展要以事实为根据。收集、取证是监察工作的重要内容，因而收集、取证成为监察机关的最基本的权限。《监察法》第十八条规定了监察机关的一般意义上的收集、取证的权限。姜明安认为，“监察法这条规定的是一项概括性和综合性的权限：调查取证。调查取证之所以是概括性和综合性的权限，是因为监察法规定的其他权限、手段，如谈话、讯问、询问、查询、冻结、搜查、调取、查封、扣押、勘验检查、鉴定等都是为调查取证服务的，从属于调查取证的总目的。”①

一、收集、取证的权力

首先，监察机关依法享有收集、取证的权力。《监察法》第十八条第一款规定：“监察机关行使监督、调查职权，有权依法向有关单位和个人了解情况，收集、调取证据。有关单位和个人应当如实提供。”对该款的理解不能局限

① 姜明安：《监察工作理论与实务》，中国法制出版社，2018，第42页。

于“监察机关收集证据一般原则的规定”[①]。该款规定中的“有权”二字正是给监察机关赋予权力。监察机关行使收集、取证的权限，必须是在行使监督、调查职权的过程中，并且必须依法进行。

其次，监察机关享有获得真实、完整证据的权力。根据《监察法》第十八条第一款规定，有关单位和个人应当如实提供相关材料。“如实提供”对有关单位和个人而言，是一种义务。对监察机关而言，获得真实证据，是一种权力。同时，《监察法》第十八条第三款规定：“任何单位和个人不得伪造、隐匿或者毁灭证据。”该款进一步强调向监察机关提供真实、完整的证据。《监察法》第六十三条规定：“有关人员违反本法规定，有下列行为之一的，由其所在单位、主管部门、上级机关或者监察机关责令改正，依法给予处理：（一）不按要求提供有关材料，拒绝、阻碍调查措施实施等拒不配合监察机关调查的；（二）提供虚假情况，掩盖事实真相的；（三）串供或者伪造、隐匿、毁灭证据的；（四）阻止他人揭发检举、提供证据的；（五）其他违反本法规定的行为，情节严重的。”

当然，监察机关自身必须收集真实、完整的证据，否则应该承担伪造、隐匿或者毁灭证据的法律责任。

二、履行保密的职责

有权必有责。监察机关及其工作人员对涉及国家秘密、商业秘密、个人隐私的案件有权调查，但是必须保守秘密。《保密法》第三条第二款规定：“一切国家机关、武装力量、政党、社会团体、企业事业单位和公民都有保守国家秘密的义务。”根据《保密法》的规定，国家秘密是关系国家安全和利益，依照法定程序确定，在一定时间内只限一定范围的人员知悉的事项。根据《反不正当竞争法》的规定，商业秘密是指不为公众所知悉、具有商业价值并经权利人采取相应保密措施的技术信息和经营信息。《民法典》将“隐私权”

① “本条（第十八条）是监察机关收集证据一般原则的规定”。中央纪委国家监委法规室：《中华人民共和国监察法释义》，中国方正出版社，2018，第123页。江国华教授认为，“《监察法》第十八条是关于监察机关行使监察权限收集证据的一般原则。”江国华：《中国监察法学》，中国政法大学出版社，2018，第99页。

作为人身权利进行保护。根据《民法典》的规定，隐私是自然人的私人生活安宁和不愿为他人知晓的私密空间、私密活动、私密信息。

监察机关及其工作人员对监督、调查过程中知悉的国家秘密、商业秘密、个人隐私，应当妥善保管，不得遗失、泄露。《监察法》第十八条第二款规定：“监察机关及其工作人员对监督、调查过程中知悉的国家秘密、商业秘密、个人隐私，应当保密。”

但是，有关单位和个人对监察机关及其工作人员行使监督、调查职权，不得以涉及国家秘密、商业秘密、个人隐私而拒绝调查，应予以积极配合。监察机关及其工作人员应进行法律宣传和提示，做好沟通工作。

第三节 收集、取证的具体权限

监察机关具体的收集、取证的权限表现为：谈话或者要求说明情况；要求作出陈述以及讯问；询问；查询、冻结；搜查；调取、查封、扣押；勘验检查；鉴定；技术调查。根据《监察法》第三十九条的规定，经过初步核实，对监察对象涉嫌职务违法犯罪，需要追究法律责任的，监察机关应当按照规定的权限和程序办理立案手续。《监察法实施条例》第五十五条第一款规定：“监察机关在初步核实中，可以依法采取谈话、询问、查询、调取、勘验检查、鉴定措施；立案后可以采取讯问、留置、冻结、搜查、查封、扣押、通缉措施。需要采取技术调查、限制出境措施的，应当按照规定交有关机关依法执行。设区的市级以下监察机关在初步核实中不得采取技术调查措施。”对于该条的理解，应从监察权限的程序性特征出发。初步核实程序中，可以采取的权限为谈话、询问、查询、调取、勘验检查、鉴定措施。立案后，可以采取的权限为讯问、留置、冻结、搜查、查封、扣押、通缉措施。技术调查、限制出境措施不限于初步核实和立案后的程序要求。但是，需要采取技术调查、限制出境措施的，应当按照规定交有关机关依法执行。设区的市级以下监察机关在初步核实中不得采取技术调查措施。

对于讯问、搜查、查封、扣押以及重要的谈话、询问等调查取证工作，应当全程同步录音录像。《监察法实施条例》第五十六条第一款规定：“开展讯问、搜查、查封、扣押以及重要的谈话、询问等调查取证工作，应当全程同步录音录像，并保持录音录像资料的完整性。录音录像资料应当妥善保管、及时归档，留存备查。”

一、谈话或者要求说明情况

谈话是为了调查可能发生职务违法的案件情况，是监察机关常用的调查手段。《监察法》第十九条规定：“对可能发生职务违法的监察对象，监察机关按照管理权限，可以直接或者委托有关机关、人员进行谈话或者要求说明情况。”

（一）谈话或者要求说明情况的适用条件

谈话或者要求说明情况作为法定的调查手段，具有法定的适用条件。

1. 适用对象

谈话或者要求说明情况的对象是“可能发生职务违法的监察对象”。首先，适用对象是监察对象，即属于《监察法》第十五条规定的监察对象范围。其次，适用对象限定在“可能发生职务违法”的条件下。“可能发生”主要是根据有关问题线索反映，或者有职务违法方面的苗头性、倾向性问题等。立法中采用“可能发生”的主观判断性话语，有利于开展监察工作，但是实践中必须正确把握“可能发生职务违法”的条件。

2. 适用主体

谈话或者要求说明情况的主体是监察机关。监察机关根据管理权限，可以直接或者委托有关机关、人员进行谈话或者要求说明情况。根据《监察法》第十九条规定：“监察机关可以选择直接对监察对象进行谈话或者要求说明情况，可以选择委托有关机关、人员对监察对象进行谈话或者要求说明情况。”

3. 适用程序

在问题线索处置、初步核实和立案调查程序中，可以采取谈话或者要求说明情况等方式。《监察法实施条例》第七十条第一款规定：“监察机关在问题线索处置、初步核实和立案调查中，可以依法对涉嫌职务违法的监察对象进行谈话，要求其如实说明情况或者作出陈述。”《监察法实施条例》第七十一条规定：“对一般性问题线索的处置，可以采取谈话方式进行，对监察对象给予警示、批评、教育。谈话应当在工作地点等场所进行，明确告知谈话事项，注重谈清问题、取得教育效果。”

（二）谈话或者要求说明情况的操作程序

谈话或者要求说明情况，必须依照《监察法》和《监察法实施条例》规定的审批程序、谈话方式、谈话人员、谈话地点、谈话笔录等要求进行。

1. 谈话的审批程序要求

《监察法》第三十七条规定：“监察机关对监察对象的问题线索，应当按照有关规定提出处置意见，履行审批手续，进行分类办理。线索处置情况应当定期汇总、通报，定期检查、抽查。”因此，针对监察对象可能发生职务违法的问题线索，监察机关按照管理权限进行谈话或者要求说明情况，要按程序报批。《监察法实施条例》第七十二条第一款规定：“采取谈话方式处置问题线索的，经审批可以由监察人员或者委托被谈话人所在单位主要负责人等进行谈话。”《监察法实施条例》第七十三条规定：“监察机关开展初步核实工作，一般不与被核查人接触；确有需要与被核查人谈话的，应当按规定报批。”

2. 谈话的方式、人员数量要求

谈话应当个别进行。与涉嫌严重职务违法的被调查人进行谈话的，应当全程同步录音录像，并告知被调查人。告知情况应当在录音录像中予以反映，并在笔录中记明。负责谈话的人员不得少于二人。

3. 谈话的地点要求

谈话应当在工作地点等场所进行。立案后，与未被限制人身自由的被调查人谈话的，应当在具备安全保障条件的场所进行。调查人员与被留置的被调查人谈话的，按照法定程序在留置场所进行。

调查人员按规定通知被调查人所在单位派员或者被调查人家属陪同被调查人到指定场所的，应当与陪同人员办理交接手续，填写《陪送交接单》。

4. 谈话时需要出示的监察文书

与被调查人首次谈话时，应当出示《被调查人权利义务告知书》，由其签名、捺指印。被调查人拒绝签名、捺指印的，调查人员应当在文书上记明。对于被调查人未被限制人身自由的，应当在首次谈话时出具《谈话通知书》。

与在押的犯罪嫌疑人、被告人谈话的，应当持以监察机关名义出具的介绍信、工作证件，商请有关案件主管机关依法协助办理。

与在看守所、监狱服刑的人员谈话的，应当持以监察机关名义出具的介绍信、工作证件办理。

5. 谈话的时间要求

与被调查人进行谈话，应当合理安排时间、控制时长，保证其饮食和必要的休息时间。

6. 谈话笔录的制作要求

采取谈话方式处置问题线索的，谈话应当形成谈话笔录或者记录。谈话结束后，可以根据需要要求被谈话人在十五个工作日以内作出书面说明。被谈话人应当在书面说明每页签名，修改的地方也应当签名。委托谈话的，受委托人应当在收到委托函后的十五个工作日以内进行谈话。谈话结束后及时形成谈话情况材料报送监察机关，必要时附被谈话人的书面说明。

与被调查人谈话，谈话笔录应当在谈话现场制作。笔录应当详细具体，如实反映谈话情况。笔录制作完成后，应当交给被调查人核对。被调查人没有阅读能力的，应当向其宣读。笔录记载有遗漏或者差错的，应当补充或者更正，由被调查人在补充或者更正处捺指印。被调查人核对无误后，应当在笔录中逐页签名、捺指印。被调查人拒绝签名、捺指印的，调查人员应当在笔录中记明。调查人员也应当在笔录中签名。

7. 书写说明材料的要求

被调查人请求自行书写说明材料的，应当准许。必要时，调查人员可以要求被调查人自行书写说明材料。被调查人应当在说明材料上逐页签名、捺指印，在末页写明日期。对说明材料有修改的，在修改之处应当捺指印。说明材料应当由二名调查人员接收，在首页记明接收的日期并签名。

二、要求作出陈述以及讯问

对于涉嫌职务违法以及涉嫌贪污贿赂、失职渎职等职务犯罪的监察对象，监察机关需要进一步调查核实。在监察机关调查过程中，涉嫌职务违法或职务犯罪的监察对象的身份转化为被调查人。监察机关对涉嫌职务违法的被调查人，具有要求其陈述涉嫌违法行为相关情况的权力。《监察法》第二十条第一款规定："在调查过程中，对涉嫌职务违法的被调查人，监察机关可以要求其就涉嫌违法行为作出陈述，必要时向被调查人出具书面通知。”监察机关对涉嫌职务犯罪的被调查人，具有讯问的权力。”《监察法》第二十条第二款规定：“对涉嫌贪污贿赂、失职渎职等职务犯罪的被调查人，监察机关可以进行讯问，要求其如实供述涉嫌犯罪的情况。”

（一）要求涉嫌职务违法的被调查人作出陈述

涉嫌职务违法的监察对象具有接受监察机关调查的义务。涉嫌职务违法的被调查人，对于监察机关提出要求其就涉嫌违法行为作出陈述，必须积极配合。监察机关可以口头要求，必要时以书面通知要求。需要特别说明的是，要求涉嫌职务违法的被调查人作出陈述，这是监察机关工作人员专门行使的权力，不能由其他机关和个人代为行使。当然，被调查人作出陈述是经过监察机关要求的，具有被动性。被调查人所作的陈述形式，可以是口头方式，也可以是书面方式。被调查人所作的陈述形式是口头方式的，监察机关工作人员必须做好详细记录。被调查人的陈述是一种证据形式。

（二）讯问涉嫌职务犯罪的被调查人

我国《刑事诉讼法》关于“讯问”的规定，既是侦查阶段侦查人员讯问犯罪嫌疑人的一项专门的侦查手段或方法，又是审查起诉阶段检察人员讯问犯罪嫌疑人的权力。[①] 监察法赋予监察机关讯问涉嫌职务犯罪的被调查人的权力。监察讯问，是指通过监察机关工作人员提问、被调查人回答的方式，取得被调查人涉嫌贪污贿赂、失职渎职等职务犯罪事实的口供或者辩解。监察机关调查人员讯问被调查人，必须提示被调查人如实供述涉嫌犯罪的情况。被调查人有如实供述涉嫌犯罪情况的义务。《监察法实施条例》第八十一条规定：“监察机关对涉嫌职务犯罪的被调查人，可以依法进行讯问，要求其如实供述涉嫌犯罪的情况。”被调查人如果有隐瞒或者虚假回答，应属于抗

---

①《刑事诉讼法》第一百一十八条第一款规定：“讯问犯罪嫌疑人必须由人民检察院或者公安机关的侦查人员负责进行。讯问的时候，侦查人员不得少于二人。”《刑事诉讼法》第一百七十三条第一款规定：“人民检察院审查案件，应当讯问犯罪嫌疑人，听取辩护人或者值班律师、被害人及其诉讼代理人的意见，并记录在案。辩护人或者值班律师、被害人及其诉讼代理人提出书面意见的，应当附卷。”

拒监察机关调查的情形。

1. 讯问的地点要求

立案后，讯问未被限制人身自由的被调查人的，应当在具备安全保障条件的场所进行。调查人员按规定通知被调查人所在单位派员或者被调查人家属陪同被调查人到指定场所的，应当与陪同人员办理交接手续，填写《陪送交接单》。讯问被留置的被调查人，应当在留置场所进行。

2. 讯问的时间要求

与被调查人进行谈话，应当合理安排时间、控制时长，保证其饮食和必要的休息时间。严厉禁止“车轮战”“疲劳战”。

3. 讯问的方式及人员数量要求

讯问应当个别进行，调查人员不得少于二人。

4. 首次讯问的要求

首次讯问时，应当向被讯问人出示《被调查人权利义务告知书》，由其签名、捺指印。被讯问人拒绝签名、捺指印的，调查人员应当在文书上记明。被讯问人未被限制人身自由的，应当在首次讯问时向其出具《讯问通知书》。

5. 讯问程序的顺序要求

讯问一般按照下列顺序进行：第一，核实被讯问人的基本情况，包括姓名、曾用名、出生年月日、户籍地、身份证件号码、民族、职业、政治面貌、文化程度、工作单位及职务、住所、家庭情况、社会经历，是否属于党代表大会代表、人大代表、政协委员，是否受到过党纪政务处分，是否受到过刑事处罚等；第二，告知被讯问人如实供述自己罪行可以依法从宽处理和认罪认罚的法律规定；第三，讯问被讯问人是否有犯罪行为，让其陈述有罪的事实或者无罪的辩解，应当允许其连贯陈述。

6. 讯问的笔录制作要求

讯问笔录应当在谈话现场制作。笔录应当详细具体，如实反映谈话情况。笔录制作完成后，应当交给被调查人核对。被调查人没有阅读能力的，应当向其宣读。笔录记载有遗漏或者差错的，应当补充或者更正，由被调查人在补充或者更正处捺指印。被调查人核对无误后，应当在笔录中逐页签名、捺指印。被调查人拒绝签名、捺指印的，调查人员应当在笔录中记明。调查人员也应当在笔录中签名。调查人员的提问应当与调查的案件相关。被讯问人对调查人员的提问应当如实回答。调查人员对被讯问人的辩解，应当如实记录，认真核查。讯问时，应当告知被讯问人将进行全程同步录音录像。告知情况应当在录音录像中予以反映，并在笔录中记明。

三、询问

询问措施来源于纪检监察实践中常用的执纪审查手段。询问是监察机关调查人员以言词方式向证人等人员调查了解情况的一种监察行为。询问与讯问的主要区别在于两方面：一是案件范围不同。询问在监察机关办理的所有案件的调查过程中均可采用；而讯问只能针对涉嫌贪污贿赂、失职渎职等职务犯罪的案件。二是对象不同。询问的对象是证人等人员；而讯问的对象为涉嫌贪污贿赂、失职渎职等职务犯罪的被调查人。未被确定为涉嫌职务犯罪的被调查人以外的人，都可能是被询问的对象。监察法将询问措施确定为法定的监察权限。《监察法》第二十一条规定："在调查过程中，监察机关可以询问证人等人员。"《监察法实施条例》第八十五条规定："监察机关按规定报批后，可以依法对证人、被害人等人员进行询问，了解核实有关问题或者案件情况。"

1. 询问的对象要求

询问对象主要是证人，但不限于证人，还有证人以外的人员。证人是指知道案件真实情况的案外人。监察机关询问的证人，是指知道监察机关所调查案件真实情况的案外人。凡是知道监察机关所调查案件情况的，都有向监察机关作证的义务。生理上、精神上有缺陷或者年幼，不能辨别是非、不能正确表达的人，由于作证能力受限或者不能真实表达案件情况，不能作为证人。根据案件调查需要，监察机关有必要向证人以外的人员了解有关情况。

2. 询问的地点要求

询问证人，可以到证人所在单位、住处或者证人提出的地点进行，在必要的时候，可以通知证人到监察机关提供证言。《监察法实施条例》第八十六条规定："证人未被限制人身自由的，可以在其工作地点、住所或者其提出的地点进行询问，也可以通知其到指定地点接受询问。到证人提出的地点或者调查人员指定的地点进行询问的，应当在笔录中记明。调查人员认为有必要或者证人提出需要由所在单位派员或者其家属陪同到询问地点的，应当办理交接手续并填写《陪送交接单》。"

3. 询问的方式及人员数量要求

询问证人应当个别进行，禁止召开证人座谈会或者集体形式作证。询问证人，应当告知证人应当如实提供证据、证言，有意作伪证或者隐匿罪证要负相应的法律责任。负责询问的调查人员不得少于二人。

4. 首次询问的要求

首次询问时，应当向证人出示《证人权利义务告知书》，由其签名、捺指印。证人拒绝签名、捺指印的，调查人员应当在文书上记明。证人未被限制人身自由的，应当在首次询问时向其出具《询问通知书》。

5. 核实证人身份和对证人诚实作证的要求

询问时，应当核实证人身份，问明证人的基本情况，告知证人应当如实提供证据、证言，以及作伪证或者隐匿证据应当承担的法律责任。凡是知道案件情况的人，都有如实作证的义务。对故意提供虚假证言的证人，应当依法追究法律责任。证人或者其他任何人不得帮助被调查人隐匿、毁灭、伪造证据或者串供，不得实施其他干扰调查活动的行为。

6. 合法获取证言要求

不得向证人泄露案情，不得采用非法方法获取证言。

7. 询问时的录音录像要求

询问重大或者有社会影响案件的重要证人，应当对询问过程全程同步录音录像，并告知证人。告知情况应当在录音录像中予以反映，并在笔录中记明。

8. 询问证人的调查笔录要求

询问证人应当制作调查笔录。证人可以书写证人证言。

9. 询问特殊证人的要求

一是询问未成年人的要求。询问未成年人，应当通知其法定代理人到场。无法通知或者法定代理人不能到场的，应当通知未成年人的其他成年亲属或者所在学校、居住地基层组织的代表等有关人员到场。询问结束后，由法定代理人或者有关人员在笔录中签名。调查人员应当将到场情况记录在案。二是询问聋、哑人的要求。询问聋、哑人，应当有通晓聋、哑手势的人员参加。调查人员应当在笔录中记明证人的聋、哑情况，以及翻译人员的姓名、工作单位和职业。询问不通晓当地通用语言、文字的证人，应当有翻译人员。询问结束后，由翻译人员在笔录中签名。

10. 作证的保护措施

证人、鉴定人、被害人因作证，本人或者近亲属人身安全面临危险，向监察机关请求保护的，监察机关应当受理并及时进行审查；对于确实存在人身安全危险的，监察机关应当采取必要的保护措施。监察机关发现存在上述情形的，应当主动采取保护措施。监察机关可以采取下列一项或者多项保护措施：①不公开真实姓名、住址和工作单位等个人信息；②禁止特定的人员接触证人、鉴定人、被害人及其近亲属；③对人身和住宅采取专门性保护措施；④其他必要的保护措施。依法决定不公开证人、鉴定人、被害人的真实姓名、住址和工作单位等个人信息的，可以在询问笔录等法律文书、证据材料中使用化名。但是应当另行书面说明使用化名的情况并标明密级，单独成卷。

监察机关采取保护措施需要协助的，可以提请公安机关等有关单位和要求有关个人依法予以协助。

四、查询、冻结

涉嫌严重职务违法或者职务犯罪，通常会涉及经济问题。为了查清事实，防止证据流失或者被隐匿，监察法赋予监察机关必要的查询、冻结权限。《监察法》第二十三条第一款规定："监察机关调查涉嫌贪污贿赂、失职渎职等严重职务违法或者职务犯罪，根据工作需要，可以依照规定查询、冻结涉案单位和个人的存款、汇款、债券、股票、基金份额等财产。有关单位和个人应当配合。"《监察法实施条例》第一百零四条规定："监察机关调查严重职务违法或者职务犯罪，根据工作需要，按规定报批后，可以依法查询、冻结涉案单位和个人的存款、汇款、债券、股票、基金份额等财产。"

查询是指监察机关为了调查严重职务违法或者职务犯罪案件事实，依照监察法及有关规定，请求银行等金融机构或有关单位协助核查涉案单位和个人的存款、汇款、债券、股票、基金份额等财产状况的调查措施。冻结是指监察机关为了调查严重职务违法或者职务犯罪案件事实，依照监察法及有关规定，通知银行等金融机构或有关单位暂时停止涉案单位和个人的存款、汇款、债券、股票、基金份额等财产的流动的调查措施。有关单位和个人有配合监察机关的义务。冻结既是一种调查措施，又是一种财产性强制措施。

1. 查询和冻结的共同要件

（1）涉案要件，即涉嫌贪污贿赂、失职渎职等严重职务违法或者职务犯罪。

（2）必要性要件，即根据工作需要。“根据工作需要”，主要涉及两个方面工作的需要：一方面是调查案件事实的需要，这是最基础的；另一方面是涉案单位和个人有可能伪造、隐匿、毁灭证据，防止提取、转移存款、汇款、债券、股票、基金份额等财产情形发生的需要。

2. 冻结的特别要件

冻结财产与案件有关。《监察法》第二十三条第二款规定：“冻结的财产经查明与案件无关的，应当在查明后三日内解除冻结，予以退还。”根据该款规定，冻结的财产必须与案件有关，如果经查明与案件无关，应当在查明后三日内解除冻结，予以退还。

3. 查询、冻结可以分别采用，也可以合并采用

一般是先查询，后冻结。根据工作需要，查询、冻结可以一并采用。

4. 查询、冻结的人员数量要求

查询、冻结财产时，调查人员不得少于二人。

5. 查询、冻结的监察文书要求

查询、冻结财产时，调查人员应当出具《协助查询财产通知书》或《协助冻结财产通知书》，送交银行或者其他金融机构、邮政部门等单位执行。查询财产应当在《协助查询财产通知书》中填写查询账号、查询内容等信息。没有具体账号的，应当填写足以确定账户或者权利人的自然人姓名、身份证件号码或者企业法人名称、统一社会信用代码等信息。冻结财产应当在《协助冻结财产通知书》中填写冻结账户名称、冻结账号、冻结数额、冻结期限起止时间等信息。冻结数额应当具体、明确，暂时无法确定具体数额的，应当在《协助冻结财产通知书》上明确写明“只收不付”。冻结证券和交易结算资金时，应当明确冻结的范围是否及于孳息。

监察机关在采取冻结措施时，还需注意以下几方面：一是冻结财产应当通知权利人或者其法定代理人、委托代理人，要求其在《冻结财产告知书》上签名。冻结股票、债券、基金份额等财产，应当告知权利人或者其法定代理人、委托代理人有权申请出售。二是对于被冻结的股票、债券、基金份额等财产，权利人或者其法定代理人、委托代理人申请出售，不损害国家利益、

被害人利益，不影响调查正常进行的，经审批可以在案件办结前由相关机构依法出售或者变现。对于被冻结的汇票、本票、支票即将到期的，经审批可以在案件办结前由相关机构依法出售或者变现。出售上述财产的，应当出具《许可出售冻结财产通知书》。三是出售或者变现所得价款应当继续冻结在其对应的银行账户中；没有对应的银行账户的，应当存入监察机关指定的专用账户保管，并将存款凭证送监察机关登记。监察机关应当及时向权利人或者其法定代理人、委托代理人出具《出售冻结财产通知书》，并要求其签名。拒绝签名的，调查人员应当在文书上记明。四是对于冻结的财产，应当及时核查。经查明与案件无关的，经审批，应当在查明后三日以内将《解除冻结财产通知书》送交有关单位执行。解除情况应当告知被冻结财产的权利人或者其法定代理人、委托代理人。

6. 查询、冻结的禁止性与限制性要求

调查人员不得查询与案件调查工作无关的信息。冻结财产，应当为被调查人及其所扶养的亲属保留必需的生活费用。

7. 轮候冻结与续行冻结的特别要求

轮候冻结的，监察机关应当要求有关银行或者其他金融机构等单位在解除冻结或者作出处理前予以通知。监察机关接受司法机关、其他监察机关等国家机关移送的涉案财物后，该国家机关采取的冻结期限届满，监察机关续行冻结的顺位与该国家机关冻结的顺位相同。

8. 查询、冻结程序中的保密要求

有关单位和个人应当对监察机关的查询、冻结予以配合，并严格保密。监察机关对查询信息应当加强管理，规范信息交接、调阅、使用程序和手续，防止滥用和泄露。

9. 冻结的期限要求

冻结财产的期限不得超过六个月。冻结期限到期未办理续冻手续的，冻结自动解除。有特殊原因需要延长冻结期限的，应当在到期前按原程序报批，办理续冻手续。每次续冻期限不得超过六个月。

五、搜查

搜查的任务是收集犯罪证据，查获被调查人。搜查是指监察机关的工作人员在对涉嫌职务犯罪的案件调查中，为了收集犯罪证据、查获被调查人，对被调查人以及可能隐藏被调查人或者犯罪证据的人的身体、住所、物品和其他有关的地方进行搜索和检查的一种调查措施。《监察法》第二十四条第一款规定："监察机关可以对涉嫌职务犯罪的被调查人以及可能隐藏被调查人或者犯罪证据的人的身体、物品、住处和其他有关地方进行搜查。在搜查时，应当出示搜查证,并有被搜查人或者其家属等见证人在场。"《监察法实施条例》第一百一十二条规定："监察机关调查职务犯罪案件，为了收集犯罪证据、查获被调查人，按规定报批后，可以依法对被调查人以及可能隐藏被调查人或者犯罪证据的人的身体、物品、住处、工作地点和其他有关地方进行搜查。"

1. 搜查的一般适用条件

（1）案件条件。搜查只能针对涉嫌职务犯罪的案件。对于职务违法案件均不能适用搜查措施。

（2）主体条件。搜查应当在调查人员主持下进行，调查人员不得少于二人。

（3）对象条件，即搜查范围。搜查范围主要有三个方面：一是涉嫌职务犯罪的被调查人；二是可能隐藏被调查人或者犯罪证据的人的身体、物品、住处、工作地点；三是其他有关地方。搜查人员应当服从指挥、文明执法，不得擅自变更搜查对象和扩大搜查范围。

2. 搜查的程序要求

（1）一般程序要求。一是应当出示搜查证。监察法禁止"无证搜查"。调查人员应当向被搜查人或者其家属、见证人出示《搜查证》，要求其签名。被搜查人或者其家属不在场，或者拒绝签名的，调查人员应当在文书上记明。二是应当有被搜查人或者其家属等见证人在场。搜查到的与案件有关的物品，应当让见证人过目。现场见证的情况应当如实记入搜查笔录，并由见证人签字或盖章。搜查时，应当有被搜查人或者其家属、其所在单位工作人员或者其他见证人在场。监察人员不得作为见证人。

（2）搜查程序的特殊要求。根据《监察法》第二十四条第二款规定，搜查女性身体，应当由女性工作人员进行。本款规定是对保护妇女权益原则的适用。

3. 对搜查措施的配合义务

搜查时，应当要求在场人员予以配合，不得进行阻碍。对以暴力、威胁等方法阻碍搜查的，应当依法制止。对阻碍搜查构成违法犯罪的，依法追究法律责任。

4. 对搜查措施的协助义务

为了确保监察机关顺利地开展搜查工作，监察法赋予了监察机关提请公安机关配合协助的权力。《监察法》第二十四条第三款规定："监察机关进行搜查时，可以根据工作需要提请公安机关配合。公安机关应当依法予以协助。"根据该款规定，搜查主体仍然是监察机关，公安机关只是协助机关。本款中的"根据工作需要"，主要是指搜查中遇到"可能携带凶器""可能隐藏爆炸、剧毒等危险物品"等可能发生的危险或者突发紧急情况，以及遇到阻碍调查、妨碍公务的情况，需要公安机关排除危险或者紧急突发情况。县级以上监察机关需要提请公安机关依法协助采取搜查措施的，应当按规定报批，请同级公安机关予以协助。提请协助时，应当出具《提请协助采取搜查措施函》，列明提请协助的具体事项和建议，搜查时间、地点、目的等内容，附《搜查证》复印件。需要提请异地公安机关协助采取搜查措施的，应当按规定报批，向协作地同级监察机关出具协作函件和相关文书，由协作地监察机关提请当地公安机关予以协助。

5. 搜查的录音录像要求

对搜查取证工作，应当全程同步录音录像。

6. 搜查笔录要求

对搜查情况应当制作《搜查笔录》，由调查人员和被搜查人或者其家属、见证人签名。被搜查人或者其家属不在场，或者拒绝签名的，调查人员应当在笔录中记明。对于查获的重要物证、书证、视听资料、电子数据及其放置、存储位置应当拍照，并在《搜查笔录》中作出文字说明。

7. 搜查的谨慎义务

搜查时，应当避免未成年人或者其他不适宜在搜查现场的人在场。

8. 搜查的保密要求

搜查的具体时间、方法，在实施前应当严格保密。

六、调取、查封、扣押

调取、查封、扣押是监察机关在调查程序中收集、固定证据的重要措施。

《监察法》第二十五条第一款规定：“监察机关在调查过程中，可以调取、查封、扣押用以证明被调查人涉嫌违法犯罪的财物、文件和电子数据等信息。”调取是指监察机关调查、收取能够证明被调查人涉嫌违法犯罪的财物、案卷、资料、文件电子数据等信息的调查措施。查封是指监察机关封存能够证明被调查人涉嫌违法犯罪的财物（一般为不动产）的措施。扣押是指监察机关强行扣留、提取能够证明被调查人涉嫌违法犯罪的文件、物品（包括承载电子数据等信息的物品）的调查措施。

（一）调取

监察机关按规定报批后，可以依法向有关单位和个人调取用以证明案件事实的证据材料。

1. 调取的人员数量要求

调取证据材料时，调查人员不得少于二人。

2. 调取的监察文书要求

调查人员应当依法出具《调取证据通知书》，必要时附《调取证据清单》。

3. 调取的保密要求

有关单位和个人配合监察机关调取证据，应当严格保密。

4. 调取的证据材料要求

调取物证应当调取原物。原物不便搬运、保存，或者依法应当返还，或者因保密工作需要不能调取原物的，可以将原物封存，并拍照、录像。对原物拍照或者录像时，应当足以反映原物的外形、内容。

调取书证、视听资料应当调取原件。取得原件确有困难或者因保密工作需要不能调取原件的，可以调取副本或者复制件。

调取物证的照片、录像和书证、视听资料的副本、复制件的，应当书面记明不能调取原物、原件的原因，原物、原件存放地点，制作过程，是否与原物、原件相符，并由调查人员和物证、书证、视听资料原持有人签名或者盖章。持有人无法签名、盖章或者拒绝签名、盖章的，应当在笔录中记明，由见证人签名。

调取外文材料作为证据使用的，应当交由具有资质的机构和人员出具中文译本。中文译本应当加盖翻译机构公章。

收集、提取电子数据，能够扣押原始存储介质的，应当予以扣押、封存并在笔录中记录封存状态。无法扣押原始存储介质的，可以提取电子数据，但应当在笔录中记明不能扣押的原因、原始存储介质的存放地点或者电子数据的来源等情况。由于客观原因无法或者不宜采取上述方式收集、提取电子数据的，可以采取打印、拍照或者录像等方式固定相关证据，并在笔录中说明原因。收集、提取的电子数据，足以保证完整性，无删除、修改、增加等情形的，可以作为证据使用。

5. 调取的笔录制作要求

收集、提取电子数据，应当制作笔录，记录案由、对象、内容，收集、提取电子数据的时间、地点、方法、过程，并附电子数据清单，注明类别、文件格式、完整性校验值等，由调查人员、电子数据持有人（提供人）签名或者盖章；电子数据持有人（提供人）无法签名或者拒绝签名的，应当在笔录中记明，由见证人签名或者盖章。有条件的，应当对相关活动进行录像。

6. 调取的时限要求

调取的物证、书证、视听资料等原件，经查明与案件无关的，经审批，应当在查明后三日以内退还，并办理交接手续。

（二）查封、扣押

监察机关按规定报批后，可以依法查封、扣押用以证明被调查人涉嫌违法犯罪以及情节轻重的财物、文件、电子数据等证据材料。对于被调查人到案时随身携带的物品，以及被调查人或者其他相关人员主动上交的财物和文件，依法需要扣押的，依照法定程序予以扣押。对于被调查人随身携带的与案件无关的个人用品，不能扣押，应当逐件登记，随案移交或者退还。查封、扣押财物，应当为被调查人及其所扶养的亲属保留必需的生活费用和物品。查封、扣押具有强制性。持有人拒绝交出应当查封、扣押的财物和文件的，调查人员可以依法强制查封、扣押。

1. 查封、扣押的实施主体要求

查封、扣押时，调查人员不得少于二人。查封、扣押外币、金银珠宝、文物、名贵字画以及其他不易辨别真伪的贵重物品，具备当场密封条件的，应当当场密封，由二名以上调查人员在密封材料上签名并记明密封时间。对于需要启封的财物和文件，应当由二名以上调查人员共同办理。重新密封时，由二名以上调查人员在密封材料上签名、记明时间。在立案调查之前，对监察对象及相关人员主动上交的涉案财物，经审批可以接收。接收时，应当由二名以上调查人员，会同持有人和见证人进行清点核对，当场填写《主动上交财物登记表》。调查人员、持有人和见证人应当在登记表上签名或者盖章。

2. 查封、扣押的的监察文书要求

查封、扣押时，应当出具《查封/扣押通知书》。调查人员应当将《查封/扣押通知书》送达不动产、生产设备或者车辆、船舶、航空器等财物的登记、管理部门，告知其在查封期间禁止办理抵押、转让、出售等权属关系变更、转移登记手续。解除查封、扣押的，应当向有关单位、原持有人或者近亲属送达《解除查封/扣押通知书》，附《解除查封/扣押财物、文件清单》，要求其签名或者盖章。

3. 查封、扣押的具体程序要求

调查人员对于查封、扣押的财物和文件，应当会同在场见证人和被查封、扣押财物持有人进行清点核对，开列《查封/扣押财物、文件清单》，由调查人员、见证人和持有人签名或者盖章。持有人不在场或者拒绝签名、盖章的，调查人员应当在清单上记明。

查封、扣押不动产和置于该不动产上不宜移动的设施、家具和其他相关财物，以及车辆、船舶、航空器和大型机械、设备等财物，必要时可以依法扣押其权利证书，经拍照或者录像后原地封存。调查人员应当在查封清单上记明相关财物的所在地址和特征，已经拍照或者录像及其权利证书被扣押的情况，由调查人员、见证人和持有人签名或者盖章；持有人不在场或者拒绝签名、盖章的，调查人员应当在清单上记明。查封、扣押上述财物的，必要时可以将被查封财物交给持有人或者其近亲属保管。调查人员应当告知保管人妥善保管，不得对被查封财物进行转移、变卖、毁损、抵押、赠予等处理。调查人员应当将《查封/扣押通知书》送达不动产、生产设备或者车辆、船舶、航空器等财物的登记、管理部门，告知其在查封期间禁止办理抵押、转让、出售等权属关系变更、转移登记手续。相关情况应当在查封清单上记明。被查封、扣押的财物已经办理抵押登记的，监察机关在执行没收、追缴、责令退赔等决定时应当及时通知抵押权人。

查封、扣押外币、金银珠宝、文物、名贵字画以及其他不易辨别真伪的贵重物品，具备当场密封条件的，应当当场密封，由二名以上调查人员在密封材料上签名并记明密封时间。不具备当场密封条件的，应当在笔录中记明，以拍照、录像等方法加以保全后进行封存。查封、扣押的贵重物品需要鉴定的，应当及时鉴定。

查封、扣押存折、银行卡、有价证券等支付凭证和具有一定特征能够证明案情的现金，应当记明特征、编号、种类、面值、张数、金额等，当场密封，由二名以上调查人员在密封材料上签名并记明密封时间。对于被扣押的股票、债券、基金份额等财产，以及即将到期的汇票、本票、支票，依法需要出售或者变现的，按照《监察法实施条例》关于出售冻结财产的规定办理。

查封、扣押易损毁、灭失、变质等不宜长期保存的物品以及有消费期限的卡、券，应当在笔录中记明，以拍照、录像等方法加以保全后进行封存，或者经审批委托有关机构变卖、拍卖。变卖、拍卖的价款存入专用账户保管，待调查终结后一并处理。

对于可以作为证据使用的录音录像、电子数据存储介质，应当记明案由、对象、内容，录制、复制的时间、地点、规格、类别、应用长度、文件格式及长度等，制作清单。具备查封、扣押条件的电子设备、存储介质应当密封保存。必要时，可以请有关机关协助。

对被调查人使用违法犯罪所得与合法收入共同购置的不可分割的财产，可以先行查封、扣押。对无法分割退还的财产，涉及违法的，可以在结案后委托有关单位拍卖、变卖，退还不属于违法所得的部分及孳息；涉及职务犯罪的，依法移送司法机关处置。

查封、扣押危险品、违禁品，应当及时送交有关部门，或者根据工作需要严格封存保管。

4. 查封、扣押的物品管理要求

查封、扣押涉案财物，应当按规定将涉案财物详细信息以及《查封 / 扣押财物、文件清单》录入并上传监察机关涉案财物信息管理系统。对于涉案款项，应当在采取措施后十五日以内存入监察机关指定的专用账户。对于涉案物品，应当在采取措施后三十日以内移交涉案财物保管部门保管。因特殊原因不能按时存入专用账户或者移交保管的，应当按规定报批，将保管情况录入涉案财物信息管理系统，在原因消除后及时存入或者移交。

5. 涉案财物的临时调用要求

对于已移交涉案财物保管部门保管的涉案财物，根据调查工作需要，经审批可以临时调用，并应当确保完好。调用结束后，应当及时归还。调用和归还时，调查人员、保管人员应当当面清点查验。保管部门应当对调用和归还情况进行登记，全程录像并上传涉案财物信息管理系统。

6. 查封、扣押的续行要求

监察机关接受司法机关、其他监察机关等国家机关移送的涉案财物后，该国家机关采取的查封、扣押期限届满，监察机关续行查封、扣押的顺位与该国家机关查封、扣押的顺位相同。

7. 被查封、扣押物品的核查要求

对查封、扣押的财物和文件，应当及时进行核查。经查明与案件无关的，经审批，应当在查明后三日以内解除查封、扣押，予以退还。解除查封、扣押的，应当向有关单位、原持有人或者近亲属送达《解除查封/扣押通知书》，附《解除查封/扣押财物、文件清单》，要求其签名或者盖章。

8. 查封、扣押的录音录像要求

调查人员进行查封、扣押，应当对全过程进行录音录像，留存备案。

七、勘验检查

勘验检查是获取违法犯罪线索和有关证据的重要手段。《监察法》第二十六条规定："监察机关在调查过程中，可以直接或者指派、聘请具有专门知识、资格的人员在调查人员主持下进行勘验检查。"《监察法实施条例》第一百三十六条规定："监察机关按规定报批后，可以依法对与违法犯罪有关的场所、物品、人身、尸体、电子数据等进行勘验检查。"勘验检查是指监察机关在调查过程中，对与案件有关的场所、物品、人身、尸体、电子数据等亲临查看、了解与检验，以发现和固定有关证据的调查措施。勘验检查包括现场勘验、人身检查、调查实验以及辨认。

1. 勘验检查的实施主体要求

《监察法实施条例》第一百三十八条规定："勘验检查应当由二名以上调查人员主持，邀请与案件无关的见证人在场。勘验检查情况应当制作笔录，并由参加勘验检查人员和见证人签名。"《监察法实施条例》第一百三十九条规定："为了确定被调查人或者相关人员的某些特征、伤害情况或者生理状态，可以依法对其人身进行检查。必要时可以聘请法医或者医师进行人身检查。检查女性身体，应当由女性工作人员或者医师进行。被调查人拒绝检查的，可以依法强制检查。”

勘验检查既可以由监察机关的调查人员进行，也可以指派、聘请具有专门知识、资格的人员，在监察机关调查人员的主持下进行。《监察法实施条例》第一百四十条规定：“为查明案情，在必要的时候，经审批可以依法进行调查实验。调查实验，可以聘请有关专业人员参加，也可以要求被调查人、被害人、证人参加。”监察机关所指派、聘请的具有专门知识、资格的人员，应当与案件无利害关系，否则必须回避。被指派、聘请的具有专门知识、资格的人员，在勘验检查中应当就专门性问题发表中立性的意见。监察机关的调查人员虽然主持勘验检查活动，但是不能干预被指派、聘请的具有专门知识、资格的人员的勘验检查活动，也不能强迫或者暗示其作出某种不真实的倾向性结论。

2. 勘验检查的监察文书要求

依法需要勘验检查的，应当制作《勘验检查证》；需要委托勘验检查的，应当出具《委托勘验检查书》，送具有专门知识、勘验检查资格的单位（人员）办理。

3. 勘验检查的强制性要求

被调查人拒绝检查的，可以依法强制检查。被检查人员拒绝签名的，调查人员应当在笔录中记明。

4. 勘验检查的录音录像要求

勘验检查现场、拆封电子数据存储介质应当全程同步录音录像。进行调查实验，应当全程同步录音录像，制作调查实验笔录，由参加实验的人签名。

5. 勘验检查的人身保护和保密要求

检查女性身体，应当由女性工作人员或者医师进行。人身检查不得采用损害被检查人生命、健康或者贬低其名誉、人格的方法。进行调查实验，禁止一切足以造成危险、侮辱人格的行为。对人身检查过程中知悉的个人隐私，应当严格保密。辨认人不愿公开进行辨认时，应当在不暴露辨认人的情况下进行辨认，并为其保守秘密。

6. 辨认要求

调查人员在必要时，可以依法让被害人、证人和被调查人对与违法犯罪有关的物品、文件、尸体或者场所进行辨认；也可以让被害人、证人对被调查人进行辨认，或者让被调查人对涉案人员进行辨认。辨认工作应当由二名以上调查人员主持进行。在辨认前，应当向辨认人详细询问辨认对象的具体特征，避免辨认人见到辨认对象，并告知辨认人作虚假辨认应当承担的法律责任。几名辨认人对同一辨认对象进行辨认时，应当个别进行。辨认应当形成笔录，并由调查人员、辨认人签名。

辨认人员时，被辨认的人数不得少于七人，照片不得少于十张。组织辨认物品时一般应当辨认实物。被辨认的物品系名贵字画等贵重物品或者存在不便搬运等情况的，可以对实物照片进行辨认。辨认人进行辨认时，应当在辨认出的实物照片与附纸骑缝上捺指印予以确认，在附纸上写明该实物涉案情况并签名、捺指印。辨认物品时，同类物品不得少于五件，照片不得少于五张。对于难以找到相似物品的特定物，可以将该物品照片交由辨认人进行确认后，辨认人在照片与附纸骑缝上捺指印，在附纸上写明该物品涉案情况并签名、捺指印。

勘验检查情况应当制作笔录，并由参加勘验检查人员和见证人签名。对人身检查的情况应当制作笔录，由参加检查的调查人员、检查人员、被检查人员和见证人签名。被检查人员拒绝签名的，调查人员应当在笔录中记明。进行调查实验，应当全程同步录音录像，制作调查实验笔录，由参加实验的人签名。

辨认应当形成笔录，并由调查人员、辨认人签名。在辨认人确认前，应当向其详细询问物品的具体特征，并对确认过程和结果形成笔录。辨认笔录具有下列情形之一的，不得作为认定案件的依据：①辨认开始前使辨认人见到辨认对象的；②辨认活动没有个别进行的；③辨认对象没有混杂在具有类似特征的其他对象中，或者供辨认的对象数量不符合规定的，但特定辨认对象除外；④辨认中给辨认人明显暗示或者明显有指认嫌疑的；⑤辨认不是在调查人员主持下进行的；⑥违反有关规定，不能确定辨认笔录真实性的其他情形。辨认笔录存在其他瑕疵的，应当结合全案证据审查其真实性和关联性，作出综合判断。

八、鉴定

鉴定是监察机关在调查过程中，为了解决案件中的某些专门性问题，指派、聘请有专门知识的人进行科学鉴别的一种调查措施。《监察法》第二十七条规定："监察机关在调查过程中，对于案件中的专门性问题，可以指派、聘请有专门知识的人进行鉴定。"《监察法实施条例》第一百四十五条规定："监察机关为解决案件中的专门性问题，按规定报批后，可以依法进行鉴定。"鉴定人只能就案件中的专门性问题作出意见，不能就法律适用问题作出意见。

1. 鉴定人的资格要求

鉴定时由二名以上调查人员将《委托鉴定书》送交具有鉴定资格的鉴定机构、鉴定人进行鉴定。因无鉴定机构，根据法律法规等规定，监察机关可以指派、聘请具有专门知识的人就案件的专门性问题出具报告。

鉴定人是自然人时，鉴定人必须具有解决专门性问题的知识、技术水平，否则不能充当鉴定人。鉴定人与案件或者所鉴定事项没有利害关系，否则必须回避。

2. 鉴定事项

监察机关可以依法开展下列鉴定：①对笔迹、印刷文件、污损文件、制成时间不明的文件和以其他形式表现的文件等进行鉴定；②对案件中涉及的财务会计资料及相关财物进行会计鉴定；③对被调查人、证人的行为能力进行精神病鉴定；④对给人体造成的损害或者死因进行人身伤亡医学鉴定；⑤对录音录像资料进行鉴定；⑥对因电子信息技术应用而出现的材料及其派生物进行电子证据鉴定；⑦其他可以依法进行的专业鉴定。

3. 鉴定的监察文书要求

鉴定时应当出具《委托鉴定书》。调查人员应当对鉴定意见进行审查。对经审查作为证据使用的鉴定意见，应当告知被调查人及相关单位、人员，送达《鉴定意见告知书》。

4. 监察机关为鉴定提供必要的条件

监察机关应当为鉴定提供必要条件，向鉴定人送交有关检材和对比样本等原始材料，介绍与鉴定有关的情况。监察机关应当做好检材的保管和送检工作，记明检材送检环节的责任人，确保检材在流转环节的同一性和不被污染。

5. 鉴定人的自主性要求

调查人员应当明确提出要求鉴定事项，但不得暗示或者强迫鉴定人作出某种鉴定意见。

6. 鉴定意见的作出要求

鉴定人应当在出具的鉴定意见上签名，并附鉴定机构和鉴定人的资质证明或者其他证明文件。多个鉴定人的鉴定意见不一致的，应当在鉴定意见上记明分歧的内容和理由，并且分别签名。鉴定人故意作虚假鉴定的，应当依法追究法律责任。

7. 鉴定意见的使用

调查人员应当对鉴定意见进行审查。对经审查作为证据使用的鉴定意见，应当告知被调查人及相关单位、人员，送达《鉴定意见告知书》。

监察机关对于法庭审理中依法决定鉴定人出庭作证的，应当予以协调。

8. 补充鉴定与重新鉴定

被调查人或者相关单位、人员提出补充鉴定或者重新鉴定申请，经审查符合法定要求的，应当按规定报批，进行补充鉴定或者重新鉴定。决定重新鉴定的，应当另行确定鉴定机构和鉴定人。

经审查具有下列情形之一的，应当补充鉴定：①鉴定内容有明显遗漏的；②发现新的有鉴定意义的证物的；③对鉴定证物有新的鉴定要求的；④鉴定意见不完整，委托事项无法确定的；⑤其他需要补充鉴定的情形。

经审查具有下列情形之一的，应当重新鉴定：①鉴定程序违法或者违反相关专业技术要求的；②鉴定机构、鉴定人不具备鉴定资质和条件的；③鉴定人故意作出虚假鉴定或者违反回避规定的；④鉴定意见依据明显不足的；⑤检材虚假或者被损坏的；⑥其他应当重新鉴定的情形。

九、技术调查

技术调查措施的制度渊源，应是2012年修改的《刑事诉讼法》增加的“技术侦查措施”。刑事诉讼法赋予了侦查机关技术侦查措施，人民检察院侦查职务犯罪案件可以采用技术侦查措施。由于人民检察院对于职务犯罪的立案侦查转隶于国家监察委员会，与之相应，“技术侦查”随即转换为监察法中的“技术调查”。面对职务犯罪的隐蔽性和智能化，法律必须赋予监察机关技术调查手段。《监察法》第二十八条规定：“监察机关调查涉嫌重大贪污贿赂等职务犯罪，根据需要，经过严格的批准手续，可以采取技术调查措施，按照规定交有关机关执行。”《监察法实施条例》第一百五十三条规定：“监察机关根据调查涉嫌重大贪污贿赂等职务犯罪需要，依照规定的权限和程序报经批准，可以依法采取技术调查措施，按照规定交公安机关或者国家有关执法机关依法执行。”技术调查是指监察机关在调查涉嫌重大贪污贿赂等职务犯罪的过程中，依照法律规定采用科学技术和方法收集犯罪证据，查获被调查人而采取的特殊调查措施。技术调查具有技术性和秘密性的特点。技术调查主要采用记录监控、行踪监控、通信监控、场所监控等技术性手段。技术调查是一项特别的调查措施，监察法对技术调查措施的适用进行了严格规范。

1. 技术调查的适用条件

技术调查的适用有合法性、必要性、合目的性的要求。①适用主体。法律规定监察机关是适用技术调查的专门机关。②案件范围。技术调查必须针对“涉嫌重大贪污贿赂等职务犯罪”的案件。“重大”，一般是指犯罪数额巨大，或者造成的损失严重，或者社会影响恶劣等。重大贪污贿赂等职务犯罪，是指具有下列情形之一：案情重大复杂，涉及国家利益或者重大公共利益的；被调查人可能被判处十年以上有期徒刑、无期徒刑或者死刑的；案件在全国或者本省、自治区、直辖市范围内有较大影响的。③调查需要。技术调查的适用必须采取审慎和有利相结合原则，不是所有的“涉嫌重大贪污贿赂等职务犯罪”案件都要采用，而是根据案件情况和实际需要，在常规的调查措施无法达到调查目的时才能采用。④严格批准。监察法规定了技术调查要“经过严格的批准手续”。从立法来看，没有规定决定技术调查措施的监察机关层级，应该是本级监察机关就能决定。《监察法》第二十八条第二款规定：“批准决定应当明确采取技术调查措施的种类和适用对象，自签发之日起三个月以内有效；对于复杂、疑难案件，期限届满仍有必要继续采取技术调查措施的，经过批准，有效期可以延长，每次不得超过三个月。对于不需要继续采取技术调查措施的，应当及时解除。”根据该款规定，技术调查措施的种类和适用对象应在批准决定中载明。技术调查措施的有效期限为“自签发之日起三个月”。复杂、疑难案件，经过批准可以延长技术调查的适用期限。监察法没有限制延长次数，但是每次延长期限不得超过三个月。技术调查措施不需要继续采取的，应当及时解除。期限届满前未办理延期手续的，到期自动解除。对于不需要继续采取技术调查措施的，监察机关应当按规定及时报批，将《解除技术调查措施决定书》送交有关机关执行。需要依法变更技术调查措施种类或者增加适用对象的，监察机关应当重新办理报批和委托手续，依法送交有关机关执行。⑤执行主体。监察机关决定技术调查措施，但不直接执行，而是交公安机关执行。[①]

2. 技术调查的监察文书要求

依法采取技术调查措施的，监察机关应当出具《采取技术调查措施委托函》《采取技术调查措施决定书》和《采取技术调查措施适用对象情况表》，送交有关机关执行。其中，设区的市级以下监察机关委托有关执行机关采取技术调查措施，还应当提供《立案决定书》。

3. 技术调查的证据材料使用要求

①对于采取技术调查措施收集的信息和材料，依法需要作为刑事诉讼证据使用的，监察机关应当按规定报批，出具《调取技术调查证据材料通知书》向有关执行机关调取。②对于采取技术调查措施收集的物证、书证及其他证据材料，监察机关应当制作书面说明，写明获取证据的时间、地点、数量、特征以及采取技术调查措施的批准机关、种类等。调查人员应当在书面说明上签名。③对于采取技术调查措施获取的证据材料，如果使用该证据材料可能危及有关人员的人身安全，或者可能产生其他严重后果的，应当采取不暴露有关人员身份、技术方法等保护措施。必要时，可以建议由审判人员在庭外进行核实。

4. 技术调查的保密性要求

调查人员对采取技术调查措施过程中知悉的国家秘密、商业秘密、个人隐私，应当严格保密。采取技术调查措施获取的证据、线索及其他有关材料，只能用于对违法犯罪的调查、起诉和审判，不得用于其他用途。对采取技术调查措施获取的与案件无关的材料，应当经审批及时销毁。对销毁情况应当制作记录，由调查人员签名。

第四节　调查程序的保障权限

为了防止被调查人逃避追责，阻止被调查人外逃，监察法规定了留置和

---

①“本款（第二十八条第一款）规定的案件采取技术调查措施，要按照规定交公安机关执行，监察机关不能自己执行。”中央纪委国家监委法规室：《〈中华人民共和国监察法〉释义》，中国方正出版社，2018，第154页。

限制出境措施。对于在逃的被调查人，可以采取通缉的方式，追捕归案。留置既是一项调查措施，又是一项保障措施，是为了确保进一步调查的顺利开展，而设立的限制人身自由的调查措施。鉴于采取留置措施后，主要采取讯问的调查措施，本书认为将留置作为调查程序的保障权限较为合理。通缉和限制出境不属于调查措施，应属于调查程序的保障措施。

一、留置

留置措施的制度渊源是“两规”措施。党的十九大报告指出：“制定国家监察法，依法赋予监察委员会职责权限和调查手段，用留置取代‘两规’措施。”[①]“两规”是指纪检监察机关要求有关人员在规定的时间、地点就案件所涉及的问题作出说明。“两规”措施的主要依据是《中国共产党纪律检查机关案件检查工作条例》和《中华人民共和国行政监察法》。[②]“两规”作为一项反腐败的有效手段，在深入开展反腐败的斗争中曾发挥了重要作用。用留置取代“两规”措施是法治反腐的重要标志。留置是指监察机关调查涉嫌贪污贿赂、失职渎职等严重职务违法或者职务犯罪时，已经掌握被调查人部分违法犯罪事实及证据，仍有重要问题需要进一步调查，并且具备法定情形，经依法审批后，将被调查人带至并留在特定场所，使其就案件所涉及的问题配合调查的一项强制措施。

---

① 习近平：《决胜全面建成小康社会 夺取新时代中国特色社会主义伟大胜利——在中国共产党第十九次全国代表大会上的讲话》，人民出版社，2017，第68页。

②“两规”最早见于1990年12月9日国务院颁发的《中华人民共和国行政监察条例》（1997年5月9日废止），该条例明确规定：“监察机关在案件调查中有权‘责令有关人员在规定的时间、地点就监察事项涉及的问题作出解释和说明’。”1993年纪检监察机关合署办公。1994年5月1日施行的《中国共产党纪律检查机关案件检查工作条例》第二十八条规定：调查组有权“要求有关人员在规定的时间、地点就案件所涉及的问题作出说明”。1997年5月9日第八届全国人民代表大会常务委员会第25次会议通过的《中华人民共和国行政监察法》（简称《行政监察法》）规定：监察机关有权“责令有违反行政纪律嫌疑的人员在指定的时间、地点就调查事项涉及的问题作出解释和说明”。《行政监察法》用“两指”代替了原行政监察条例中的“两规”提法。

留置措施限制了被调查人的人身自由，因此其适用必须受到法律的严格规范。《监察法》第二十二条第一款规定："被调查人涉嫌贪污贿赂、失职渎职等严重职务违法或者职务犯罪，监察机关已经掌握其部分违法犯罪事实及证据，仍有重要问题需要进一步调查，并有下列情形之一的，经监察机关依法审批，可以将其留置在特定场所：（一）涉及案情重大、复杂的；（二）可能逃跑、自杀的；（三）可能串供或者伪造、隐匿、毁灭证据的；（四）可能有其他妨碍调查行为的。"《监察法实施条例》第九十二条第一款规定："监察机关调查严重职务违法或者职务犯罪，对于符合监察法第二十二条第一款规定的，经依法审批，可以对被调查人采取留置措施。"

（一）留置措施的适用条件

监察法从行为（案件）、事实（证据）、必要性（调查）、正当性（法定情形）、审批程序五个方面，规定了留置措施的适用条件。即应同时具备以下五个要件：

1. 涉案要件

被调查人涉嫌贪污贿赂、失职渎职等严重职务违法或者职务犯罪，是留置适用的涉案要件。涉案范围有严格的限制：一是贪污贿赂、失职渎职类职务违法或者职务犯罪行为；二是其他的严重职务犯罪行为或者轻微的违法犯罪行为不适用。《监察法实施条例》第九十二条第二款规定："监察法第二十二条第一款规定的严重职务违法，是指根据监察机关已经掌握的事实及证据，被调查人涉嫌的职务违法行为情节严重，可能被给予撤职以上政务处分；重要问题，是指对被调查人涉嫌的职务违法或者职务犯罪，在定性处置、定罪量刑等方面有重要影响的事实、情节及证据。"

2. 事实要件

留置措施的适用必须有一定的事实和证据支撑，否则不能随意采用。这是采取留置措施的前提条件。《监察法实施条例》第九十二条第三款规定："监察法第二十二条第一款规定的已经掌握其部分违法犯罪事实及证据，是指同时具备下列情形：（一）有证据证明发生了违法犯罪事实；（二）有证据证明该违法犯罪事实是被调查人实施；（三）证明被调查人实施违法犯罪行为的证据已经查证属实。"留置措施的适用应坚持"先查后留置"原则，而不能采取"先留置后查"的方式。其中，证明违法犯罪的事实及证据只需达到"部分掌握"的标准。《监察法实施条例》第九十二条第四款规定："部分违法犯罪事实，既可以是单一违法犯罪行为的事实，也可以是数个违法犯罪行为中任何一个违法犯罪行为的事实。”

3. 必要性要件

留置被调查人的必要性是“仍有重要问题需要进一步调查”，这也是留置措施的主要目的。在前期部分掌握一定事实及证据的基础上，留置后必须要进一步调查重要问题。坚决反对“留而不查”的行为。

4. 正当性要件

留置措施适用的正当理由是下列情形之一：①涉及案情重大、复杂的；②可能逃跑、自杀的；③可能串供或者伪造、隐匿、毁灭证据的；④可能有其他妨碍调查行为的。留置措施的适用确保了调查程序的安全有序，大大降低了被调查人逃避追究、毁灭罪证以及妨碍调查的风险。

关于可能逃跑、自杀的情形认定。《监察法实施条例》第九十三条规定：“被调查人具有下列情形之一的，可以认定为监察法第二十二条第一款第二项所规定的可能逃跑、自杀：（一）着手准备自杀、自残或者逃跑的；（二）曾经有自杀、自残或者逃跑行为的；（三）有自杀、自残或者逃跑意图的；（四）其他可能逃跑、自杀的情形。”

关于可能串供或者伪造、隐匿、毁灭证据的情形认定。《监察法实施条例》第九十四条规定：“被调查人具有下列情形之一的，可以认定为监察法第二十二条第一款第三项所规定的可能串供或者伪造、隐匿、毁灭证据：（一）曾经或者企图串供，伪造、隐匿、毁灭、转移证据的；（二）曾经或者企图威逼、恐吓、利诱、收买证人，干扰证人作证的；（三）有同案人或者与被调查人存在密切关联违法犯罪的涉案人员在逃，重要证据尚未收集完成的；（四）其他可能串供或者伪造、隐匿、毁灭证据的情形。”

关于可能有其他妨碍调查行为的情形认定。《监察法实施条例》第九十五条规定：“被调查人具有下列情形之一的，可以认定为监察法第二十二条第一款第四项所规定的可能有其他妨碍调查行为：（一）可能继续实施违法犯罪行为的；（二）有危害国家安全、公共安全等现实危险的；（三）可能对举报人、控告人、被害人、证人、鉴定人等相关人员实施打击报复的；（四）无正当理由拒不到案，严重影响调查的；（五）其他可能妨碍调查的行为。”

5. 审批要件

为了确保留置措施的严格规范采用，必须设置审批环节。“经监察机关依法审批”的规定，要求留置措施的审批权由监察机关依法行使，并非监察机关以外的机关和领导。《监察法》第四十三条第一款规定：“监察机关采取留置措施，应当由监察机关领导人员集体研究决定。设区的市级以下监察机关采取留置措施，应当报上一级监察机关批准。省级监察机关采取留置措施，应当报国家监察委员会备案。”本款规定了留置措施采取监察机关领导人员集体研究决定的方式。留置措施的批准采用上一级批准（设区的市级以下）和备案制（省级）相结合的模式。

一般情况下，留置措施的对象是涉嫌贪污贿赂、失职渎职等严重职务违法或者职务犯罪的被调查人。根据《监察法》第二十二条第二款的规定，对涉嫌行贿犯罪或者共同职务犯罪的涉案人员采取留置措施的，必须符合上述五个方面的适用条件。此外，对下列人员不得采取留置措施：①患有严重疾病、生活不能自理的；②怀孕或者正在哺乳自己婴儿的妇女；③系生活不能自理的人的唯一扶养人。上述情形消除后，根据调查需要可以对相关人员采取留置措施。

（二）留置措施的具体适用

1. 留置措施的人员要求

采取留置措施时，调查人员不得少于二人。

2. 留置措施的监察文书要求

采取留置措施时，调查人员应当向被留置人员宣布《留置决定书》，告知被留置人员权利义务，要求其在《留置决定书》上签名、捺指印。被留置人员拒绝签名、捺指印的，调查人员应当在文书上记明。

采取留置措施后，应当在二十四小时以内通知被留置人员所在单位和家属。当面通知的，由有关人员在《留置通知书》上签名。无法当面通知的，可以先以电话等方式通知，并通过邮寄、转交等方式送达《留置通知书》，要求有关人员在《留置通知书》上签名。因可能毁灭、伪造证据，干扰证人作证或者串供等有碍调查情形而不宜通知的，应当按规定报批，记录在案。有碍调查的情形消失后，应当立即通知被留置人员所在单位和家属。

县级以上监察机关需要提请公安机关协助采取留置措施的，应当按规定报批，请同级公安机关依法予以协助。提请协助时，应当出具《提请协助采取留置措施函》，列明提请协助的具体事项和建议，协助采取措施的时间、地点等内容，附《留置决定书》复印件。需要提请异地公安机关协助采取留置措施的，应当按规定报批，向协作地同级监察机关出具协作函件和相关文书，由协作地监察机关提请当地公安机关依法予以协助。

3. 留置措施的保密性要求

因保密需要，不适合在采取留置措施前向公安机关告知留置对象姓名的，可以作出说明，进行保密处理。

4. 留置措施的权益与安全保障要求

留置过程中，应当保障被留置人员的合法权益，尊重其人格和民族习俗，保障饮食、休息和安全，提供医疗服务。留置场所应当建立健全保密、消防、医疗、餐饮及安保等安全工作责任制，制定紧急突发事件处置预案，采取安全防范措施。留置期间发生被留置人员死亡、伤残、脱逃等办案安全事故、事件的，应当及时做好处置工作。相关情况应当立即报告监察机关主要负责人，并在二十四小时以内逐级上报至国家监察委员会。

5. 留置时间延长的程序要求

留置时间不得超过三个月，自向被留置人员宣布之日起算。具有下列情形之一的，经审批可以延长一次，延长时间不得超过三个月：（1）案情重大，严重危害国家利益或者公共利益的；（2）案情复杂，涉案人员多、金额巨大，涉及范围广的；（3）重要证据尚未收集完成，或者重要涉案人员尚未到案，导致违法犯罪的主要事实仍须继续调查的；（4）其他需要延长留置时间的情形。省级以下监察机关采取留置措施的，延长留置时间应当报上一级监察机关批准。延长留置时间的，应当在留置期满前向被留置人员宣布延长留置时间的决定，要求其在《延长留置时间决定书》上签名、捺指印。被留置人员拒绝签名、捺指印的，调查人员应当在文书上记明。延长留置时间的，应当通知被留置人员家属。

6. 留置措施的解除要求

对被留置人员不需要继续采取留置措施的，应当按规定报批，及时解除留置。调查人员应当向被留置人员宣布解除留置措施的决定，由其在《解除留置决定书》上签名、捺指印。被留置人员拒绝签名、捺指印的，调查人员应当在文书上记明。解除留置措施的，应当及时通知被留置人员所在单位或者家属。调查人员应当与交接人办理交接手续，并由其在《解除留置通知书》上签名。无法通知或者有关人员拒绝签名的，调查人员应当在文书上记明。

案件依法移送人民检察院审查起诉的，留置措施自犯罪嫌疑人被执行拘留时自动解除，不再办理解除法律手续。

二、通缉

通缉是指监察机关对应当留置的在逃人员，通令缉拿归案的一种强制措施。《监察法》第二十九条规定："依法应当留置的被调查人如果在逃，监察机关可以决定在本行政区域内通缉，由公安机关发布通缉令，追捕归案。通缉范围超出本行政区域的，应当报请有权决定的上级监察机关决定。"通缉是监察机关、公安机关通力合作、协同作战、有效地同职务犯罪作斗争的有力措施。它能依靠集体和群众的力量，及时抓获在逃的被调查人，防止其逃避追究，保证监察调查工作的顺利进行。

从制度渊源来看，通缉措施在监察调查工作的运用，是对《刑事诉讼法》中具有侦查性质的通缉措施的转换。根据《刑事诉讼法》第一百五十三条的规定，发布和执行通缉令的机关只能是公安机关。《刑事诉讼法》中的通缉对象是应当逮捕的在逃人员。《监察法》中的通缉对象是应当留置的在逃人员。通缉和留置有机衔接。"应当留置的被调查人在逃"，是通缉的前提条件。通缉的决定权由监察机关行使，发布权和执行权由公安机关行使。

1. 通缉范围

通缉的范围按行政区域来划分。通缉范围与作出通缉决定和发布通缉令的机关有着直接关系。根据《监察法》第二十九条的规定，监察机关可以决定在本行政区域内通缉，通缉范围超出本行政区域的，应当报请有权决定的上级监察机关决定。根据《刑事诉讼法》第一百五十五条的规定，各级公安机关在自己管辖的地区以内，可以直接发布通缉令；超出自己管辖的地区，应当报请有权决定的上级机关发布。《监察法实施条例》第一百五十八条规定："县级以上监察机关对在逃的应当被留置人员，依法决定在本行政区域内通缉的，应当按规定报批，送交同级公安机关执行。送交执行时，应当出具《通缉决定书》，附《留置决定书》等法律文书和被通缉人员信息，以及承办单位、承办人员等有关情况。"通缉范围超出本行政区域的，应当报有决定权的上级监察机关出具《通缉决定书》，并附《留置决定书》及相关材料，送交同级公安机关执行。

2. 通缉令发布

公安机关接到监察机关移送的通缉决定的，应当按权限及时发布通缉令，各级公安机关接到通缉令后，应当迅速部署、组织力量，积极进行查缉工作。公安机关发布通缉令时，应注意与《监察法》的有机衔接。公安机关发布通缉令追捕的在逃人员应是“被调查人”，而不是“犯罪嫌疑人”。

国家监察委员会依法需要提请公安部对在逃人员发布公安部通缉令的，应当先提请公安部采取网上追逃措施。如情况紧急，可以向公安部同时出具《通缉决定书》和《提请采取网上追逃措施函》。省级以下监察机关报请国家监察委员会提请公安部发布公安部通缉令的，应当先提请本地公安机关采取网上追逃措施。

3. 通缉人员移交

监察机关接到公安机关抓获被通缉人员的通知后，应当立即核实被抓获人员身份，并在接到通知后二十四小时以内派员办理交接手续。边远或者交通不便地区，至迟不得超过三日。公安机关在移交前，将被抓获人员送往当地监察机关留置场所临时看管的，当地监察机关应当接收，并保障临时看管期间的安全，对工作信息严格保密。监察机关需要提请公安机关协助将被抓获人员带回的，应当按规定报批，请本地同级公安机关依法予以协助。提请协助时，应当出具《提请协助采取留置措施函》，附《留置决定书》复印件及相关材料。

监察机关对于被通缉人员已经归案、死亡，或者依法撤销留置决定以及发现有其他不需要继续采取通缉措施情形的，应当经审批出具《撤销通缉通知书》，送交协助采取原措施的公安机关执行。同时，监察机关依法将应当留置的被调查人及时采取留置措施。

三、限制出境

出境权和出境自由被国际公约列为公民的基本权利之一。[①]但是出境自由是相对的，不是绝对的。为保护国家安全、预防和打击犯罪、维护社会管理秩序，

---

①《世界人权宣言》和《公民权利与政治权利国际公约》明确规定，人人有权离开任何国家，包括其本国在内，并有权返回他的国家。

限制出境已在世界上多数国家的立法中予以规定。我国《出境入境管理法》规定了中国公民不准出境的情形。[①]中国公民涉及被判处刑罚尚未执行完毕，或者属于刑事案件被告人、犯罪嫌疑人的，不准出境。为了防止被调查人或者相关人员逃匿境外，监察法赋予了省级监察机关批准限制出境的权力，并由公安机关执行。《监察法》第三十条规定："监察机关为防止被调查人及相关人员逃匿境外，经省级以上监察机关批准，可以对被调查人及相关人员采取限制出境措施，由公安机关依法执行。对于不需要继续采取限制出境措施的，应当及时解除。"赋予监察机关采取限制出境措施的权限，主要目的是确保被调查人及相关人员能够及时接受调查工作，防止因被调查人及相关人员逃匿境外，而不能掌握违法犯罪事实及证据，导致调查工作停滞。

1. 限制出境的适用条件

（1）适用对象。包括涉嫌职务违法犯罪的被调查人，涉嫌行贿犯罪或者共同职务犯罪的涉案人员，以及与案件有关的其他相关人员。

（2）审批机关。限制出境措施的适用采取"宽打窄用"的原则，虽然适用对象条件宽一些，但是审批程序严格，必须由省级以上监察机关批准。

（3）执行机关。监察机关为防止被调查人及相关人员逃匿境外，按规定报批后，可以依法决定采取限制出境措施，交由移民管理机构依法执行。

2. 限制出境的监察文书要求

监察机关采取限制出境措施应当出具有关函件，与《采取限制出境措施决定书》一并送交移民管理机构执行。其中，采取边控措施的，应当附《边控对象通知书》；采取法定不批准出境措施的，应当附《法定不准出境人员报备表》。

3. 限制出境的有效期

限制出境措施有效期不超过三个月，到期自动解除。

---

①《出镜入境管理法》第十二条规定："中国公民有下列情形之一的，不准出境：（一）未持有效出境入境证件或者拒绝、逃避接受边防检查的；（二）被判处刑罚尚未执行完毕或者属于刑事案件被告人、犯罪嫌疑人的；（三）有未了结的民事案件，人民法院决定不准出境的；（四）因妨害国（边）境管理受到刑事处罚或者因非法出境、非法居留、非法就业被其他国家或者地区遣返，未满不准出境规定年限的；（五）可能危害国家安全和利益，国务院有关主管部门决定不准出境的；（六）法律、行政法规规定不准出境的其他情形。"

到期后仍有必要继续采取措施的，应当按原程序报批。承办部门应当出具有关函件，在到期前与《延长限制出境措施期限决定书》一并送交移民管理机构执行。延长期限每次不得超过三个月。

4. 限制出境的移交手续

监察机关接到口岸移民管理机构查获被决定采取留置措施的边控对象的通知后，应当于二十四小时以内到达口岸办理移交手续。无法及时到达的，应当委托当地监察机关及时前往口岸办理移交手续。当地监察机关应当予以协助。

5. 限制出境措施的解除

对于不需要继续采取限制出境措施的，应当按规定报批，及时予以解除。承办部门应当出具有关函件，与《解除限制出境措施决定书》一并送交移民管理机构执行。

6. 临时限制出境措施的办理

县级以上监察机关在重要紧急情况下，经审批可以依法直接向口岸所在地口岸移民管理机构提请办理临时限制出境措施。

第五节　提出从宽处罚建议的权限

监察法赋予了监察机关向人民检察院提出从宽处罚建议的权限。该权限分为两类：一是提出被调查人从宽处罚的建议；二是提出涉案人员从宽处罚的建议。监察机关向人民检察院提出从宽处罚的建议权限，与调查工作紧密相关，仍属于提供相关案件事实的性质。

一、提出被调查人从宽处罚的建议

为了鼓励被调查人悔过自新、主动认罪认罚，体现“惩前毖后、治病救人”的精神，同时基于积极配合监察机关的调查工作，促进监察机关顺利查清职务犯罪案件，提高反腐败工作的效率考量，监察法赋予了监察机关提出从宽处罚建议权。被调查人主动认罪认罚的情节，属于案件事实中的重要组成部分。监察机关掌握被调查人主动认罪认罚的情节，不是简单地作为案件材料予以移送，而是可以主动提出从宽处罚的建议，掌握调查的主动权，更好促进“自首”“坦白”“立功”的刑事政策和刑事制度在监察工作中实现有效贯彻。

结合刑事诉讼证据的基本原理，监察机关既要收集有罪证据，又要收集无罪和罪轻的证据。被调查人主动认罪认罚的情节，属于罪轻的证据。监察机关应积极促进被调查人认罪认罚，并通过释明监察法的从宽规定和提出从宽处罚的建议权，发挥激励被调查人认罪认罚的效应。

被调查人主动认罪认罚，是监察机关提出从宽处罚建议的前提条件。被调查人主动认罪认罚，首先，在主观方面表现为能够认识自己的行为违法，并愿意接受法律制裁，具有悔罪态度和改恶向善的意愿。其次，在客观方面具有《监察法》第三十一条的情形之一，主要包括：①自动投案，真诚悔罪悔过的；②积极配合调查工作，如实供述监察机关还未掌握的违法犯罪行为的；③积极退赃，减少损失的；④具有重大立功表现或者案件涉及国家重大利益等情形的。

从宽处罚的建议包括从轻处罚、减轻处罚和免除处罚，具体形式要根据被调查人主动认罪认罚的情形，依据相应的刑法规定及有关司法解释进行确定。《监察法》第三十一条规定：“监察机关提出被调查人从宽处罚的建议，由监察机关领导人员集体研究，并报上一级监察机关批准。监察机关提出被调查人从宽处罚建议的时间，是调查终结后决定移交人民检察院起诉时提出。”《监察法实施条例》第二百一十九条规定：“从宽处罚建议一般应当在移送起诉时作为《起诉意见书》内容一并提出，特殊情况下也可以在案件移送后、人民检察院提起公诉前，单独形成从宽处罚建议书移送人民检察院。对于从宽处罚建议所依据的证据材料，应当一并移送人民检察院。监察机关对于被调查人在调查阶段认罪认罚，但不符合监察法规定的提出从宽处罚建议条件，在移送起诉时没有提出从宽处罚建议的，应当在《起诉意见书》中写明其自愿认罪认罚的情况。”

二、提出涉案人员从宽处罚的建议

职务犯罪的涉案人员属于监察机关的调查对象。职务犯罪的涉案人员是指监察机关所查职务犯罪的被调查人以外的与案件有关联的人员。鼓励涉案人员揭发和提供重要线索，有助于监察机关查清职务犯罪案件，提高反腐败工作效率。

职务犯罪的涉案人员揭发有关被调查人职务违法犯罪的事实，属于案件证据的重要组成部分。涉案人员揭发职务犯罪的行为，或者提供重要线索，均属于立功行为。对于需要追究刑事责任的涉案人员，如果存在此类立功行为，应按照刑法规定以及相关司法解释规定，给予相应的从宽处理。监察机关掌握涉案人员的立功情节，不是简单地作为案件材料予以移送，可以主动提出从宽处罚的建议。《监察法》第三十二条规定："职务违法犯罪的涉案人员揭发有关被调查人职务违法犯罪行为，查证属实的，或者提供重要线索，有助于调查其他案件的，监察机关经领导人员集体研究，并报上一级监察机关批准，可以在移送人民检察院时提出从宽处罚的建议。"

监察机关提出涉案人员从宽处罚建议的适用条件包括两个：①职务犯罪的涉案人员有立功行为。主要有两种表现：一是揭发有关被调查人职务违法犯罪行为；二是提供有助于调查其他案件的重要线索。②立功行为查证属实，或者提供的重要线索是有价值的。如果经过查证，所揭发的情况不属实或者不属于职务违法犯罪行为，则不能作为提出从宽处罚的建议。

监察机关提出涉案人员从宽处罚的建议，由监察机关领导人员集体研究，并报上一级监察机关批准。监察机关提出涉案人员从宽处罚建议的时间，需在调查终结后决定移交人民检察院起诉时提出。

第六节 排除非法证据的权限

收集、固定、审查、运用证据，是监察机关行使调查职权的一般权限。《监察法》第三十三条对监察机关收集、固定、审查、运用证据进行严格规范，目的在于规范监察活动。鉴于监察法将"排除非法证据"纳入"监察权限"进行规定，本书将"排除非法证据"作为监察机关的一项权限。监察机关排除非法证据的权限是指，监察机关在行使处置职权时具有排除以非法方法收集的证据的权力。当然，该权限同时属于监察机关的一项义务。

一、监察机关收集、固定、审查、运用证据的要求和标准

监察机关在调查案件中收集的证据材料，一方面可以作为案件处置的依据，另一方面在刑事诉讼中可以作为证据使用。《监察法》第三十三条第二款规定："监察机关在收集、固定、审查、运用证据时，应当与刑事审判关于证据的要求和标准相一致。"本款从证据层面要求监察法与刑事诉讼法相衔接。

1. 证据必须客观真实

《刑事诉讼法》第五十条第三款规定："证据必须经过查证属实，才能作为定案的根据。"监察机关收集的证据必须经过查证属实，才能作为定案的根据。

2. 证据的形式必须符合法律规定

《刑事诉讼法》第五十条第二款规定："证据包括：（一）物证；（二）书证；（三）证人证言；（四）被害人陈述；（五）犯罪嫌疑人、被告人供述和辩解；（六）鉴定意见；（七）勘验、检查、辨认、侦查实验等笔录；（八）视听资料、电子数据。"刑事诉讼中的八种证据是法定证据形式，只有符合这八种证据形式的证据材料，才具有作为证据的资格。《监察法》第三十三条第一款规定："监察机关依照本法规定收集的物证、书证、证人证言、被调查人供述和辩解、视听资料、电子数据等证据材料，在刑事诉讼中可以作为证据使用。"监察机关依法收集的物证、书证、证人证言、被调查人供述和辩解、视听资料、电子数据等证据材料，可以作为刑事诉讼的证据。

3. 证据的来源必须合法

所有证据必须依法进行查证。《刑事诉讼法》第五十二条规定："审判人员、检察人员、侦查人员必须依照法定程序，收集能够证实犯罪嫌疑人、被告人有罪或者无罪、犯罪情节轻重的各种证据。严禁刑讯逼供和以威胁、引诱、欺骗以及其他非法方法收集证据，不得强迫任何人证实自己有罪。"严格按照法律规定的程序合法地收集证据，不仅有利于切实保障公民的人身权利、民主权利和其他权利不受侵犯，而且有利于发现并取得能够反映案件真实情况的证据，为正确认定案情和适用法律提供可靠的证据。

4. 认定和确定犯罪的证据必须达到确实、充分的证明要求

《刑事诉讼法》第五十五条第一款规定："对一切案件的判处都要重证据，重调查研究，不轻信口供。只有被告人供述，没有其他证据的，不能认定被告人有罪和处以刑罚；没有被告人供述，证据确实、充分的，可以认定被告人有罪和处以刑罚。"我国刑事诉讼法关于证据标准的规定，采用的是"实事求是的客观验证"，或者"客观验证无疑"。客观验证无疑是指"证明犯罪事实的各个证据之间能够相互印证、互相说明、互相补充，能够协调一致地得出具有排他性的结论，而且对此结论提不出有事实根据的、有道理和有实际意义的怀疑"。[①]《刑事诉讼法》第五十五条第二款规定："证据确实、充分，应当符合以下条件：（一）定罪量刑的事实都有证据证明；（二）据以定案的证据均经法定程序查证属实；（三）综合全案证据，对所认定事实已排除合理怀疑。"证据确实、充分，体现在刑事诉讼实践中，就是要求移送提起公诉的案件，经审查决定提起公诉的案件，作出有罪判决的案件，都必须达到犯罪事实清楚，证据确实、充分的程度。否则，就不能移送起诉，不能提起公诉，更不能作出有罪判决。监察机关移送检察机关审查起诉的案件，必须达到证据确实、充分的程度。

二、非法证据的认定及其排除

非法证据是指以非法方法收集的证据。《监察法》第三十三条第三款规定："以非法方法收集的证据应当依法予以排除，不得作为案件处置的依据。"根据该款规定，监察机关作出处置决定，必须依据法定程序取得证据。

我国刑事诉讼法采取了强制性排除与瑕疵证据补正相结合的非法证据排除规则。《刑事诉讼法》第五十六条第一款规定："采用刑讯逼供等非法方法收集的犯罪嫌疑人、被告人供述和采用暴力、威胁等非法方法收集的证人证言、被害人陈述，应当予以排除。收集物证、书证不符合法定程序，可能严重影响司法公正的，应当予以补正或者作出合理解释；不能补正或者作出合理解释的，对该证据应当予以排除。"根据《最高人民法院关于适用〈中华人民共和国刑事诉讼法〉的解释》的规定，使用肉刑或者变相肉刑，或者

---

① 王国枢：《刑事诉讼法学》，北京大学出版社，2013，第 118 页。

采用其他使被告人在肉体上或者精神上遭受剧烈疼痛或者痛苦的方法，迫使被告人违背意愿供述的，应当认定为刑事诉讼法规定的“刑讯逼供等非法方法”。认定是否属于刑事诉讼法规定的“可能严重影响司法公正”情形，应当综合考虑收集物证、书证违反法定程序以及所造成后果的严重程度等情况。

《监察法实施条例》第六十四条规定：“严禁以暴力、威胁、引诱、欺骗以及非法限制人身自由等非法方法收集证据，严禁侮辱、打骂、虐待、体罚或者变相体罚被调查人、涉案人员和证人。”《监察法实施条例》第六十五条第一款规定：“对于调查人员采用暴力、威胁以及非法限制人身自由等非法方法收集的被调查人供述、证人证言、被害人陈述，应当依法予以排除。”《监察法实施条例》第六十五条第二款规定：“前款所称暴力的方法，是指采用殴打、违法使用戒具等方法或者变相肉刑的恶劣手段，使人遭受难以忍受的痛苦而违背意愿作出供述、证言、陈述；威胁的方法，是指采用以暴力或者严重损害本人及其近亲属合法权益等进行威胁的方法，使人遭受难以忍受的痛苦而违背意愿作出供述、证言、陈述”。《监察法实施条例》第六十五条第三款规定：“收集物证、书证不符合法定程序，可能严重影响案件公正处理的，应当予以补正或者作出合理解释；不能补正或者作出合理解释的，对该证据应当予以排除。”《监察法实施条例》第六十六条第一款规定：“监察机关监督检查、调查、案件审理、案件监督管理等部门发现监察人员在办理案件中，可能存在以非法方法收集证据情形的，应当依据职责进行调查核实。对于被调查人控告、举报调查人员采用非法方法收集证据，并提供涉嫌非法取证的人员、时间、地点、方式和内容等材料或者线索的，应当受理并进行审核。根据现有材料无法证明证据收集合法性的，应当进行调查核实。”《监察法实施条例》第六十六条第二款规定：“经调查核实，确认或者不能排除以非法方法收集证据的，对有关证据依法予以排除，不得作为案件定性处置、移送审查起诉的依据。认定调查人员非法取证的，应当依法处理，另行指派调查人员重新调查取证。”《监察法实施条例》第六十六条第三款规定：“监察机关接到对下级监察机关调查人员采用非法方法收集证据的控告、举报，可以直接进行调查核实，也可以交由下级监察机关调查核实。交由下级监察机关调查核实的，下级监察机关应当及时将调查结果报告上级监察机关。”对于采用刑讯逼供等非法方法收集的犯罪嫌疑人、被告人供述，和采用暴力、威胁等非法方法收集的证人证言、被害人陈述，应强制性排除。

对于收集物证、书证不符合法定程序，可能严重影响司法公正的，经采取补正或者合理解释后，仍可以采用；而对于不能补正或者不能合理解释的，应当予以排除。

监察机关在认定非法证据时，应将监察法与刑事诉讼法结合起来，采取强制性排除与瑕疵证据补正相结合的非法证据排除规则。监察机关在处置案件的过程中，发现有应当排除的证据的，应当依法予以排除，不得作为起诉意见的依据。

第七节　问题线索调查处置以及涉嫌交叉违法犯罪主调查的权限

反腐败是全社会共同参与的一项系统工程，需要相关职能部门理顺机制、相互配合。监察机关是行使国家监察职能的专责机关。依法科学配置监察权限是确保监察权力规范化运行的基本保证。《监察法》对于问题线索和交叉违法犯罪处理的权限设置，既坚持了监察权独立行使的基本原则，又体现了监察机关与其他国家机关的互相配合关系。

一、问题线索调查处置权限

公职人员涉嫌职务违法、职务犯罪的问题线索，是监察机关案件的重要来源。《监察法》第三十四条第一款规定："人民法院、人民检察院、公安机关、审计机关等国家机关在工作中发现公职人员涉嫌贪污贿赂、失职渎职等职务违法或者职务犯罪的问题线索，应当移送监察机关，由监察机关依法调查处置。"本款规定了职务违法犯罪问题线索的移送制度。这项制度可以称为"移送管辖"。移送管辖制度实质上是无权处理的机关将案件或者线索移交给有权处理的机关受理的制度。建立职务违法犯罪问题线索移送管辖制度，有利于审判机关、检察机关、公安机关、审计机关等国家机关及时移送公职人员涉嫌职务违法犯罪的问题线索，确保监察机关及时查处各种职务违法犯罪行为。明确职务违法犯罪案件的主管权限，有利于监察机关和其他有关机关各司其职、各尽其责，避免争执和推诿。

监察机关对公职人员涉嫌职务违法、职务犯罪的问题线索，具有专门管理、调查处置的权限。中央印发《执法机关和司法机关向纪检监察机关移送问题线索工作办法》，对移送问题线索进行了明确规定。移送问题线索是执法机关和司法机关的法定职责与义务。执法机关、司法机关应当建立移送问题线索工作机制，明确责任部门，严肃工作纪律，对发现的问题线索及时、如实报送，不得隐瞒、延误。故意隐瞒不报、延误报送造成严重后果或者不良影响的，依规依纪依法追究相关人员责任。最高人民法院、最高人民检察院、公安部、审计署等中央国家机关在工作中发现的问题线索，按照线索所涉人员的管理权限向相应监察机关移送。地方执法机关、司法机关在工作中发现的问题线索，原则上向本地区同级监委移送。垂直管理单位在工作中发现的问题线索，原则上向本地区相当于同级的监委移送。必要时，地方执法机关、司法机关以及垂直管理单位的下级机关可以报请其上级机关向相应监察机关移送。

在问题线索的接收方面，监察机关案件监督管理部门负责统一接收移送的问题线索。监察机关收到移送的问题线索后，应当及时进行审核，并按照以下方式办理：本单位有管辖权的，应当及时研究提出处置意见；本单位没有管辖权但其他监察机关有管辖权的，应当及时转送有管辖权的监察机关；本单位对部分问题线索有管辖权的，应当对有管辖权的部分提出处置意见，并及时将其他问题线索转送有管辖权的机关；监察机关没有管辖权的，应当及时退回移送机关。同时，监察机关办理执法机关、司法机关移送的问题线索，需要由发现问题线索的机关协助进行调查核实的，有关机关应当予以依法协助。

二、涉嫌交叉违法犯罪主调查的权限

职务违法犯罪会与其他违法犯罪交织在一起。监察机关对涉嫌严重职务违法、职务犯罪具有专门的调查权。《监察法》第三十四条第二款规定：“被调查人既涉嫌严重职务违法或者职务犯罪，又涉嫌其他违法犯罪的，一般应当由监察机关为主调查，其他机关予以协助。”本款是监察机关对被调查人涉嫌交叉违法犯罪行使主调查权限的直接法律依据。被调查人涉嫌交叉违法犯罪是监察机关行使主调查权限的前提条件。所谓涉嫌交叉违法犯罪，是指既涉嫌严重职务违法或者职务犯罪，又涉嫌其他违法犯罪。从立法上来看，

由监察机关为主调查此类案件，是为了加强对所有行使公权力的公职人员的监督。

在国家监察体制改革试点和全面推开以前，公安机关和人民检察院关于涉嫌交叉犯罪的侦查权限，已有相应规定。《公安机关办理刑事案件程序规定》第二十八条第一款规定："公安机关侦查的刑事案件涉及人民检察院管辖的案件时，应当将属于人民检察院管辖的刑事案件移送人民检察院。涉嫌主罪属于公安机关管辖的，由公安机关为主侦查；涉嫌主罪属于人民检察院管辖的，公安机关予以配合。"监察法并未区分严重职务违法或者职务犯罪与其他违法犯罪的轻重程度以及主次，而进行了笼统规定。只要被调查人既涉嫌严重职务违法或者职务犯罪，又涉嫌其他违法犯罪，一般由监察机关为主调查，其他机关予以协助。

实践中，公安机关在侦查一般刑事案件中，发现犯罪嫌疑人涉嫌严重职务违法或者职务犯罪的问题线索，应将问题线索移送监察机关。监察机关对问题线索处置后，需要立案调查的，应由监察机关为主调查，公安机关予以协助。当然，一般刑事案件的侦查权限，应由公安机关行使。监察机关在主调查中，不能停止公安机关的侦查活动。

思考题

1. 试述监察权限与监察职责的关系。

2. 试述监察权限与侦查权限的关系。

3. 监察机关的一般权限与监察机关的保障权限有何关系?

4. 简述非法证据排除在监察法与刑事诉讼法中的异同。

5. 在问题线索移送规则与涉嫌交叉违法犯罪主调查规则中，如何理解监察机关与其他国家机关的关系?

推荐阅读文献

1. 江国华：《中国监察法学》，中国政法大学出版社，2018。

2. 姜明安：《监察工作理论与实务》，中国法制出版社，2018。

3. 程衍：《纪监融合视域下监察职权配置之再优化》，《法学》2021 年第 11 期。

4. 阳平：《“两规”到留置的演进历程、逻辑及启示》，《法学杂志》2021 年第 5 期。

5. 董邦俊，张扬：《监察留置措施之法治化进路研究》，《中国人民公安大学学报（社会科学版）》2021 年第 1 期。

6. 姚莉：《〈监察法〉第 33 条之法教义学解释——以法法衔接为中心》，《法学》2021 年第 1 期。

7. 张硕：《监察案件非法证据排除制度体系：法理解构与实践路径》，《政法论坛》2020 年第 6 期。

8. 桂梦美：《职务犯罪调查阶段认罪认罚从宽的制度逻辑与展开》，《苏州大学学报（哲学社会科学版）》2020 年第 5 期。

9. 孙国祥：《监察法从宽处罚的规定与刑法衔接研究》，《法学论坛》2020 年第 3 期。

10. 龚举文：《论监察调查中的非法证据排除》，《法学评论》2020 年第 1 期。

11. 赵恒：《职务犯罪案件认罪认罚从宽制度研究》，《比较法研究》2020 年第 2 期。

12. 陈瑞华：《论国家监察权的性质》，《比较法研究》2019 年第 1 期。

13. 冯俊伟：《〈监察法〉实施中的证据衔接问题》，《行政法学研究》2019 年第 6 期。

14. 谢小剑：《监察调查与刑事诉讼程序衔接的法教义学分析》，《法学》2019 年第 9 期。

15. 李庚：《为什么要赋予监察机关相应的监察权限——确保惩治腐败的有效性和威慑力》，《中国纪检监察》2018 年第 6 期。

第六章　监察程序

学习目标　通过本章的学习，学生可以掌握以下内容：1. 监察程序的概念、特征、功能及具体程序的内容；2. 监察程序的基本原则、基本制度；3. 监察处置的具体内容以及相应的程序；4. 移送审查起诉程序的性质、衔接机制；5. 监察救济的概念、性质、功能、理论基础以及具体的救济途径。

关键概念　监察程序；基本原则；基本制度；公开；监督；处置；救济

第一节　监察程序概述

监察机关行使监察权必须遵循法定程序，这是以法治思维和法治方式开展反腐败工作的基本要求。不经法定程序，就很难保证监察机关行使监察权的公正性和权威性。监察委员会作为行使国家监察职能的专责机关，无论是行使职权，还是履行监督、调查、处置职责，都必须遵循社会主义法治原则的基本要求，严格依照宪法、监察法和相关法律法规进行活动，既不能滥用或者超越职权，违反规定的程序，也不能不作为，更不能滥用职权徇私枉法，放纵职务违法犯罪行为。监察程序不仅能够帮助我们了解监察机关能做什么、不能做什么，还有助于我们对其怎样开展工作有一个更加全面、更加深刻的认识。

一、监察程序的概念与特征

“监察”一词最早源于秦汉时期的“监察御史”。现代意义上“监察”

（supervision），侧重于监督。程序，中文含义是指“事情进行的先后次序”[①]，而英文 process 一般解释为“过程，进程”。因此，监察程序是指监察机关在行使职权、履行职责的过程中，所应遵循的步骤、顺序、期限和方式等。

监察程序具有下述特征：

1. 法定性

监察程序是由法律明文规定的程序，监察机关必须严格遵守。《监察法》及《监察法实施条例》规定了监察权启动、实施、监督、救济的规范要求，是对监察权运行的程序规定。监察机关的监察活动，必须遵循法定程序，否则很难保证监察机关在监督、调查和处置过程中的程序合法性，以及所作监察决定的正确性。程序合法要求监察活动必须符合法律规定的程序，实质在于保证监察权行使的规范性和合法性。例如，《监察法》规定监察机关采取留置的时间不得超过三个月，除非有例外规定或者特殊情况，监察机关就不能延长至六个月，否则该机关或者相应人员就要承担法律责任。

2. 独立性

监察程序的独立性主要体现在两个方面：一是监察程序整体上的独立。监察程序作为监督程序，与立法、行政和司法程序保持独立。设置严格、完整、规范的监察程序装置，目的在于使监察活动具备独特的运行程序，形成明显区别于其他程序的、彰显监察特性的独立程序。二是监察机关严格按照监察程序依法独立行使监察权。监察机关依照宪法、监察法和相关法律法规独立行使监察权，不受行政机关、社会团体和个人的干涉，正是监察机关独立行使职权原则在监察程序中的体现。监察机关只有保持程序上的独立性，才能从客观上保证监察工作的权威性和公正性。

3. 形式性

监察程序由步骤、顺序、期限和方式等要素构成，对于实体法上的权利义务等内容较少涉及，具有一定的形式性。步骤是指监察机关行使职权的必经阶段，如监察机关办理职务违法和职务犯罪案件一般包括立案阶段、调查阶段、处置阶段、监督阶段、救济阶段。顺序是指各步骤之间在逻辑上的先后顺序，如前述各阶段就是按一定的先后顺序设计的。期限是监察机关办案

① 中国社会科学院语言研究所词典编辑室：《现代汉语词典》，商务印书馆，2016，第 170 页。

或者监察对象行使权利的时间限制，如监察机关作出复审决定的时间为一个月。方式可以是多层面的，包括采用书面形式、口头谈话、集体研究决定等。

二、监察程序的种类及内容

监察程序是监察机关调查职务违法和职务犯罪的基本遵循，《监察法》第五章专门规定了监察程序，并对问题线索处置、初步核实、立案调查、采取调查措施等作了详细规定。《监察法实施条例》在细化监察法程序规定的基础上，进一步增加了审理程序和移送审查程序，通过七节六十六个条文，编制了严密的程序规则。具体来讲，监察程序主要包括以下七种。

（一）立案程序

1. 问题线索处置

为了确保监察机关有效履行监察职责，需要在内部建立问题线索处置、调查、审理各部门相互协调、相互制约的工作机制，各部门严格按照程序开展工作。依据来源方式，问题线索包括公职人员主动投案类、公民举报类、其他机关移送类、监察机关自己发现类。信访举报部门和案件监督管理部门是专门的问题线索管理机关，前者主要负责处理举报类线索，将线索移交至相关部门，并通报案件监督管理部分；后者主要负责处理后三种线索，按程序移送相关部门办理。监察机关收到问题线索后，首先审核是否属于管辖范围，对于不具有管辖权的线索，需移送有管辖权机关；对于具有管辖权的，须按照有关规定提出处置意见，履行审批手续，进行分类办理。基于监察管理和公开要求，问题线索应采取归口受理、编号登记、集中管理、动态更新、定期汇总、分类处置、定期清理、登记备查等管理方式，线索处置情况应当定期汇总、通报、检查和抽查。

具体而言，处置方式包括六种，分别是谈话、函询、初步核实、暂存待查、予以了解和立案调查。其中，采取函询方式的，应以办公厅（室）名义发函给被反映人，并抄送所在单位和派驻监察机构主要负责人。被函询人需在十五个工作日内写出说明材料，经主要负责人签署意见后发函回复。为了监督和确保监察效果，监察机关经审批后可核实谈话和函询情况。值得注意的是，对于实名举报线索，应优先办理；对属于本机关手里的实名举报，应告知举报人受理情况，反馈处理结果，并在举报人有异议时履行说明义务。

2. 初步核实

监察机关对问题线索进行初步核实具体分为五个程序：①审批。监察机关采取初步核实方式处置问题线索的，应当依法履行审批程序，一般应当报监察机关负责人审批。②制定方案。经批准后，承办部门应当制定工作方案，初步核实方案一般包括核实对象，需要核实的问题及采取的措施，初步核实的依据，核查人员组成，初步核实的方法、步骤、时间、范围和程序等，以及应当注意的事项。初步核实应坚持真实性和准确性原则，注重收集客观性证据。③成立核查组。核查组的人数最少不少于二人，并可根据所反映问题的范围和性质加以确定，对于案情复杂、性质严重、工作量大的，可以适当增配人员。④撰写核查报告。初步核实工作结束后，核查组应当撰写初步核实情况报告，列明被核查人基本情况、反映的主要问题、办理依据、初步核实结果、存在疑点、处理建议，由全体人员签名，并提出分类处理建议。⑤提出分类处置意见。承办部门应综合分析初步核实情况报告，提出处置意见，按批准初步核实的程序报批。初步核实情况报告和分类处理意见报监察机关主要负责人审批。

3. 立案

（1）办理立案手续。经过初步核实，对监察对象涉嫌职务违法犯罪，需要追究法律责任的，监察机关应当按照规定的权限和程序办理立案手续。“规定的权限和程序”主要是指《中国共产党纪律检查机关监督执纪工作规则》第三十八条的规定，即对符合立案条件的，一般情况下，承办部门应当起草立案审查调查呈批报告，经纪检监察机关主要负责人审批，报同级党委主要负责人批准，予以立案审查调查；特殊情形下，对案情简单、经过初步核实已查清主要事实，应当追究监察对象法律责任，不再需要开展调查的，立案和移送审理可以一并报批，履行立案程序后再移送审理。有三种特殊情形值得注意：一是对于涉嫌关联犯罪人员，[①]应一并办理立案手续；二是对于单位涉嫌职务犯罪的，依法对该单位办理立案手续；三是对于事故（事件）中存在职务违法或者职务犯罪问题，需要追究法律责任，但相关责任人员尚不明确的，可以以事立案。对单位立案或者以事立案后，经调查确定相关责任人

① 关联犯罪，即指涉嫌行贿犯罪、介绍贿赂犯罪或者共同职务犯罪。

员后，再按照管理权限报批确定被调查人。

（2）确定调查方案。监察机关主要负责人主持召开专题会议，根据被调查人情况、案件性质和复杂程度，集体研究确定调查方案。一般来说，调查方案的内容应包括应当查明的问题和线索，调查步骤和方法，调查过程中需要采取的措施，预计完成任务的时间，以及应当注意事项等。调查方案一经确定，案件调查人员应当严格遵照执行，不得擅自更改方案内容，遇有重大突发情况需要更改调查方案的，应当报批准该方案的监察机关主要负责人批准。

（3）通知、通报和公布。为了保障被调查人的合法权益，应由2名以上调查人员出示证件，向被调查人宣布立案决定。为了要求有关组织积极配合，协助监察程序的顺利进行，应及时向被调查人所在单位等相关组织送达《立案通知书》，并向单位主要负责人通报。另外，被调查人涉嫌严重违法或者涉嫌犯罪并采取留置措施的，还应通知其家属，保障其知情权，并通过公众号、新闻媒体等途径向全社会公布，回应公众对反腐进程的关切。

（二）调查程序

为了规范取证工作，防止权力滥用，保护被调查人合法权益，《监察法》《监察法实施条例》对监察机关采取调查措施的程序提出明确要求。实时性要求不仅是人权保障的应有之义，更是保证监察效果的必然要求。调查时间过长，会面临拖延质疑，为此必须严格控制调查时限。原则上，监察机关应当在立案后一年以内作出处理决定；例外情况下，如果对被调查人采取留置措施，应在解除留置措施后一年以内作出处理决定；案情重大复杂的案件，经上一级监察机关批准，可以适当延长，但延长期限不得超过六个月。

根据监察法规定，调查人员在此阶段有权采取15项调查措施。调查人员在调查措施的选择上，应注重比例原则，结合案件事实查证的进展，尽可能避免对被调查人人身和财产造成严重影响，而不能凭借个人意愿或一味追求办案效率任意选取制裁性程度较高的调查措施。具体来看，每一项调查措施都有各自相应的程序要求。15项调查措施中，留置是对被调查人强制性程度最高的，相比其他措施，监察法对留置措施规定了更为严格、更为详细的程序要求，包括留置的适用情形、审批权限、期限、人权保障要求、执行和解除等方面。从适用的普遍性来看，调查程序分为一般调查程序和特殊调查程序。一般调查程序是所有调查措施所遵循的程序，即调查人员采取讯问、询问、留置、搜查、调取、查封、扣押、勘验检查等调查措施适用的程序；而特殊调查程序是指特定调查措施所特有的程序要求，更为严密和严格。

1. 一般调查程序

（1）确定调查方案及调查组。监察机关首先需要根据前期初步核实的结果，综合涉嫌犯罪的情节、证据收集的难易程度以及被调查人的表现等，在主要负责人主持下召开专题会议，对调查的基本内容和主要内容，如调查对象、调查范围、需要调查的事项等进行研究，经集体研究后形成调查方案。调查组必须严格按照调查方案进行调查，不得随意变更调查对象、扩大调查范围、改变调查事项。这一程序是由职务犯罪案件的高度敏感性与重大复杂性所决定，是出于大局考虑与保证政治效果，在于防止办案人员的个人专断。

（2）重要事项请示报告。职务违法及犯罪行为具备复杂性、易变性，对办案人员的专业性、灵活性提出了更高的要求。调查程序开始之初，即便是通过专题会议经集体研究制定的调查方案也不可能预先料知案件调查过程中发生的每一细节与可能突发的事件。对于调查方案没有预见，或者突发的事件，调查人员应当及时向监委领导人员请示。原则上要求正式的行文请示，但情况紧急时，可以先口头报告。如果情况十分紧急，不及时处理可能会导致严重的不利后果，调查人员集体研究后可以先行随机应变作出临时的处置，事后立即按程序向监委领导人员请示报告。

（3）实施调查措施。调查方案确定后，办案人员应该按照调查方案，进行相关调查。一是依照规定出示证件。出示证件的目的是证明调查人员的真实身份，以便相关单位和人员积极有效地配合。如询问证人时应当出示工作证件，即出示能够证实调查人员身份的有效工作证。二是出具书面通知。监察机关决定采取调查措施时，应当制作书面通知，交由调查人员向相关单位或个人在现场出示，以证明调查人员的行为经过监察机关合法授权。如进行搜查必须向被搜查单位或个人出示搜查证明文件，否则相关单位或个人有权不予配合。三是由二人以上进行。主要考虑是：实际工作的需要，有利于客观真实地获取和固定证据；有利于互相配合、互相监督，防止个人徇私舞弊或发生刑讯逼供、诱供等非法调查行为；有利于防止一些被调查人员诬告调查人员有人身侮辱、刑讯逼供等行为。

（4）听取意见。陈述、申辩等权利是基本的程序性权利。调查组应当将

调查认定的涉嫌违法犯罪事实形成书面材料，交给被调查人核对，听取其意见。被调查人应当在书面材料上签署意见。对被调查人签署不同意见或者拒不签署意见的，调查组应当作出说明或者注明情况。对被调查人提出申辩的事实、理由和证据应当进行核实，成立的予以采纳。①

（5）形成调查报告、起诉建议书及书面材料。笔录、报告等书面材料是证据的重要载体，有利于确保证据的客观性和真实性。要求由相关人员签名、盖章，是对笔录、报告等书面材料的核对与认可，以防止歪曲被调查人、证人的真实意图，或者出现强加于人的主观臆断，甚至捏造事实等情况。具体而言，调查报告应当列明被调查人基本情况、问题线索来源及调查依据、调查过程，涉嫌的主要职务违法或者职务犯罪事实，被调查人的态度和认识，处置建议及法律依据，并由调查组组长以及有关人员签名。起诉建议书应当载明被调查人基本情况、调查简况、认罪认罚情况、犯罪事实以及证据、移送起诉的理由和法律依据等。书面材料，包括案件来源、到案经过，自动投案、如实供述、立功等量刑情节，认罪悔罪态度、退赃、避免和减少损害结果发生等方面的情况说明及相关材料。

2. 特殊调查程序

（1）留置程序。留置属于限制人身自由的调查措施，实质是对纪律检查中“两规”措施的替代性法律措施。为了规范留置的适用，监察法对留置的对象、条件、程序作了比较具体详细的规定，其程序的特殊性体现在三个方面：

第一，留置的审批权限。各级监察机关采取留置措施，都应当经本机关领导人员集体研究决定，不能以个人意志代替集体决策，以少数人意见代替多数人意见。就批准权限而言，市级和县级监察机关采取留置措施，还应当报请上一级监察机关批准。此外，省级监察机关采取留置措施，还应当报国家监察委员会备案。

第二，留置期限。一般情况下，留置期限不得超过三个月。这里的三个月是固定期限，不因案件情况的变化而变化；不能因发现之前未掌握的被调查人的职务违法犯罪而重新计算期限。在特殊情况下，留置期限可以延长一次，但延长的时间不得超过三个月，因此留置期限最长不得超过六个月。除此之外，

---

① 调查组对于立案调查的涉嫌行贿犯罪、介绍贿赂犯罪或者共同职务犯罪的涉案人员，在查明其涉嫌犯罪问题后，依照前款规定办理。

省级以下（含省级）监察机关延长留置期限的，除了经本机关领导人员集体研究决定外，还应当报上一级监察机关批准。

第三，被留置人的权利保障。为了规范留置期间监察机关的调查取证工作，促进留置措施的法治化和规范化，保障被留置人的合法权益，监察机关应当遵循的程序要求有：一是及时解除留置措施。留置期限届满或监察机关发现采取留置措施不当的，应当及时解除。二是履行通知义务。对被调查人采取留置措施后，除有可能毁灭、伪造证据，干扰证人作证或者串供等有碍调查情形的，应当在二十四小时以内通知被留置人员所在单位和家属。三是权利保障。一方面，监察机关应当保障被留置人的饮食、休息和安全，对患有疾病或者身体不适的，应当及时为其提供医疗服务，这既有利于保障被留置人的合法权益，也有利于保证调查工作的顺利开展。另一方面，若对被留置人进行讯问，应当合理安排时间和时长。一般情况下，讯问时间应当尽量安排在白天或者夜晚十二点之前，持续时间不得过长。另外，调查人员讯问被留置人时，还应当制作讯问笔录，必要时也可以让被留置人亲笔书写供词，讯问笔录应当由被留置人阅看后签名，以保证笔录的真实性。

（2）调取、查封、扣押程序。第一，按照法定程序采取调取、查封、扣押措施。监察机关在调查过程中可以调取、查封、扣押，用以证明被调查人涉嫌违法犯罪的财物、文件和电子数据等信息，并应当收集原物原件，会同持有人或者保管人、见证人，当面逐一拍照、登记、编号，开列清单，由在场人员当场核对、签字，并将清单副本交财物、文件的持有人或者保管人。第二，妥善保管财物文件。对调取、查封、扣押的财物、文件，监察机关应当设立专用账户、专门场所，确定专门人员妥善保管，严格履行交接、调取手续，定期对账核实，不得损毁或者用于其他目的。对价值不明物品应当及时鉴定，专门封存保管。第三，查封、扣押的财物、文件，经查明与案件无关的，应当在查明后三日内解除查封、扣押，予以退还。

（3）技术调查程序。监察机关采取技术调查措施，一方面要严格遵循批准程序。监察机关在调查涉嫌重大贪污贿赂、失职渎职等职务犯罪时，根据需要，经过严格的批准手续，可以采取技术调查措施，按照规定交有关机关执行。另一方面要注意时间限制。批准决定应当明确采取技术调查措施的种类和适用对象，自签发之日起三个月以内有效；对于复杂、疑难案件，期限届满仍有必要继续采取技术调查措施的，经过批准，有效期可以延长，每次不得超过三个月。而对于不需要继续采取技术调查措施的，应当及时解除。

（三）审理程序

案件审理部门收到移送审理的案件后，应首先进行形式审查，审核材料是否齐全、手续是否完备，对于不符合移送条件的，经审批可以暂缓受理或者不予受理，并要求调查部门补充完善材料。

1. 审理原则

一是全面审理原则。案件审理部门受理案件后，对案件事实证据、性质认定、程序手续、涉案财物等开展全面审理。二是民主集中制原则。审理工作应坚持民主集中制原则，经集体审议确定审理意见。

2. 审理期限

审理工作一般应在受理之日起一个月以内完成，重大复杂案件经批准可以适当延长。

3. 听取意见

为了保障被调查人在审理阶段的权利义务，需听取其辩解意见。存在四种情形，必须与被调查人谈话：一是对被调查人采取留置措施，拟移送起诉的；二是可能存在以非法方法收集证据情形的；三是被调查人对涉嫌违法犯罪事实材料签署不同意见或者拒不签署意见的；四是被调查人要求向案件审理人员当面陈述的。

4. 退回调查

经审理认为主要违法犯罪事实不清、证据不足的，应经审批将案件退回承办部门重新调查；部分事实不清、证据不足的，或者遗漏违法犯罪事实，或需要进一步查清案件事实，经审批可以退回补充调查。

5. 审理结果

审理工作结束后应当形成审理报告，对于基本确定涉嫌职务犯罪，需要追究刑事责任的，形成《起诉意见书》，移送审查起诉；对于现有证据不足以证明存在违法犯罪行为，且通过退回补充调查仍无法达到证明标准的，应当提出撤销案件的建议。

（四）处置程序

监察机关依法履行处置职责的方式有六种：轻微处理（包括谈话提醒、

批评教育、责令检查和予以诫勉）、政务处分、问责、移送起诉、监察建议、撤销案件。处置必然会对监察对象的权利产生实质影响，因此，针对监察对象职务违法和职务犯罪的具体情形设置对应的处置方式，既是一种实质规定，也是一种程序保障。特别注意的是，对于关联犯罪人员的处置。对于涉嫌行贿等犯罪的非监察对象，案件调查终结后，监察机关需综合考虑行为性质、手段、后果、时间节点、认罪悔罪态度等具体情况，决定是否移送起诉。对于情节较轻，经审批可以不予移送起诉的，应当采取批评教育、责令具结悔过等方式处置；对于应当给予行政处罚的，依法移送有关行政执法部门。为了营造良好的廉政环境，对于有行贿行为的涉案单位和人员，可以采取信用惩戒模式，相关信息记录可以作为信用评价的依据。

（五）移送审查起诉程序

经过充分调查，在全面收集证据的基础上，监察机关（移送主体）认为职务犯罪案件达到犯罪事实清楚、证据确实充分标准的（移送条件），制作起诉意见书，将案卷材料和证据（移送内容）整理后，一并移送至检察机关（接收主体），由检察机关依法对案件进行审查，并作出是否提起公诉的决定。对于已经被采取留置措施的被调查人，检察院应先行拘留。[①]

1. 管辖主体

（1）同级管辖。监察机关决定对涉嫌职务犯罪的被调查人移送起诉的，应移送同级人民检察院。

（2）省级检察院管辖。国家监察委员会派驻或者派出的监察机构、监察专员调查的职务犯罪案件，应当依法移送省级人民检察院审查起诉。

（3）关联案件管辖。对于关联案件的涉案人员，移送起诉时一般应当随主案确定管辖。

（4）指定管辖。需要指定起诉、审判管辖的，监察机关应当在移送起诉二十日前，将商请指定管辖函送交同级人民检察院，协商有关程序事宜。其

①《刑事诉讼法》第一百七十条第二款："对于监察机关移送起诉的已采取留置措施的案件，人民检察院应当对犯罪嫌疑人先行拘留，留置措施自动解除。人民检察院应当在拘留后的十日以内作出是否逮捕、取保候审或者监视居住的决定。在特殊情况下，决定的时间可以延长一日至四日。人民检察院决定采取强制措施的期间不计入审查起诉期限。"

中，派驻或者派出的监察机构、监察专员调查的职务犯罪案件需要指定起诉、审判管辖的，应当报派出机关办理指定管辖手续；上级监察机关指定下级监察机关进行调查，移送起诉时需要指定管辖的，应当在移送起诉前由上级监察机关与同级检察院协商有关程序事宜。

2. 预告移送和补充移送

（1）预告移送。为了保证监察实效和办案质量，监察机关一般应在正式移送起诉十日前，向拟移送的检察院采取书面通知等方式预告移送事宜。其中，对于已采取留置措施的案件，发现被调查人存在不适宜羁押等可能影响刑事强制措施执行情形的，应当通报人民检察院；对于未采取留置措施的案件，可以根据案件具体情况，向检察院提出对被调查人采取刑事强制措施的建议。

（2）补充移送。监察机关对已经移送起诉的职务犯罪案件，发现遗漏被调查人罪行需要补充移送起诉的，应当经审批出具《补充起诉意见书》，连同相关案卷材料、证据等一并移送检察院。

3. 提出从宽处罚建议

涉嫌职务犯罪的被调查人和涉案人员符合《监察法》第三十一条、第三十二条规定情形的，监察机关经综合研判和集体审议，报上一级监察机关批准后，可以在移送审查时依法提出从轻、减轻或者免除处罚等从宽处罚建议。报请批准时，应当一并提供主要证据材料、忏悔反思材料；上级监察机关监督检查部门负责审查工作，应在十五个工作日以内作出批复。从宽处罚建议及所依据证据材料，一般应在移送起诉时作为《起诉意见书》内容一并提出，特殊情况下可在检察院提起公诉前，单独形成建议书移送。对于被调查人在调查阶段认罪认罚，但不符合监察法规定的提出从宽处罚建议条件，应在《起诉意见书》中写明其自愿认罪认罚情况。

4. 退回补充调查

对于检察院依法退回补充调查的案件，监察机关应当向主要负责人报告，并积极开展补充调查工作，经审批分别作出下列处理：①认定犯罪事实的证据不够充分的，应当在补充证据后，制作补充调查报告书，连同相关材料一并移送审查；对无法补充完善的证据，应当作出书面情况说明，并加盖监察机关或者承办部门公章。②在补充调查中发现新的同案犯或者增加、变更犯罪事实，需要追究刑事责任的，重新提出处理意见，移送审查。③犯罪事实的认定出现重大变化，认为不应当追究被调查人刑事责任的，应重新提出处理意见，将处理结果书面通知检察院并说明理由。④认为移送起诉的犯罪事实清楚，证据确实、充分的，应当说明理由，移送检察院依法审查。

5. 配合办案职责

职务犯罪案件办案程序是一个顺次进行、有机统一的整体，要求监察机关、检察机关和司法机关三者之间既相互独立又积极配合，协作推进案件。一方面，在审查起诉阶段，监察机关对于检察机关书面提出的要求，应当予以配合，主要包括五种情形：①可能存在以非法方法收集证据情形，要求监察机关对证据收集的合法性作出说明或者提供相关证明材料。②排除非法证据后，要求监察机关另行指派调查人员重新取证的。③对物证、书证、视听资料、电子数据及勘验检查、辨认、调查实验等笔录存在疑问，要求调查人员提供获取、制作的有关情况的。④要求监察机关对案件中某些专门性问题进行鉴定，或者对勘验检查进行复验、复查的。⑤认为主要犯罪事实已经查清，仍有部分证据需要补充完善，要求监察机关补充提供证据的。另一方面，在案件审判阶段，检察院书面要求监察机关补充提供证据，对证据进行补正、解释，或者协助补充侦查的，监察机关应当予以配合；法院就证据收集合法性问题要求有关调查人员出庭说明情况时，监察机关应当依法予以配合。

（六）监督程序

任何权力都要受到监督。为防止监察机关或监察人员滥用职权，保障监察工作依法进行，根据监察法的规定，对监察机关和监察人员的监督包括人大监督、自我监督和其他外部监督，每一种监督方式都有相关的程序规定。第一，人大监督。各级监察委员会都要对同级人民代表大会及其常委会负责，并接受其监督。人大监督包括听取和审议专项工作报告，组织执法检查，提出询问和质询。第二，自我监督。为加强监察机关自身建设，严明政治纪律，建设一支让党放心、人民满意的监察队伍，监察法要求监察机关应当加强对监察人员执行职务和遵守法律情况的监督，规定了对打听案情、过问案件、说情干预的报告和登记备案制度，监察人员回避制度，脱密期管理制度和对监察人员辞职、退休后从业限制等制度。第三，其他外部监督。根据监察法规定，监察机关应当公开监察工作信息，接受民主监督、社会监督、舆论监督。

（七）救济程序

为了保障监察对象的合法权益，加强对监察机关和监察人员的监督，促进监察机关依法履职、秉公用权，监察法设置了必要的权利救济措施，并对其相应程序作出明确规定。救济途径主要包括三种：第一，复审，是指监察对象对监察机关作出的涉及本人的处理决定不服，可以向作出决定的监察机关申请复审，由其对原处理决定进行审查核实并作出复审决定。第二，复核，是指监察对象对复审决定不服，可以向作出复审决定的监察机关的上一级监察机关申请复核，进行二次审核。复审是复核的前置程序，未经复审的，不能提出复核申请。第三，申诉，是指为了保护被调查人的合法权益，强化对监察机关及其工作人员的监督管理，被调查人及其近亲属可以对监察机关及其工作人员的行为提起申诉。

三、监察程序的功能

1. 为反腐败工作提供法治保障

监察机关的重要任务就是深入开展反腐败工作，这一任务的实现迫切需要监察机关在调查职务违法和职务犯罪的过程中，充分运用法治思维和法治方式开展工作。首先，监察程序作为监察机关开展工作的基本遵循，对立案、调查、处置、监督、救济等都作出了相应规定，有利于解决长期困扰我们的法治难题。其次，监察程序作为一种非常严格的程序，尤其是关于调查程序的要求，能够规范监察机关依法调查取证，全面收集证据，查清犯罪事实，坚定不移推进“打虎”“拍蝇”“猎虎”等反腐工作。最后，监察程序为监察机关充分履行监察职责、深入开展反腐败工作提供科学的方法，有助于使其遵循正当程序要求，在法治轨道上开展反腐败工作，对于完善国家监察体系、推进国家治理体系和治理能力现代化具有重要意义。

2. 促进监察权的规范行使

“程序的本质是控权”。[①] 在法治的语境下，监察程序具有重要的功能。我国已确立以立法、监察、行政、司法为主体的国家治理结构现代化模式和

---

① 谢佑平：《程序法定原则研究》，中国检察出版社，2006，第 62 页。

宪法新秩序，监察机关作为依法开展国家监察的专责机关，履行监察职能的过程也是行使公权力的过程，覆盖范围广、影响力深。为了有效防止因权力过于集中而引发的有案不查、以案谋私等问题，需要通过严格的内部监督机制加以制约。从监察程序与社会主义法治的关系来看，监察程序的意义在于通过监督制约公权力，维护法治秩序。“程序的实质是管理和决定的非人情化，其一切布置都是为了限制恣意、专断和过度的裁量。”[①] 监察程序所具有的法定性特征，在客观上能够加强对监察权的监督制约，将监察机关的权力关进制度的笼子，限制监察权的恣意性和专断化，形成“程序制约权力”格局，最终促进监察权的规范行使。

3. 彰显监察工作的权威性和公正性

监察机关履行监督、调查和处置职责皆以严格的监察程序为遵循。一方面，监察程序能够凸显监察工作的权威性。监察程序是监察机关即各级监察委员会开展监察工作的具体依据，无论是立案调查还是处置，甚至对于留置，皆有其规范性、具体性、特殊性程序规定。另外，监察机关的独立性，为其独立行使职权，保证监察工作的客观性、权威性创造了基本条件。另一方面，监察程序彰显监察工作的公正性。监察权是一种权力对另一种权力的监督和制约，权力容易滥用，理应受到限制和约束。为了防患于未然，防止出现因监察权过于集中引发滥用职权、徇私枉法等现象，当监察对象权利受损时可通过合适的途径寻求救济。此时对监察机关提出相应的程序要求，主要目的是保障监察对象的合法权益。例如，当被调查人及其近亲属向上一级监察机关提起申诉时，上一级监察机关应当在二个月内作出处理决定。这一期限限制既是为了保护被调查人的合法权益，也是为了强化对监察机关及其工作人员的监督管理，最终彰显监察程序的公正性。

第二节　监察程序的基本原则

监察程序的基本原则贯穿于监察程序的整个过程，是规制和统领监察程序的基本准则，亦是依法反腐法治精神的具体体现。准确把握监察程序的基

---

① 季卫东：《法治秩序的建构（增补版）》，商务印书馆，2014，第 55 页。

本原则有利于监察机关工作的顺利开展，有助于保障涉嫌职务违法、职务犯罪公职人员的合法权益，为司法程序的有序公正展开奠定基础。根据监察法规定，监察机关在监察程序中应该遵循下列基本原则。

一、保障人权原则

尊重和保障人权是世界范围内持续不断关注和讨论的话题之一，是现代民主法治国家应当遵循的基本要求之一。早在2004年3月修改1982年宪法的时候，第十届全国人民代表大会第二次会议通过的《宪法修正案》，就将“尊重和保护人权”纳入宪法之中，使之成为我国根本大法的一项基本原则，凸显了我国对人权保障的重视。之后，在2012年修改《刑事诉讼法》过程中，进一步明确将尊重与保障人权作为一项重要任务进行了补充规定。毫无疑问，在建设法治国家的道路上，尊重和保障人权是所有法律法规都不能绕过去的重要一环，更是所有国家机关都应该肩负的一项重要职责。此次《监察法》的出台亦不例外。监察程序相关规定均体现出了监察机关坚持保障人权的基本原则。

《监察法》是适应国家深化监察体制改革，实现国家监察全面覆盖，深入开展反腐败工作，构建集中统一、权威高效的中国特色国家监察体制的一部重要法律，是今后开展反腐工作的利器和保证。显然，从本质上看，加快推进反腐工作进程是该法出台的重要目的，由此赋予监察机关相应的权力，使其拥有足够的强制力和威慑力来实现立法目的，具有充分的必要性和正当性。但与此同时，正如陈光中教授所言：“如果只注重追究犯罪，忽视人权保障，势必导致蔑视法制、行政专横、滥捕滥判，这是一个民主法治国家所不能容许的。而且，这样做不可能达到国家长治久安的目的，将会损害国家和人民的根本利益。”[①] 追溯人类政治文明史的历程会发现，权力是一把双刃剑，如果在法治轨道上行使，它可以造福人民；如果超越法治轨道，则必然祸害国家和人民。因此，我们不能忽视且必须警惕无制约的权力所带来的祸端，要用法治和理性的思维来制约监察机关在办案过程中的强大权力，防止权力的滥用和异化，使其通过遵循监察程序来达到保障当事人的合法权益的目的。

---

① 陈光中：《陈光中法学文选（第3卷）》，中国政法大学出版社，2010，第1046页。

“由于监察权属于公权力之列，因而在民主法治国家应当首先遵循惩治腐败与保障人权相平衡的原则。”①

从宏观角度来看，监察机关通过遵循正当程序达到惩治腐败的目的，这从根本上讲就是在清除公职人员队伍中的蛀虫，保障公民的人权。从微观角度来看，保障人权原则体现在监察程序的诸多方面。例如，《监察法》第四十条第二款规定：“严禁侮辱、打骂、虐待、体罚或者变相体罚被调查人和涉案人员等”；第四十四条规定：“检察机关应当保障被留置人员的饮食、休息和安全，提供医疗服务”“被留置人员涉嫌犯罪移送司法机关后，被依法判处管制、拘役和有期徒刑的，留置一日折抵管制二日，折抵拘役、有期徒刑一日”等。这些规定均体现了对当事人的人文主义关怀和对人身权利的保护，契合人权保障的基本精神和根本要求。

二、正当程序原则

作为现代法治的重要原则之一，正当程序原则在所有法律中无一例外地发挥着不可替代的巨大作用。正当程序原则重点在于突显“正当”二字，旨在通过正当的法律程序来抑制权力的恣意行使，尊重和保障公民的权利不受非法侵害，实现法律实施过程中的正当性与合理性，从而达到追求公平正义的目标和结果，体现程序所具有的独立价值和重大意义。在监察程序的整个过程中，正当程序原则始终贯穿其中，具体表现在以下两个方面。

（一）监察权力的制约

1. 严格按照程序开展工作

在监察程序的运作中，每一项工作的展开都需要遵循严格的法律程序规定，从而形成一套稳定有序的工作流程。首先，严格把控针对监察对象的问题线索处置，审批手续履行，分类办理的进行以及定期汇总、通报、检察、抽查等。其次，在需要初步核实线索的基础上，成立核查组，形成报告并报主要负责人审批，涉嫌职务犯罪需要追究法律责任的应办理立案手续。再次，

---

①陈光中，邵俊：《我国监察体制改革若干问题思考》，《中国法学》2017年第4期。

批准立案之后，主要负责人应主持召开专题会议，确定调查方案，采取需要的调查措施。最后，依据调查结果，依法作出相应的处置，包括撤销案件、批评教育、政务处分、问责、提起公诉、监察建议等方式。监察活动步骤清晰明确，严格依据法条进行，形成了一条完整的工作线。

2. 明确限定监察机关的权限

监察机关权限的限定主要体现在对调查人员的调查措施和调查方案等方面。监察程序中明确限定了调查措施的种类（讯问、询问、留置、搜查、调取、查封、扣押、勘验检查等），调查人员在实施调查措施时应遵守的规定（包括出示证件，出具通知，人数规定，形成书面材料，签名、盖章和录音录像等），以及调查方案的严格执行，不得随意改变等。

（二）公民权利的保障

在强大的公权力面前，被调查人的合法权利显现得十分弱小，极易被侵犯。因此，一方面以肯定的形式规定监察机关及其调查人员应遵守的法律程序是必不可少的部分，另一方面，以禁止的形式规制监察权的行使，保障公民的合法权利同样是不可或缺的内容。《监察法》第四十条明确规定，严禁以非法方式收集证据和严禁侮辱、打骂、虐待、体罚或者变相体罚被调查人和涉案人员等。以严厉禁止的方式在公民权利和监察机关之间建立一道坚固的屏障，以确保监察机关不可逾越，给予其强大的震慑，在很大程度上制止了监察机关的非法行为，极大地保障了公民权利。

“无救济则无权利”，权利的保障需要提供相应的法律救济才能真正实现，否则便形同虚设。《监察法》第四十九条规定，监察对象对监察机关作出的涉及本人的处理决定不服的可以寻求相应的法律救济，即复核。这就为监察对象提供了一种救济自身权利的途径和方式，为合法权利的保障增添了又一层防护网。

三、强化监督原则

对所有行使公权力的公职人员进行监督是《监察法》精神的高度凝练和核心体现，是党和国家在高压反腐状态下所采取的一项重要举措，有力地填补了我国实践中监督的缺位与不足，展示出我党在新时代背景下强化对公权力监督的决心和勇气。但更应注意到，行使监督权力的监察机关所拥有的权力同样也应处于有效制约之中，否则会导致权力的滥用。所以，从这个角度上看，对公职人员的监督仅是监察程序中强化监督的一个侧面，除此之外，还应该包含对监察机关自身行使公权力的监督和约束。

（一）强化对公职人员的监督

从整体视角来看，由于《监察法》出台的初心和核心是对公职人员进行“全覆盖”式的监督，与此呼应，监察程序中大部分规定均是涉及监督公职人员的相应程序规范内容。从具体视角来看，监察程序中集中规定了对公职人员的多种处置情形，不仅规定了对涉嫌职务犯罪的公职人员如何处理，而且涵盖了对职务违法的公职人员的处置措施，既全面又细致，不放过任何可能的“真空地带”。

（二）强化对监察机关的监督

在我国，各级监察委员会是国家监察机关，承担并肩负着监督公职人员的重担和使命，是一股不容忽视的强大力量。因此，如何制约监察机关本身权力的行使，便成为监察程序中另一个关注的焦点和难点。针对这个问题，监察程序主要从内部和外部两个方面进行约束。

1. 内部监督

《监察法》第三十六条明确规定，“要建立各部门相互协调、相互制约的工作机制”，强调“监察机关应当加强对调查、处置工作全过程的监督管理”，目的就在于要强化自我监督与制约，充分体现了打铁还须自身硬的精神和骨气。

2. 外部监督

外部监督主要体现在其他国家机关（检察机关和审判机关）对于监察机关的监督。检察机关对于监察机关的制约，直接体现在对职务犯罪的审查起诉环节方面。根据《监察法》第四十七条第三款的规定，人民检察院如果审查后认为监察机关的调查需要补充核实的，应当退回监察机关补充侦查；第四款规定，人民检察院可以依法经上一级人民检察院的批准，对于监察机关认为应当起诉的案件作出不起诉的决定。可以看出，人民检察院实质上主要通过对监察机关调查工作的核实与审查，以及最终作出是否起诉决定的方式，来限制和约束监察机关的权力。

审判机关对于监察机关的制约，主要通过以审判为中心的诉讼制度间接体现，并集中表现在有无违法犯罪事实和证据收集方面。根据《监察法》第四十条第一款的规定，监察机关负有收集被调查人有无违法犯罪以及情节轻重的证据，查明违法犯罪事实，从而形成相互印证、完整稳定的证据链的义务和责任，而这恰恰是我国在逐步推进以审判为中心的诉讼制度改革中所要突出的重点要求和关键内容。以审判为中心的诉讼制度改革，旨在通过强调人民法院在审判环节中对于事实的查明、证据的认定、诉权的保护等方面发挥的决定性作用，来规范其他国家机关公权力的正当行使，使其严格遵循程序要求，明确证据标准，提升办案质量，从而防止冤假错案的发生，达到保障当事人的合法权益不受侵害的目标。因此，从这个视角分析，监察机关查处职务犯罪的工作，还有待审判机关的进一步检验与认定，同时也充分表明，审判机关在一定程度上可以起到监督和制约监察机关的作用。

四、监察委员会独立行使监察权以及与其他国家机关相互配合的原则

监察委员会独立行使监察权以及与其他国家机关互相配合的原则，是指各级监察委员会是行使国家监察职能的专责机关，肩负着开展廉政建设和反腐工作的重担，必须拥有独立的监察权来保障职权的行使，同时，监察机关在调查过程中，出于实际工作的需要和自身定位的限制，亦需要与其他国家机关之间相互配合以打击职务犯罪行为，实现神圣使命。

（一）独立行使监察权

监察委员会是我国监察体制改革进程中的重大成果，是宪法规定的唯一监察机关，标志着从“党纪委为主导、检察院为保障、政府监察机关为补充，三轨并行、相对独立，分工运作、协作配合”的“三驾马车”模式，到国家监察委员会“一马当先”之转变，主要特征是统一监察、独立监察、异体监察。[①]其与公安机关、检察机关、审判机关彼此分立，相互独立，鼎立而足，不受行

①秦前红，石泽华：《论监察权的独立行使及其外部衔接》，《法治现代化研究》2017年第6期。

政机关、社会团体和个人的干扰，独立行使监察权。

监察机关主要负责人拥有依法批准立案、研究确定调查方案、决定采取何种调查措施和依法作出相应处置结果等权限。显然，这些权限均属于监察系统内部的程序运作，不牵扯也不涉及党或其他国家机关管理的事项和相关权力。以留置措施为例，现行规定与2017年北京发生的“留置首案”中对留置措施的运用规定极为不同，[①]这也从侧面反映出经过对试点地区的探索，肯定了监察机关单独行使监察权限的必要性。实际上，监察机关独立行使监察权有助于加大打击力度，及时遏制腐败行为的蔓延，提高监察机关的工作效率。

（二）与其他国家机关相互配合

监察机关在监察程序中，与其他国家机关的配合主要体现在其与公安机关和检察机关的互相配合方面。

1. 监察机关与公安机关相互配合

诚然，监察法已然赋予了监察机关相应的调查权限，但在与违法犯罪作斗争过程中，需要以高度的专业能力和技术手段作为辅助，以国家强制力作为坚定的后盾。因此，出于工作的现实要求，作为国家专门机关的公安机关有必要予以相应的配合与支持。这一点在监察程序中有多处体现。比如，在监察机关对监察对象采取留置措施时，可以根据工作需要提请公安机关配合，公安机关应当依法予以协助。

2. 监察机关与检察机关相互配合

我国坚持以国家公诉为主，公民自诉为辅的诉讼起诉模式，检察机关是我国法律规定的承担公诉职责的唯一国家机关。在针对公职人员的职务犯罪中，虽然监察机关的职责是打击腐败，但出于现代法治国家中强调权力分立原则的考量，本质上其只负责对涉嫌职务犯罪的公职人员的调查，以便查明腐败事实的相关证据，并不承担追究刑事责任的职能。因此，为了从根本上追究职务犯罪的公职人员的法律责任，达到彻底打击腐败滋生的目的，必然要求监察程序与刑事诉讼程序之间的有序衔接，监察机关与检察机关之间相互配合。

---

①高鑫：《北京“留置首案”释放哪些反腐新动向？》，《京华时报》2017年6月5日，第3版。

监察机关与检察机关之间的相互配合主要体现在以下三方面：首先，在强制措施方面，对于监察机关移送的案件，人民检察院有权依照相关法律规定，对被调查人采取强制措施；其次，在移送起诉方面，监察机关对涉嫌职务犯罪的公职人员，经调查认为犯罪事实清楚，证据确实、充分的，需要制作起诉意见书，连同案卷材料、证据一并移送人民检察院依法审查，认为应当追究刑事责任的，应当作出公诉决定；最后，在补充侦查方面，人民检察院经审查认为需要补充核实的，除了应当退回监察机关补充调查之外，必要时还可以自行补充侦查等。

第三节　监察程序的基本制度

监察程序的基本制度，是监察程序基本原则的具体体现。我国传统法制往往更重视实体内容，相对而言容易忽视程序的功能和设置。传统立法中很少体现有关程序的规定，或者只表现为对相对人提出的程序要求，即要求相对人履行各种手续、提供各种材料的程序，而对于公权力主体在其用权过程中的程序要求则很少规定。对公权力进行程序约束，是更好地体现其行为公开、公平、公正的必要设计。随着现代法治的进一步发展，正当法律程序被提到了前所未有的高度，成为立法制约公权力主体行使权力，防止其恣意妄为、滥用公权、滋生腐败，保障相对人合法权益的基本屏障。因此，《监察法》在监察程序一章中，对监督、调查、处置工作程序作出严格规定。结合监察法有关规定，监察程序的基本制度主要有监察公开制度、公众参与制度、证据审查核实制度、排除干预制度、听取陈述申辩制度、全程同步录音录像制度等。

一、监察公开制度

监察公开是指监察机关将监督、调查、处置工作程序中获取和形成的监察工作信息向社会公开。监察工作信息是指监察机关在行使监察权，调查职务违法犯罪过程中制作或者获取的，以一定形式记录、保存的信息。监察工作信息和政府信息一样，公开的范围不仅局限于办事制度层面，而是扩展到行使职权过程中获取的全部信息。[①]没有任何权力可以不受监督，监察权也不例外。为更好地开展廉政建设和反腐败工作，监察机关应该向建设“阳光政府”看齐，让监察权在阳光下运行，防止和杜绝暗箱操作。监察程序的各个环节都需要充分贯彻监察公开的要求，以保证社会各界对监察权运行的有效监督。为此，有必要对国家监察权力行使的全过程进行充分公开，详尽规定各环节需要向社会公开的内容范围，严格控制涉及国家机密和个人隐私的内容范围，并规定公开的时限和方式。

（一）监察公开的立法规定

《监察法》第五十四条规定：“监察机关应当依法公开监察工作信息。接受民主监督、社会监督、舆论监督。”该条规定强调各级监察委员会应当进一步建立健全监察工作信息发布机制，在主流媒体和主要网站第一时间发布信息，主动公开工作流程，自觉接受人民群众和新闻媒体监督。尤其是对于社会广泛关注、涉及人民群众切身利益的重大案件查办等工作，监察机关要严格执行有关规定，及时将有关情况向社会公开。另外，在监察机关调查、立案过程中，也涉及监察公开的事项。“采取留置措施的应当及时通知被调查人家属和单位”“严重违法或者涉嫌犯罪的应当及时通知被调查人家属并向社会公开发布”，并形成集中定期发布的重大案件通告机制。向社会公开发布，既是监察机关接受社会监督的一种方式，也是加强反腐败斗争宣传、形成持续震慑的一种手段。

（二）监察公开的实践探索

通过检索中华人民共和国国家监察委员会官网中的“信息公开”一栏，可以看到监察工作中信息公开的事项和范围。信息公开的内容主要包括组织机构、工作程序等基本信息，以及会议资料、工作报告等具体信息。监察委员会作为新设立的国家机构，其领导机构、组织机构、工作程序、历史沿革等信息有必要向社会公开，以使社会公众了解该机构的职能权限和办事流程。

在“工作程序”这一部分，主要公开了以下具体程序：第一，纪检监察

---

①章剑生：《政府信息公开》，载应松年主编《当代中国行政法》，中国方正出版社，2005，第1455页。

机关信访举报工作程序，包括受理范围、信访举报渠道和工作流程。第二，纪检监察机关审查调查工作程序，其中包括基本原则、基本要求和工作程序的具体内容。第三，监察机关复审、复核工作程序。第四，纪检机关办理申诉工作的程序。

信息公开工作报告和会议资料，更为具体地体现出监察机关各个阶段的工作要求和内容。监察机关应结合纪检监察合署办公特点，及时发布党风廉政建设和反腐败工作信息，主动回应社会关切，自觉接受社会监督，不断提高信息公开工作水平，保障人民群众对正风反腐的知情权。依据2018年的信息公开工作报告，作为监察委员会前身的监察部的信息公开情况一目了然，主要发布以下内容：中管干部纪律审查消息；违反中央八项规定精神问题月报数据，累计通报全国纪检监察机关查处的违反中央八项规定精神问题；点名道姓通报侵害群众利益的不正之风和腐败问题；集中通报曝光“四风”问题；有关“中央巡视工作”动员部署、进驻、反馈、整改信息；每一年度的收入支出决算情况等。

二、公众参与制度

公众参与，通常又称为公共参与、公民参与，“就是公民试图影响公共政策和公共生活的一切活动”。[①]加强公民参与是我国体制改革的重要组成部分。监察法是处理公权力和公领域问题的法律，监察程序运行过程中应当充分贯彻公众参与制度。

（一）在监察程序中引入公众参与的意义

监察法的立法目的是为了深化国家监察体制改革，加强对所有行使公权力的公职人员的监督，实现国家监察全覆盖，深入开展反腐败工作，推进国家治理体系和治理能力现代化，简言之，即为了促进监察权的有效行使。监察权的实施虽然以行使公权力的公职人员为对象，但公权力的行使与社会公众的切身利益休戚相关，要在充分保障社会公众对正风反腐知情权的基础上，与社会公众形成积极互动，这是监察体制改革的题中应有之义。另外，监察

① 党秀云：《论公共管理中的公民参与》，《中国行政管理》2003年第10期。

权本身就是一种公权力，监察机关的工作人员本身也需要监督。信任不能代替监督，监察委员会在自身权限范围扩大的同时，行使监察权应该更加严格谨慎，否则容易出现包庇、监察力度弱、通风报信等负面效应。公众参与能够最大限度地监督公权力，降低监察机关在监察工作中的信息成本和诸多负面效应，从而不断提高廉政建设和反腐败工作的实效性。

（二）公众参与的途径和方式

监察工作虽然呈现出专业技术依赖性，但不能过度神秘化，必须同时依靠广大群众，必须坚持公众参与的原则，从发现案件线索，到调查取证、审理决定，都必须保证一定程度的公众参与。[①]

1. 公众信访举报发现问题线索

问题线索是开展监察工作的基础。公众通过信访举报使监察机关发现问题线索，并按照规定作出处置，是公众参与的一个重要途径。问题线索的来源主要是群众信访举报、监督或检查发现、有关部门移送、上级机关交办、纪律审查过程中发现等。其中，信访举报为问题线索来源的主渠道。监察机关通过对信访举报信息分析研判，挖掘和揭示出监察对象潜在的、有价值的违纪违规问题依据、方向标或路线图，并按照规定进行处置，信访举报即会转化为问题线索。[②]信访举报途径具体表现为：来信，即通过信件将信访举报材料邮寄到纪检监察机关；来访，即到纪检监察机关设立或指定的接待场所当面反映问题；电话，即拨打纪检监察系统的12388统一举报电话反映问题；网络，就是登录纪检监察机关的举报网站、手机客户端、微信公众号等进行举报，通过检测网络舆情发掘问题线索。

2. 采取“信访举报公开听证”模式

在监察信访举报这一环节引入“公开听证”模式，是公众参与监察工作的一个新途径。部分省份的市级监察委员会结合本地信访举报工作的实际，积极探索建立了这一全新模式，并取得了良好效果。积极推行信访举报公开听证制度，需按照有关规定确定听证员及参会人员范围，严格听证程序，现

① 姜明安：《国家监察法立法的若干问题探讨》，《法学杂志》2017年第3期。

② 陈永凤：《推动信访举报向问题线索转化的困境与出路——基于高校纪检监察机关“三转”视角》，《成都大学学报（社会科学版）》2017第6期。

场阐述案件详细情况。听证会由该市纪委相关人员、人大代表、政协委员、听证员、被反映人等参加，充分履行职责，对调查的问题进行质证。听证现场反映人与被反映人双方进行互动交流，消除误解形成共识，达到息诉罢访目标。针对久拖不决、问题错综复杂的信访，通过举行公开听证会，充分吸纳多方参与，有助于增强信访办理透明度、促进问题有效化解以及提升信访办理质量。[①]另外，通过建立一系列相关配套制度，增强信访举报公开听证制度的实效性。例如，建立信访举报听证联席会议制度，对案情特别复杂、涉及多部门的信访举报问题，通过召开信访举报听证联席会，形成统一解决方案。建立信访举报公开听证旁听、信访终结评议、信访办理结果公示等制度，邀请信访老户及党员干部代表参与旁听，扩大听证社会效果和教育警示作用。

三、证据审查核实制度

监察工作必须以证据作为认定案件事实的依据，以法律作为判断是非曲直的准绳。因此，用以支撑案件事实的证据，在整个监察程序中的重要性自然不言而喻。为了防止出现冤假错案，影响到监察机关的权威性和公信力，必须严把证据关，建立严格的证据审查核实制度。

《监察法》第四十条规定：“监察机关对职务违法和职务犯罪案件，应当进行调查，收集被调查人有无违法犯罪以及情节轻重的证据，查明违法犯罪事实，形成相互印证、完整稳定的证据链。严禁以威胁、引诱、欺骗及其他非法方式收集证据，严禁侮辱、打骂、虐待、体罚或者变相体罚被调查人和涉案人员。”监察机关根据监督、调查结果，依法将案件移送检察机关时，调取的证据也要随案移送，接受司法程序的重重审查。只有事实清楚，证据确凿的监察案件才能成为铁案，真正达到反腐败的监察目的。如果司法机关在司法程序中发现证据没有达到“确实充分”的标准，轻则会退回要求监察机关补充调查，影响惩治腐败的效率；重则会被司法机关作为非法证据予以排除，影响案件的定罪量刑；对于侵害当事人权益、造成严重问题的，还要

---

①《兴化市构建公开听证机制化解疑难复杂信访》，载清风扬帆网，http://www.jssjw.gov.cn/art/2014/8/25/art_863_23396.html，2014 年 8 月 25 日发布，访问日期：2018 年 6 月 15 日。

予以国家赔偿。所以，各级监察机关在监察程序中一定要充分运用法治思维和法治方式，从初步核实问题线索或者立案审查程序开始，就要严格按照法律规定的证据规范和证明标准收集证据，[①]不能等到案件即将进入或已经进入司法程序后，再去解决证据合法性的问题。证据合法扎实是保证反腐败工作依法有效落实的基础性要求。

（一）依法全面收集证据

《监察法》第四十条第一款规定了依法全面收集证据。依法全面收集证据，是指监察机关在调取收集证据阶段，要保证取证活动符合程序要求，调查人员必须严格按照规定程序，收集能够证实被调查人有无违法犯罪以及情节轻重的各种证据。这要求收集证据必须要客观、全面，不能只收集一方面的证据。监察机关调查人员在收集完证据之后，要对证据进行分析研究，鉴别真伪，找出证据与案件事实之间的客观内在联系，形成相互印证、完整稳定的证据链。证据是监察机关认定相关事实的基础，严格审查核实证据，能对监察机关办案进行有效约束。

（二）坚持非法证据排除规则

《监察法》第四十条第二款规定了严禁以非法方式收集证据。严禁以非法方式收集证据，是指严禁刑讯逼供，严禁以威胁、引诱、欺骗及其他非法方式来获取证据。特别是以刑讯逼供、威胁、引诱、欺骗方式，取得的被调查人和涉案人员的口供，是在迫于压力或被欺骗情况下提供的，虚假的可能性非常之大，仅凭此就作为定案根据，极易造成错案。通过思想政治工作让被调查人和涉案人员主动交代，争取从宽处理；对被调查人和涉案人员宣讲党和国家的政策，宣传法律关于如实供述自己罪行可以从轻处罚的规定，不属于强迫犯罪嫌疑人证实自己有罪。

四、排除干预制度

监察机构的相对独立性特征，是我国监察制度发展过程中一以贯之的重

---

①监察机关在收集、固定、审查、运用证据时，应当与刑事审判关于证据的要求和标准相一致。

要传统。[1]现阶段国家立法层面，已正式确立了对所有行使公权力的公职人员监察全覆盖的制度设计。公职人员不同于一般违法犯罪案件的当事人，其掌握着公权力，往往具有较高的社会地位和广泛的人脉关系，在监察机关惩治腐败、调查职务违法犯罪案件过程中，监察对象极可能利用自身广泛的影响力和长期形成的社会关系网干预监察工作的正常进行。为了避免这种不当干预，增强监察实效，保证反腐败工作的权威性，有必要在监察程序中确立排除干预制度。司法实践中已有效落实了"禁止领导干部违规过问司法案件处理"的具体做法，基于此，监察活动也应当在充分借鉴司法机关具体做法的基础上，建立监察活动不受外部干预的保障机制，形成领导干部干预监察活动、插手具体案件处理的记录、通报和责任追究制度。

《监察法》第五十七条第一款对监察人员干预案件的处理制度作出了规定。监察人员在线索处置、日常监督、调查、审理和处置等各环节，有打听案情、过问案件、说情干预等行为的，办理监察事项的监察人员应当按照有关规定及时向组织反映。对于上述情况，监察机关应当全面、如实记录，做到全程留痕，有据可查。对于违法干预案件的监察人员，应当依法给予政务处分；是党员的，要依照《中国共产党纪律处分条例》追究党纪责任。构成犯罪的，还应当依法追究刑事责任。

五、听取陈述申辩、全程同步录音录像制度

为保障被监察对象的合法权益，实现全过程管控与监督，使监察工作得以合法公正进行，应当贯彻落实听取陈述申辩制度和全程同步录音录像制度。

（一）听取陈述申辩制度

陈述和申辩权是当事人享有的基本权利，不能被克减和剥夺。陈述申辩权的实现程度，对于监察对象的基本权利保护至关重要，是监察工作是否合法正当的重要体现。为此，有必要在留置、重大处分等重要决定作出之前，设置法定的听取监察对象陈述和申辩的环节，以保证监察工作的公正进行。

---

① 朱福惠：《国家监察体制之宪法史观察——兼论监察委员会制度的时代特征》，《武汉大学学报》2017年第3期。

对于违法违纪嫌疑人，即使监察机关对其违法违纪事实已经充分掌握，也必须听取他们的陈述申辩。这不仅是保证办案质量的要求，也是保障当事人人权的法治要求。

（二）全程同步录音录像制度

为防止刑讯逼供，保障监察对象人权不受侵犯，有必要在监察程序中确立全程同步录音录像制度，每次讯问被监察人时，均应当按照审、录分离原则，对讯问全过程实施不间断的录音、录像。《监察法》第四十一条第二款规定了重要取证工作应当全程录音录像。调查人员进行讯问以及搜查、查封、扣押等重要取证工作，应当全程录音录像，目的在于留存备查，从而更好规范重要取证工作，充分保护被调查人员的权益。录音录像应当符合全程性要求，如果不能保证全程录音录像，录制设备的开启和关闭时间完全由调查人员自由掌握，则难以发挥证明取证工作合法性的作用。

除却监察公开、公众参与、证据审查核实、排除干预、听取陈述申辩、全程同步录音录音等基本制度，回避制度在监察活动中同样具有重要的价值。回避制度源于正当程序原则，可以有效避免监察处置有失偏颇问题，保证监察工作的公正性、合理性和正确性。

第四节　监察处置

一、监察处置概述

（一）监察处置的概念

监察处置是监察机关依据监察法规定的程序，根据监督、调查结果，依法对监察对象作出政务处分、问责、移送起诉、撤销案件、对有职务违法行为但情节较轻的监察对象作出不予处分决定、对监察对象所在单位提出监察建议的一种法定监察程序。监察处置作为监察机关的三大职责之一，是监察程序中不可缺少的一项程序。监察处置作为监察程序中一项最终处理方式，是与刑事诉讼制度相衔接的关键环节。例如，移送审查起诉就是有管辖权或者接受指定管辖的监察机关，把一些符合法定条件的案件移送到检察院，对于符合起诉条件的，由检察院提起公诉，不符合起诉条件的退回监察机关补充调查。

1. 监察处置的主体

监察处置的主体是监察机关，监察机关可按照自身管理权限，按照法定程序对监察对象进行处置，也可以委托相关机关、人员，对监察对象作出相应的处置。受委托的机关不因为接受监察机关的委托成为监察机关。目前我国设置了四级监察机构，这四级监察机构都是监察处置的主体。对于不设置监察机构的行政区域，可采取设置监察专员、派驻监察机构的形式开展监察工作，进行腐败治理。监察处置的主体在进行监察处置工作中，依照法律的规定独立行使职能，不受行政机关、社会团体和个人的干涉。具体作出监察处置时，监察机关要和其他机关之间相互配合、互相制约。

2. 监察处置的对象

监察处置的对象是违反法律的所有公职人员及关联犯罪人员，这里的法律不仅仅局限于监察法。监察处置的对象包括职务违法的公职人员，对不履行或不正确履行职责负有责任的领导人员，涉嫌职务犯罪的公职人员，涉嫌关联犯罪的人员。其中，对不履行或不正确履行职责负有责任的领导人员的行为，有些是职务违法行为，有些则是职务犯罪行为，应该仔细甄别。对待职务违法公职人员和职务犯罪的公职人员，监察处置权的行使也有所差别，不能一概而论。

3. 监察处置的性质

监察机关的处置权更偏程序性质，而非实体性质，[①] 是与监督权和调查权位阶平行的一种程序性权力，具有程序性权力的特点。监察处置权与检察权衔接，监察机关依照法定的程序移送案件到检察机关，对于需要提起公诉的案件，由监察机关提起公诉。鉴于处置权为程序性权力而非实体性权力，其具备一般程序性权力的一些特点。虽然处置权可以作出警告、记过、记大过、降级、免职、开除公职等处分，但是这些是针对违反党纪和行政纪律的一些纪律处分。处置权并非违法犯罪最终判定权，[②] 不能认定公职人员犯罪。监察

① 周佑勇：《监察委员会权力配置的模式选择与边界》，《政治与法律》2017 年第 11 期。

② 江国华，彭超：《国家监察立法的六个基本问题》，《江汉论坛》2017 年第 2 期。

机关需要把涉嫌犯罪的案件移送检察机关提起公诉，公职人员是否构成犯罪，由司法机关经过审判程序作出认定。当然，处置权具备独有特点，例如可以提出监察建议、问责等。

（二）监察处置的特征

监察处置作为一项程序性权力，本身没有对违法犯罪的最终判定权。处置权主要有以下几个方面特征：

第一，从处置权的对象上来看，监察处置针对的对象范围广，所有行使公权力的公职人员，均属于监察处置对象范围。行政监察法只对国家行政机关及其公务员和国家行政机关任命的其他人员的行为实施监察，而党的纪律检查委员会不能监督没有党员身份的公职人员。相较之下，监察处置对象的涵盖面更为广泛。

第二，从处置权的方式上来看，处置权有违法违纪处分，也有移送检察机关追究其刑事责任的程序性处分，但不包括直接对被告人定罪量刑的权力。[①]处置方式多种多样，牵涉到定罪量刑时监察权、检察权和审判权之间的相互配合和相互制约。只要存在违法违纪，涉嫌职务犯罪，无论是公职人员，还是负有责任的领导人员，抑或是公职人员所在单位，都有相应的处置方式。

第三，从处置权的性质上来看，监察权从行政权中剥离，是与行政权、司法权并列的国家权力，是一项全新的独立的国家权力。[②]处置权作为监察权的基本组成，独立于行政权和司法权之外，是一项程序性权力。监察权和司法权是位阶相等的权力，监察机关对涉嫌职务犯罪的行为不具有刑事处罚权，对涉嫌贪腐的违法案件也不具有行政处分权。[③]行政处分权和监察处置权是两项不同的权力，如果二者混淆行使，会导致权力类型重复，既会影响中国反腐败工作，更与现代法治理念严重不符，不利于中国法治事业的发展。

---

①汪海燕：《监察制度与〈刑事诉讼法〉的衔接》，《政法论坛》2017年第6期。

②陈光中，邵俊：《我国监察体制改革若干问题思考》，《中国法学》2017年第4期。

③周佑勇：《监察委员会权力配置的模式选择与边界》，《政治与法律》2017年第11期。

二、监察处置权与检察机关权力之间的衔接

《监察法》第四十五条第四款规定了监察机关移送审查起诉的标准，第四十七条规定了检察机关如何处理监察机关移送起诉的案件。检察机关收到监察机关移送的案件，经过审查作出相应的处理决定，体现了检察机关和监察机关之间在办理职务犯罪案件中的制约、配合和监督关系。

（一）检察机关对被调查人依法采取强制措施

监察机关和检察机关之间在工作程序上需要互相配合，做好工作衔接。监察机关依照法定程序，把案件移送检察机关，检察机关在提起公诉前需依照《刑事诉讼法》规定，对被调查人采取强制措施，如监视居住、拘留、逮捕等。对于采取留置措施的案件，检察机关要在审查之后，作出类似监视居住、逮捕、拘留等强制措施，用以承接监察机关的留置措施。对于未采取留置措施的案件，检察机关要按照《刑事诉讼法》规定，进一步决定是否对涉嫌职务犯罪的公职人员采取强制措施以及采取何种强制措施。

（二）检察机关依法作出起诉决定

对于监察机关移送到检察机关的案件，检察机关依照法律规定进行审查。作出起诉决定，需要满足三个条件：第一，犯罪事实已经查清。犯罪事实是指职务犯罪的主要事实，对主要事实已经查清。对于一些涉嫌两个以上犯罪的被调查人，可以对其中已经查清案件事实的犯罪提起公诉。第二，案件证据确实、充分。即证明案件事实的证据真实可靠，取得的证据足以证实调查认定的犯罪事实和情节，具体应依据《刑事诉讼法》第五十三条第二款的规定进行判断，即定罪量刑的事实都有证据证明；据以定案的证据均经法定程序查证属实；综合全案证据，对所认定事实已排除合理怀疑。第三，依法应当追究刑事责任。依据《刑事诉讼法》第十五条规定，不存在法定不起诉、酌定不起诉、存疑不起诉的情形。依照《刑法》规定，被调查人应当是有刑事责任能力的公职人员。

（三）检察机关退回补充调查或自行补充侦查

对于监察机关移送的案件，检察机关经过审查，认为案件达不到提起公

诉的三个法定条件，犯罪事实查证不清，证据不足，应当退回监察机关补充调查，必要时检察机关可以自行补充侦查。根据《监察法》规定，在犯罪事实不清、证据不足的情况下，检察机关应当退回监察机关补充侦查，而不是可以退回或者可以不退回。因此对于需要补充证据的监察案件，首先应当退回由监察机关补充调查，只有在确有必要时才由检察机关补充侦查，二者之间存在次序要求。监察机关补充调查应当在一个月内完毕，且以两次为限。

（四）检察机关依法对案件作出不起诉决定

检察机关有权依照《刑事诉讼法》的规定，审查监察机关移送的案件是否符合法定起诉的条件。检察机关经审查，认为监察机关移送的案件有《刑事诉讼法》规定的不起诉情形时，经过上一级检察机关的批准，依法作出不起诉的决定。对于检察机关依法作出不起诉决定的案件，监察机关如果认为不起诉决定确有错误，可以向上一级检察机关提请复议。这体现了检察机关对监察机关的监督制约，有利于检察机关和监察机关之间的权力平衡与制约，避免权力滥用现象。

三、监察处置的方式

（一）关于人身权益的监察处置

《监察法》第四十五条规定了监察机关可以对有职务违法行为和职务犯罪行为的公职人员，负有责任的领导人员，以及公职人员所在单位作出相应处置。以法律的形式把具体处置方式固定下来，既能保证监察机关规范行使处置权，也可以有效保障监察机关在职权范围内办理案件。

处置方式之谈话提醒、批评教育、责令监察、诫勉：对于虽有职务违法行为但是情节较轻的公职人员的处置，监察机关在调查之后，根据调查结果可以对这类公职人员采用谈话提醒、批评教育、责令检查、诫勉等相对较轻的处置方式。上述四种方式可以单独使用，也可以依据规定合并使用，充分体现了违法或犯罪行为与处罚相当原则以及教育与惩戒相结合原则。对公职人员进行谈话提醒和批评教育的主体既可以是监察机关，也可以是监察机关委托的有关机关和人员。被责令检查的公职人员应当作出书面检查并进行整改，整改情况在一定范围内通报。诫勉由监察机关以谈话或者书面方式进行。

以谈话方式进行的，应制作记录。

处置方式之政务处分：对有职务违法的公职人员，监察机关依据调查结果，按照法定的程序对职务违法的公职人员作出政务处分。政务处分的类型包括警告、记过、记大过、降级、撤职、开除。监察机关应在作出政务处分决定书后一个月内，送达被处分人和被处分人所在机关、单位，并履行宣布和书面告知程序。政务处分决定自作出之日起生效，需在作出之日起一个月以内执行完毕，特殊情况下经监察机关批准可以适当延长办理期限，最迟不得超过六个月。处分决定执行情况需向监察机关报告。政务处分措施对职务违法公职人员的利益影响较大，必须遵循过罚相当原则，与职务违法行为本身和情节相适应。

处置方式之问责：问责决定的对象，是对不履行或不正当履行职责负有责任的领导人员。对于监察机关没有权限作出问责决定的领导人员，可以向有权作出问责决定的机关提出问责建议。问责的实施，可以有效督促领导人员把握全局，积极督促公职人员依法履职，加强单位廉政教育，起到源头预防的效果。

处置方式之移送起诉：对涉嫌职务犯罪的公职人员，监察机关经过调查认为犯罪事实清楚，证据确实、充分的，制作起诉意见书，连同案卷材料、证据一并移送监察机关依法审查、提起公诉。对于监察机关移送到检察机关的案件，检察机关经审查对于符合提起公诉条件的案件提起公诉，对于不符合提起公诉条件的案件可以退回补充侦查。

处置方式之提出监察建议：监察机关依据监督、调查的结果，对监察对象所在单位在廉政建设和履行职责中存在的问题，可以提出监察建议。监察建议书一般包括监督调查情况，调查中发现的主要问题及其产生的原因，整改建议、要求和期限，向监察机关反馈整改情况的要求。针对监察建议，监察对象所在单位除了有正当理由外，必须履行监察建议所提意见，否则需承担责任。

处置方式之撤销案件：经过监察机关的调查，对于没有证据证明被调查人存在违法犯罪行为的，监察机关应当撤销案件。省级以下监察机关撤销案件后，应当在七个工作日内向上一级监察机关报送备案报告。为了消除对被调查人带来的负面影响，监察机关应当及时将撤销决定及原因告知被调查人所在单位。对于已经采取留置措施的，监察机关应及时报告批准留置的监察机关，及时解除留置，保障被调查人的合法权益。

（二）关于财产权益的监察处置

监察机关经过调查，对不属于违法所得的财物及孳息，应当及时予以返还，并办理签收手续；对不属于犯罪所得但属于违法取得的财物及孳息，依法予以没收、追缴或者责令退赔，并出具有关法律文书。对违法取得的财物及孳息决定追缴或者责令退赔的，可以要求公安、自然资源、住房城乡建设、市场监管、金融监管等部门以及银行等机构、单位予以协助。追缴涉案财物以追缴原物为原则，原物已经转化为其他财物的，应追缴转化后的财物；涉案财物无法找到、被他人善意取得、价值灭失减损或者与其他合法财产混合且不可分割的，可以依法追缴、没收其他等值财产。追缴或者责令退赔应自处置决定作出之日起一个月以内执行完毕。对于涉嫌贪污贿赂、失职渎职等职务犯罪的被调查人，在逃匿而且通缉一年后仍不能到案的情况或者被调查人死亡的情况，监察机关可以提请检察机关依据法定的程序，向人民法院提出没收违法所得的申请。

第五节　监察救济

一、监察救济概述

（一）监察救济的概念

1. 救济

根据《现代汉语词典》的解释，救济是指“用金钱或物质帮助生活困难的人”。[①]按照一般理解，救济就是一种金钱或物质帮助，使在生活上遭遇困难，如面临地震、洪水等自然遭害的人，可以通过获得物质支持摆脱困境，尽早恢复正常生活。但是，法律意义上的救济含义有所不同，按照《牛津法律大辞典》的解释，救济是指“对已发生或业已导致伤害、危害、损失或损

---

① 中国社会科学语言研究所词典编辑室：《现代汉语词典》，商务印书馆，1973，第 542 页。

害的不当行为而进行的纠正、矫正或改正，形式多样。”[①] 由此可见，法律意义上的救济，指的是一种通过国家有权机关，纠正不当行为所造成的侵害的法律制度。监察救济属于典型的法律救济。

2. 监察救济

监察救济是监察制度的重要组成部分，对于保障监察对象合法权益、纠正不当甚至违法监察行为具有重要意义。广义上来说，监察救济是指对任何侵犯或者可能侵犯监察对象权利和利益的行为所实施的救济。监察救济贯穿于监察运行的全过程，从最初的立案调查中引入律师参与制度，到对作出处置措施不服提起复审复核，再到移送提起公诉阶段检察机关实质审查、法院审判阶段保证依法、独立、公正作出裁判并保障监察对象的上诉权，都存在着权益救济。监察救济的途径，既包括监察机关内部救济，也包括司法、立法以及信访等外部救济。狭义上的监察救济，仅指监察机关内部救济，是指在监察调查、处置阶段中，监察对象的权益受到或可能受到侵害或者得不到保障时，采取的各种补救手段的总和。因此，监察救济是针对监察权力运用的一种消极后果的法律补救，目的在于使受损害的公民权利得到恢复，利益得到补救。

知识链接

救济的形式

按照《牛津法律大辞典》，救济的形式多种多样，主要有以下三种：宽厚仁慈的行为，如撤回权利要求；政治救济方法，如向下议院议员或其他政治机关提出申诉；必须依法律规则所获得救济的方法，即法律救济方法。

法律救济方法又可以分为行政、民事和刑事救济方法。行政救济的途径主要有两种：一是向更高级的行政官员或大臣申诉；二是向特殊的行政机关或法庭、仲裁庭提出申诉。民事救济主要依靠民事诉讼，或者在可能的情况下通过当事人磋商而获得，还可通过以要提起诉讼的方式

①［英］沃克：《牛津法律大辞典》，李双元等译，法律出版社，2003，第 957 页。

对他方威胁而实现救济。刑事诉讼中，鉴于要强制实施国家的社会政策，受害人一般不具有直接获得救济的权利，而是通过间接的方式获得救济。在法律救济制度中，向更高级的法院或机关上诉，也是一种救济方法。

（二）监察救济的性质

1. 权利性

“有权利就有救济”“有权利而无救济，即非权利”。监察救济表现在法律上是一种制度，但对于当事人而言则是一项权利，即救济权。首先，监察救济权是一种法定性权利。监察对象在接受监督、调查、处置过程中，理所当然享有人身权、财产权不受侵害的权利，这既是我国宪法的要求，也是推进法治社会的应有之义。其次，监察救济权是一种保障性权利。监察救济权的主要目的就是防止监察权不当或违法运行，对监察对象的权益造成损害，从而更好保障公民人身性和财产性权利。再次，监察救济权是一种弥补性权利。“救济是一种纠正或减轻性质的权利，这种权利在可能的范围内会矫正由法律关系中他方当事人违反义务行为所造成的不利后果。”[①] 监察救济是针对监察权力运用的一种消极后果的法律补救，旨在通过制止、纠正或矫正监察侵权行为，使受损害的公民权利得到恢复、利益得到补救。最后，监察救济权是实体权利和程序权利的统一。提到救济，人们通常会将其与程序相联系，认为它是一种程序性权利，但是这并不准确，“因为救济权利的发生是因为违反义务或对第一类权利的侵犯，与第一类权利一样都是法律上的权利。”[②] 尽管获得救济的步骤和方式是属于程序法的，但要求损害赔偿、恢复权利原状等权利，都是实体法上的权利。因此，监察救济权既具备程序性又具有实体性，是二者的统一。

2. 法定性

现代社会禁止私力救济，对权利的救济需依靠公权力进行，即首先通过

①［英］沃克：《牛津法律大辞典》，李双元等译，法律出版社，2003，第 958 页。

②［英］沃克：《牛津法律大辞典》，李双元等译，法律出版社，2003，第 957 页。

立法明确规定并进而形成制度，才能实现权利救济。监察救济是针对监察权运行所产生的消极后果所进行的一种法律救济，是由法律所确定和规范的救济。对于可以实现权利补救但法律并没有规定的救济方式，不属于监察救济，如通过新闻媒体报道、利用自媒体渠道求助、通过游行示威等方式。法律明确规定了监察救济的范围、主体、渠道、方式、程序等，监察对象需严格遵循法律要求依法行使救济权利。

3. 监督性

权利与义务是对等的，有权利就会有对应的义务。监察领域内，监察救济对于监察对象而言是一种权利，对于监察主体而言就是一种正确行使监察权力并自觉接受监督的义务。监察对象发动救济程序，要求保障权益，必然会涉及对已经实施的相关监察行为进行重新审查、评估，判断监察权的行使是否合法合理，对监察人员实现事后监督。因此，监察救济必然具有监督性。

4. 事后性

无侵权损害就无救济。事后性是指权利只能在权利方的合法权益受到侵害时才能实现，而不能主动、积极地去行使权利，这是由救济权的本质所决定的。监察救济是为了弥补不当或违法监察行为所造成的不利后果，而赋予公民的一项权利。救济程序往往发生在权利遭到侵害后，同时，有权机关对被指监察行为的调查、审核行为以及权利方依据监察救济所获的的弥补，也是在事后进行的。因而，监察救济具备事后性。监察救济的启动途径只能是依照申请而进行，没有救济请求，就没有救济程序。

5. 从属性

“救济权是‘原权’的对称，又称为‘第二权’，指在原权受侵害时所产生的权利，如恢复原状请求权。”[①] 目前，许多国家的法学理论都将救济权作为与“原权”相对的第二权。监察救济权在权利上属于第二性权利，与“原权”相对，在公职人员的人身权、财产权等第一性权利受到监察权侵害或可能受到侵害后才能启动。从这个意义上说，监察救济权是一种从权利，具有从属性。虽然是第二权利，但监察救济权与其他权利一样重要。公民救济权范围的大小、救济权的实现程度，是衡量一国救济制度是否完善、公民权利是否充分保障的重要标志。

---

① 张光博：《简明法学大词典》，吉林出版社，1991，第1524页。

6. 综合性

监察救济是国家为排除监察行为对公民合法权益的侵害，而采取的各种事后补救手段的总和。监察救济是基于权利方的请求和通过法定途径与程序而进行的，它不是对某一种救济途径或方法的概括，而是由一系列制度构成，如救济程序、救济手段。另外，它既是程序性权利，也是实体性权利，是一种复合式权利。

（三）监察救济的功能

1. 保护监察对象的合法权益

救济的本质在于对权利的保障。在全国上下致力于推动监察体制改革的进程中，忌重权力配置、轻权利保障，是构建监察体制的基本导向之一。就现行立法框架而言，监察对象权利的行使会在多方面受到影响，而监察救济的首要功能便是赋予监察对象救济权，实现其合法权益在受到不当或违法监察行为侵害时可以获得及时的补救，最大程度实现权利的恢复，弥补监察对象的损失，从而达到保障监察对象合法权益的目的。

2. 监督监察权的规范运行

任何公权力都有滥用的可能性。监察救济建立在保护监察对象合法权益的基础之上，使监察对象可以在权益受到侵害时，通过法定的途径与程序提起救济、控告违法监察行为。监察救济表面是权利救济的实现方式，更深层次则涉及对监察机关及其工作人员行使监察权情况的监督，使其置于监督之中。同时，监察救济通过对个案审查的形式，调动了广大群众的积极性，使其参与到对监察机关的监督活动中来，进一步加强了对监察权运行的监督力度。

3. 促进监察法治建设

为监察对象提供相应的监察救济途径，既有助于避免或减少监察机关滥用职权对监察对象所造成的权利侵害，也有利于督促监察机关严格按照法定权限、法定程序和科学方法开展职务违法和职务犯罪调查工作。监察救济的核心目的是保障监察对象的合法权益，但从整体意义上来讲，也是为了加强对监察机关的外部监督，促进监察权行使的规范性和合法性。因此，监察救济还应承担起监察法治建设的功能。监察对象的权利救济属于监察法治建设的重要组成部分，只有为监察对象提供法定化、多样化的救济途径，其合法权益才有可能得到保障，监察法治建设的任务才能顺利完成。

二、监察救济的理论基础

（一）监察救济权是监察对象的基本权利

监察救济表现在法律上是一种制度，对于监察机关及其人员是一种义务，但对于当事人而言则是一项权利，即救济权，即监察对象认为监察行为侵犯了其合法权益时所享有的，请求救济机关实现权利救济的权利。监察救济不仅能够纠正错误、不当的监察行为，促使监察人员正确、合理、高效行使监察权，实现监督公职人员的立法目的，更是监察对象对监察权膨胀、强势以及滥用的对抗武器，以保护自己的合法权益。因此，监察救济权是监察对象享有的基本权利。

首先，权利的性质决定应对其予以救济。权利一般存在三种状态：一是权利赋予，是一种资格和可能性，表现为静态性；二是权利实现，将静态的权利通过一定的行为予以实现，是一种动态性过程；三是权利受阻（受损），即权利的拥有和实现受到妨碍，权利的完整性受到破坏，典型表现有侵害、剥夺。权利本身不具有强制性，不能直接制止侵害行为，也不能自行修复，只能请求有权机关实施救济。[①]

其次，监察权的特性决定须对其予以救济。作为一种国家权力，监察权是一种较为强势的综合性权力，具备国家强制性、执行性、扩张性以及侵权性等特征。它具有硬币效益，既有监督公权力行使、维护社会公益的积极作用，同时又存在侵害公民权益的负面效应。这种双面效应决定了必须对监察权进行规范、控制以及救济，否则就可能出现处于较强势一方的监察机关，侵害监察对象权益的现实可能性。

最后，我国宪法的基本精神要求须对其予以救济。宪法不仅明确将监察机关列为国家机关之一，确立了监察机关的宪法地位，同时也确立了我国公民享有广泛的权利，比如人身自由、私人财产不受侵犯，受教育权、通信自由权等，并且为了保障这些基本权利的实现，还赋予了公民救济权。例如，对国家机关及其工作人员违法失职行为的申诉、控告、检举权，获得国家赔偿的权利。面对监察机关的违法行为侵害自身权益时，监察对象当然有权获

---

① 林莉红：《中国行政救济理论与实务》，武汉大学出版社，2000，第 8 页。

得救济，这符合我国宪法精神，也是我国宪法的应有之义。

（二）监察救济是法治社会的基本要求

法治社会的基本要求是，社会生活的基本方面和主要的社会关系均应纳入法律（制度及程序）的框架，接受法律的治理。具体而言，国家的所有权力来源于法律，要依法行使；公民在法律面前一律平等，只要行为未侵犯他人和国家、社会的利益，法无禁止即自由；公民的权利、自由和利益未经正当的法律程序、没有充足的理由不能随意剥夺，一切非法侵害都能得到救济与补偿。[①] 打造法治社会，推动依法治国，要求所有公权力都应在制度的笼子里运行。

国家监察体制改革背景下，打造高效反腐败体制与依法治国应是相辅相成的关系，必须在法治的轨道内运行。根据现代法治理论，依法行使监察权是其核心要求，不仅要求监察权的确立与行使须有宪法和法律的依据，谨遵“重大改革于法有据”的基本要求，而且要求监察主体行使职权时以不损害监察对象合法权益为前提，如果造成合法权益受损，必须进行公正、合理、及时的救济。

（三）监察救济是人权保障的基本要求

人权是人之作为人所应享有的权利，是一种最低限度的权利以及道德标准。它首先强调应赋予个人最基本的权利，进而要求要避免此部分权利遭到侵害，并且在权利受到侵害后给予及时、公正的救济。如果公民受损的权利不能获得补偿，则所谓尊重和保障人权只是停留在法律文本中的泡影，公民的权利会被肆意践踏，立法的规定形同虚设。

权利需要保障，倘若没有相应保障机制，所谓公民权利只是一纸空文。人权的保障方式概括来说有人权宣告机制、公权力制衡机制、人权障碍的排除机制以及人权的司法救济机制。监察权作为强大的国家公权力，既然有侵害公民权利的可能性，出于保障人权的需要，理所当然需要借助人权保障机制之一的救济机制。

---

① 毕可志：《论行政救济》，北京大学出版社，2005，第 53 页。

三、监察救济的途径和程序

监察救济的主要目的在于使受损害的监察对象合法权益得到及时补救，因此必须明确监察对象的权益受损时，该通过哪些途径、何种程序才能获得救济。从监察委员会的性质来看，它是“集党纪监督、行政监督与法律监督于一体的综合性、混合性与独立性的机关，既不同于党的机关，也不同于行政机关或者司法机关，其职权具有综合性与混合性”，[①]那么，作为监察对象，其在接受监察过程中，必然会受到多重性质的监察措施，针对不同的监察措施，所拥有的具体救济途径以及程序也自不相同。

（一）监察救济的途径

救济的途径，就是指公民在自身合法权益受到侵害时，所能获得的法律上规定的救济渠道和途径，一般可以分为内部救济途径与外部救济途径。对于监察救济而言，监察对象主要通过复审、复核等内部救济途径维护自身权益。所谓内部救济途径，是指监察对象在其合法权益受到监察机关及其工作人员侵害时，由监察机关实施的救济，是最为主要的救济途径，具体包括以下几种：

1. 复审

复审是指监察对象本人对监察机关作出的处理决定不服时，向监察机关提出的对原决定进行重新审查的申请。复审的主要目的是赋予监察对象对处理决定不服时的救济途径，保障其合法权益，并督促监察机关秉公用权、尽责履职。

2. 复核

复核是指监察对象对复审决定不服，向作出复审决定的监察机关的上一级监察机关申请复核，请求对原复审决定重新审查核实并作出新的复核决定。复核只有在监察对象提出复审申请并对复审决定不服时方能提起。

3. 申诉

申诉是指被调查人及其近亲属，认为监察机关及其工作人员的调查行为

---

① 韩大元：《论国家监察体制改革中的若干宪法问题》，《法学评论》2017年第3期。

不符合法定程序、侵犯其人身或财产等合法权益时，向监察机关提起申诉，请求纠正不当或违法监察行为，弥补损失。申诉是宪法规定的公民的基本权利，主要目的是规范监察行为、督促监察机关及其工作人员依法进行调查，保障被调查者在调查阶段中的合法权益。

有三个问题需格外注意：一是上一级监察机关的复核决定和国家监察委员会的复审、复核决定为最终决定；二是复审、复核期间，不停止原处理决定的执行。复审、复核机关经审查认定处理决定有错误或者不当的，应当依法撤销、变更原处理决定，或者责令原处理机关及时予以纠正。复审、复核机关经审查认定处理决定事实清楚、适用法律正确的，应当予以维持。三是坚持复审复核与调查审理分离，原案调查、审理人员不得参与复审复核。

知识链接

监察外部救济途径

所谓外部救济途径，就是由监察机关以外的机关，为权益受损的监察对象提供法律救济。最典型如公民基于宪法规定而享有的申诉权、控告权、检举权等基本权利。这种途径同样是权利救济实现的重要方式。

（二）监察救济的程序

监察救济的程序，就是监察对象必须依照法律规定的方式、在规定的时间内向有权机关提起救济请求，监察机关也必须依法受理申请、进行审查，并在法定时限内作出决定。不论是监察机关还是监察对象，都不能随意启动监察救济程序。

1. 复审程序

对原处理决定不服提起复审程序，申请人只能是监察对象本人，申请对象是与本人相关的监察处理决定，复审机关是原处理决定作出机关，申请时限是监察对象收到处理决定之日起一个月内，复审期限是自复审机关收到复审申请之日起一个月内。

2. 复核程序

对复审决定依旧不服，可以提起复核程序，申请人仅限于监察对象本人，申请对象是针对原处理决定作出的复审决定，复核机关是作出复审决定机关的上一级监察机关，申请时限是自收到复审决定之日起一个月内，复核时限是自上一级监察机关收到复核申请之日起二个月内。需要特别注意的是，复审是复核的前置程序，未经复审的，不能提出复核申请。

3. 申诉程序

不同于复审复核，申诉是宪法赋予公民的基本权利，主要是针对调查行为而赋予的被调查者的救济权利。为了更好保障被调查人人身、财产权益，申请人扩大到被调查人本人及其近亲属，近亲属包括被调查人的配偶、父母、子女和同胞兄弟姊妹。可以申诉的违法行为主要有五种：①留置法定期限届满，不予以解除的；②查封、扣押、冻结与案件无关的财物的；③应当解除查封、扣押、冻结措施而不解除的；④贪污、挪用、私分、调换以及违反规定使用查封、扣押、冻结的财物的；⑤其他违反法律法规、侵害被调查人合法权益的行为。受理申诉的监察机关应当按照程序对申诉进行处理：①原监察机关处理。被调查人及其近亲属若向作出上述违法行为的监察机关申诉，原监察机关应当在受理申诉之日起一个月内作出处理决定。②上一级监察机关处理。由于上下级监察机关之间是领导关系，若申诉人对受理申诉的监察机关作出的处理决定不服的，可以在收到处理决定之日起一个月内向上一级监察机关申请复查，上一级监察机关应当在收到复查申请之日起二个月内作出处理决定，情况属实的，予以纠正。

思考题

1. 监察程序具有哪些特征？
2. 留置程序为何与其他监察措施所遵循程序不同？
3. 在问题线索的管理和处置中，如何体现监察公开和公众参与制度？
4. 公务员可否对监察机关作出的政务处分提起行政诉讼？

推荐阅读文献

1. 陈辉：《监察程序审批机制的双重属性、制度功能及优化路径》，《华中科技大学学报（社会科学版）》2021 年第 5 期。

2. 程衍:《纪、监程序分离之提倡》,《华东政法大学学报》2021 年第 3 期。

3. 虞浔:《职务犯罪案件中监检衔接的主要障碍及其疏解》,《政治与法律》2021 年第 3 期。

4. 王可利，刘旺洪:《论监察委员会监察信息公开立法模式的建构》,《江苏行政学院学报》2021 年第 4 期。

5. 高小芳，张炜达:《职务犯罪监察程序与司法程序衔接转换标志研究》,《西部法学评论》2021 年第 4 期。

6. 韩旭:《监察委员会办理职务犯罪案件程序问题研究——以 768 份裁判文书为例》,《浙江工商大学学报》2020 年第 4 期。

7. 王昭华，江国华:《法理与逻辑：职务违法监察对象权利救济的司法路径》,《学术论坛》2020 年第 2 期。

8. 程雷:《刑事诉讼法与监察法的衔接难题与破解之道》,《中国法学》2019 年第 2 期。

9. 董坤:《法规范视野下监察与司法程序衔接机制——以〈刑事诉讼法〉第 170 条切入》,《国家检察官学院学报》2019 年第 6 期。

10. 谢小剑:《监察调查与刑事诉讼程序衔接的法教义学分析》,《法学》2019 年第 6 期。

11. 陈卫东:《职务犯罪监察调查程序若干问题研究》,《政治与法律》2018 年第 1 期。

12. 周长军:《监察委员会调查职务犯罪的程序构造研究》,《法治前沿》2018 年第 2 期。

13. 秦钱红，石泽华:《论监察权的独立行使及其外部衔接》,《法治现代化研究》2017 年第 6 期。

14. 张建伟:《法律正当程序视野下的新监察制度》,《环球法律评论》2017 年第 2 期。

15. 卞建林:《监察机关办案程序初探》,《法律科学（西北政法大学学报）》2017 年第 6 期。

第七章　反腐败国际合作

学习目标　通过本章的学习，学生可以掌握以下内容：1. 反腐败国际合作的背景与原则；2. 反腐败国际合作的领域与方式；3. 反腐败国际合作的工作职责、领导体制与工作机制；4. 反腐败国际合作的法律框架。

关键概念　反腐败；国际合作；基本原则；合作领域；合作方式

腐败现象古已有之，在各国普遍存在，只是程度不同而已。随着经济全球化的发展，国家间的交流更为频繁，为腐败分子通过各种手段转移犯罪所得、在不同国家间逃窜以逃避追捕创造了条件。要想遏制这一现象，离不开国家间的反腐败国际合作，为此，部分国家缔结了包括《联合国反腐败公约》（以下简称《公约》）等一系列条约，确立了反腐败国际合作的基本原则。目前反腐败国际合作主要针对贪污贿赂、洗钱、非法贸易等领域展开，各国采用情报交换、对口磋商、引渡、司法协助、资产返还、移管被判刑人等方式，实现对犯罪分子的追捕和违法犯罪所得的追缴。当前我国在反腐败国际合作方面仍面临一些障碍，需要我们凝聚共识，健全相关法律法规，完善我国的反腐败国际合作机制。

第一节　反腐败国际合作的背景与原则

一、反腐败国际合作的提出背景

（一）反腐败是世界性难题

腐败是世界毒瘤，反腐败是世界性难题。回望历史，自国家产生以来，就有腐败现象出现，所有国家概莫能外。反观当下，几乎没有一个国家能够实现绝对的廉洁，只是腐败的程度不同而已。在全球化背景下，腐败出现了跨国蔓延的现象，其遏制和惩处也迫切需要国家之间开展国际合作。正如剑桥大学政治和国际研究系教授马丁·雅克所言："现在个人从腐败中获取的经济利益比以往要大得多。在我看来，正是这一点使腐败问题变得非常棘手，解决这个问题则更加困难。英国社会同样有这个问题。各种形式的腐败的回报比以前大得多，这不仅是因为国民经济的繁荣，也有全球化的因素。全球化不仅使腐败能够获取国家资源，而且能够获取全球资源。"① 对此，我国承担反腐败职责的中共中央纪律检查委员会在谈及反腐败国际合作时深刻指出："在当今这个全球化时代，反腐败已经成为世界各国面临的共同难题，谁也不可能关起门来搞反腐，必须共同应对挑战，加强反腐败国际合作。"② 总而言之，反腐败这项世界性难题的解决必须依赖国际合作。

（二）反腐败形势的复杂化

1. 主体多元化

腐败与权力密切关联，所有掌控公权力的组织及其工作人员均可能沾染腐败。从世界范围来看，从总统、首相等国家领导人，到普通警察、社区工作人员，都出现过腐败。具体到我国，所谓"打老虎""拍苍蝇"，正是出于腐败主体多元化的考虑。基于此，为了加强对所有行使公权力公职人员的监督，我国《监察法》第十五条明确列举了监察机关的监察对象。所列的公职人员和有关人员范围很广，既包括中国共产党机关、人民代表大会及其常务委员会机关、人民政府、监察委员会、人民法院、人民检察院、中国人民政治协商会议各级委员会机关、民主党派机关和工商业联合会机关的公务员，以及参照《中华人民共和国公务员法》管理的人员；也涵盖法律、法规授权或者受国家机关依法委托管理公共事务的组织中从事公务的人员、国有企业管理人员、公办的教育、科研、文化、医疗卫生、体育等单位中从事管理的

---

① 马丁·雅克：《中国共产党对反腐败有坚定的决心和严肃的态度》，载中央纪委监察部网站，http://www.ljcd.gov.cn/show-18-16351-1.html，2015 年 9 月 15 日发布，访问时间：2021 年 8 月 30 日。

② 《反腐败是世界各国面临的共同难题》，载浙江新闻网，https://zj.zjol.com.cn/news/377722.html，2016 年 6 月 27 日发布，访问时间：2021 年 8 月 30 日。

人员；还包括基层群众性自治组织中从事管理的人员及其他依法履行公职的人员。[①]

2. 行为复杂化

在国际合作形式多样与日益频繁的大背景下，贪腐行为呈现出跨国化趋势，主要表现为很多腐败分子通过跨境洗钱、偷逃境外等方式逃避追赃和追捕。腐败分子外逃、转移资产的作案手法日趋复杂，出现了诸如以低卖高买、合作投资、委托理财、挂名领取薪酬等名义和形式掩盖犯罪，钻法律空子的新型犯罪形式。还有一些腐败分子通过贸易项目转移资产，趁出国访问、经商贸易之机，在境外收受贿赂，或者隐瞒巨额来源不明的境外存款；通过涉外公司在海外隐秘“截流”、在海外虚假投资等。还有的公职人员以贪污、挪用或其他方式侵犯公共财产，如假借咨询费、会议赞助、费用报销等名义进行贿赂或出资，供其考察学习、旅游观光等形式实现“曲线”贿赂。很多腐败手段不易发现，比如收受现金、给子女升学提供便利、利用亲朋收受好处等等。

（三）反腐败合作成为共识

反腐败国际合作由来已久，本质上属于国际刑事司法合作范畴。20 世纪 90 年代，随着经济全球化、区域一体化进程的加快，跨国犯罪增多，国际刑事司法合作的理念逐渐被人们接受。自《公约》缔结以来，国际上已有多个国家就腐败问题展开合作，缔结双边或多边条约。《公约》为了开展国际合作预防和控制腐败，明确了公职人员行为守则，专门规定了具体的犯罪行为和起诉、审判、制裁，冻结、查封、扣押等司法、执法程序；吸收了传统的国际刑事司法协助的理论和实践，确立了引渡、资产追回、司法协助等国际合作的形式。我国也十分重视反腐败国际合作，截至目前，在国家监察委员会与外交部等部门的共同努力下，我国已与 81 个国家缔结引渡条约、司法协助条约、资产返还与分享协定等共 169 项，与 56 个国家和地区签署金融情报交换合作协议，初步构建起覆盖各大洲和重点国家的反腐败执法合作网络。[②]

① 《监察法》第十五条。

② 陆丽环：《依法依规追逃追赃》，载中央纪委国家监委网站，https://www.ccdi.gov.cn/toutiao/202011/t20201111_229776.html，2020 年 11 月 11 日发布，访问时间：2021 年 9 月 1 日。

二、反腐败国际合作的基本原则

（一）尊重主权原则

主权是一个国家独立自主地处理自己对内对外事务的最高权力，排除任何外来干涉。国家主权原则要求他国尊重一国的国家权力，不得强加自身意志给他国或进行其他干预。《公约》第四条“保护主权”体现了该原则。在反腐败国际合作中，这一原则具体表现为：第一，一国有权力对涉及本国的犯罪案件进行追诉，不受其他国家的干涉和侵犯；第二，凡在本国领域内实施的犯罪，无论犯罪者是本国人还是外国人或无国籍人，都适用本国刑法；第三，凡本国国民或在本国有常居地的人犯罪，不论其在本国领域之内实施还是在本国领域之外实施，都适用本国刑法。前述内容所形成的“属地管辖权”“属人管辖权”原则被世界各国普遍接受。此外，主权国家的司法当局对刑事案件作出的终审判决，原则上只在一个国家有效，并不具有域外的执行效力。

（二）平等互惠原则

平等互惠原则是国家主权原则的延伸，一国不能强迫他国进行反腐败国际合作，国家之间进行反腐败国际合作的权利义务须建立在多边或双边条约基础之上。以我国《中华人民共和国引渡法》规定为例，“中华人民共和国和外国在平等互惠的基础上进行引渡合作”“在没有引渡条约的情况下，请求国应当作出互惠的承诺”，即根据国际习惯，请求国对我国作出自愿互惠的承诺，给予我国同样对等的合作待遇。《公约》第四十三条国际合作、第四十四条引渡、第四十五条被判刑人的移管，至第四十六条司法协助，均体现了请求国和被请求国之间的平等互惠关系。如第四十六条第一款规定，缔约国应当在对公约所涵盖的犯罪进行的侦查、起诉和审判程序中相互提供最广泛的司法协助。第四十六条第二款规定：“对于请求国中依照本公约第二十六条可能追究法人责任的犯罪所进行的侦查、起诉和审判程序，应当根据被请求国有关的法律、条约、协定和安排，尽可能充分地提供司法协助。”第四十六条第四款规定：“缔约国主管机关如果认为与刑事事项有关的资料可能有助于另一国主管机关进行或者顺利完成调查和刑事诉讼程序，或者可

以促成其根据本公约提出请求，则在不影响本国法律的情况下，可以无须事先请求而向该另一国主管机关提供这类资料。”可见，《公约》对请求国和被请求国的要求并不“苛刻”，只要不与国内法基本法律原则相抵触，不违背国际法基本精神，被请求国应当尽可能地给予请求国司法协助。

（三）依法合作原则

全面依法合作强调反腐败国际合作要尊重国际刑事法的基本原则。具体而言，包括但不限于遵循罪刑法定原则和一事不再理原则。罪刑法定原则在反腐败国际合作中体现为双重犯罪原则，是指被请求引渡人所实施的行为，按照请求国和被请求国各自的国内法，或者按照请求国、被请求国共同参加的国际刑法公约的规定，均构成犯罪。在引渡、相互承认和执行刑事判决以及诉讼移管方面，双重犯罪原则是必须符合的原则性条件。《公约》第四十三条第二款规定：“在国际合作事项中，凡将双重犯罪视为一项条件的，如果协助请求中所指的犯罪行为在两个缔约国的法律中均为犯罪，则应当视为这项条件已经得到满足，而不论被请求缔约国和请求缔约国的法律是否将这种犯罪列入相同的犯罪类别或者是否使用相同的术语规定这种犯罪的名称。”原则上，如果按照被请求国的法律该项请求涉及的行为不构成犯罪，被请求国可以拒绝引渡或者其他协助请求。

一事不再理原则是各国国内法普遍确立的一项诉讼原则。其基本内涵就是，对于同一个案件，或者说双方当事人之间所讼争的同一个法律关系，当事人不得就此提起两次诉讼，法院已经作出生效判决的，不得重复作出判决。广义上的一事不再理原则涉及的范围非常广泛，不仅包括诉讼法中的一事不再理原则，还包括行政法、刑法范畴内的一事不再罚原则。对于国际法意义上的一事不再理原则，按照国际实践和国际刑法规定，被请求国可以以一事不再理原则为由拒绝进行国际刑事司法合作。

（四）零容忍、零漏洞、零障碍原则

以习近平同志为核心的党中央将反腐败作为全面从严治党的重要组成部分，多次在不同场合提及要对腐败分子“零容忍”。2016 年 9 月 5 日，二十国集团（G20）领导人杭州峰会一致通过《二十国集团反腐败追逃追赃高级原则》（以下简称《原则》）等重要反腐败成果。依据《公约》精神和 G20 领

导人峰会成果文件所提出的加强反腐败国际执法合作的倡议，G20成员国就反腐败合作达成了十项原则。这十项原则可以集中概括为“态度零容忍、制度零漏洞、执行零障碍”。[①]

所谓态度零容忍，依据《原则》精神，是指各国要注意到外逃腐败人员和资产造成的危害，视情采取措施拒绝成为腐败人员与腐败资产的避风港；要认识到加强国际执法合作和刑事司法协助的重要性；树立加强合作能够促进反腐败追逃追赃合作的效率和效力的意识。

所谓制度零漏洞，《原则》指出，各成员国应承诺采取有效举措，拒绝成为腐败人员的避风港，前提是这些腐败人员的行为在企图逃往或已经逃往的国家是犯罪行为，主要包括以下几方面：一是鼓励所有国家在遵守有关国际承诺的同时，加大对移民程序和政策的审核力度，避免被滥用而成为腐败人员和腐败资产的避风港。二是鼓励负责侦查、调查和起诉腐败犯罪、追回腐败资产和国际合作的相关部门建立国内反腐败协调机制。要认识到《公约》框架下的国际合作必须遵守各国法律，并在适当情况下遵守民事和行政程序。三是鼓励不同法律体系的国家有效支持国际反腐败合作，在适当情况下努力有效实施《公约》和其他国际公约有关引渡和刑事司法协助的规定。为达到上述目标，G20号召尚未批准或加入的联合国成员国批准或加入《公约》，支持在适当情况下使用《联合国打击跨国有组织犯罪》《经合组织国际商务交易活动反对行贿外国公职人员公约》和其他法律文书中有关国际合作的规定。

所谓执行零障碍，《原则》强调要认识到相关部门依法及时有效地沟通合作能够控制腐败人员和腐败资产的流动，主要包括以下几方面：一是鼓励各国遵守现有协定，在已有国际合作机制框架下，促进主管部门间的信息交流，比如利用G20拒绝腐败分子入境执法合作网络。二是鼓励促进多边和双边反腐败个案合作，必要时指定专人负责协调。三是鼓励执法机构在遵守国际和国内法律前提下加强协调，与外逃腐败人员建立联系。严格遵守现有双边协定和G20成员国的承诺，建立有关工作机制，提高反腐败国际合作的效力，

①《二十国集团反腐败追逃追赃高级原则和2017—2018年反腐败行动计划》，载中央纪委监察部网站，http://www.ccdi.gov.cn/toutiao/201609/t20160930_125052.html，发布时间：2016年9月30日，访问时间：2021年9月2日。

鼓励提高能力建设、制度建设和道德建设，分享经验，并加大与现有相关国际和区域组织的合作。

第二节　反腐败国际合作的领域与方式

一、反腐败国际合作的领域

（一）贪污贿赂

我国刑法将贪污贿赂罪归为一类。贪污是指企事业单位人员利用职权之便，挪用公款充当个人资产或者通过损害公共资产来提升个人资产；贿赂是指企事业单位相关负责人利用自身职权，收受他人财物或者为谋取不正当利益，向国家工作人员行贿及介绍贿赂的行为。反腐败国际合作首要针对的犯罪行为就是贪污贿赂行为。《公约》第十五条至第二十二条规定了九种相关的贪污、贿赂犯罪行为，包括贿赂本国公职人员，贿赂外国公职人员或者国际公共组织官员，公职人员贪污、挪用或者以其他类似方式侵犯财产，影响力交易，公职人员滥用职权，为其本人或者其他人员或实体获得不正当好处，资产非法增加而本人无法以其合法收入作出合理解释等九种行为。按照《公约》规定，我国刑法对前述犯罪行为作了更具体的规定。根据《刑法》分则第八章相关规定，贪污贿赂罪共包括十三个具体罪名。这十三种犯罪可分为两类：一是贪污犯罪，包括贪污罪、挪用公款罪、巨额财产来源不明罪、隐瞒境外存款罪、私分国有资产罪和私分罚没财产罪。二是贿赂犯罪，包括受贿罪、单位受贿罪、利用影响力受贿罪、行贿罪、对单位行贿罪、介绍贿赂罪、单位行贿罪。

根据中央纪委国家监委网站，2014 年至 2020 年 10 月，我国共从 120 多个国家和地区追回外逃人员 8 363 人，包括党员和国家工作人员 2 212 人、“红通人员”357 人、“百名红通人员”60 人，追回赃款 208.4 亿元。到案人员近半数涉嫌贪污贿赂犯罪，其中部分人员外逃十余年，追逃难度较大，但通过积极展开国际合作，采取劝返、遣返、异地起诉等方式，最终仍将犯罪嫌疑人缉捕归案或劝说主动投案自首。近期比较典型的案例为“曲志林案”。[①]曲志林曾任青岛市李沧区上王埠社区党支部书记、居委会委员。2018年2月，曲志林涉嫌滥用职权罪、贪污罪，外逃；2018年7月，青岛市李沧区监察委员会对曲志林立案调查；2020年3月，通过国际刑警组织对曲志林发布红色通缉令。2020年8月3日，在中央反腐败协调小组国际追逃追赃工作办公室统筹协调下，经山东省追逃办和青岛市纪检监察机关持续努力，“红通人员”、职务犯罪嫌疑人曲志林回国投案，并主动退缴赃款。

（二）洗钱

洗钱是一种将非法所得合法化的行为，主要指将违法所得及其产生的收益，通过各种手段掩饰、隐瞒其来源和性质，使其在形式上合法化。一般是将毒品犯罪、黑社会性质的组织犯罪、恐怖活动犯罪、走私犯罪或者其他犯罪的违法所得及其产生的收益，通过各种手段使其在形式上合法化。通过洗钱将赃款赃物转移出境是目前资产外逃的典型手段，我国外逃资金主要是通过香港，再转入美国、加拿大等国家。我国《刑法》规定，洗钱罪的主体是金融机构或个人，涵盖五种行为：第一，提供资金账户的；第二，协助将财产转换为现金或者金融票据的；第三，通过转账或者其他结算方式协助资金转移的；第四，协助将资金汇往境外的；第五，以其他方法掩饰、隐瞒犯罪的违法所得及其收益的来源和性质的。洗钱作为严重的经济犯罪行为，不仅破坏经济活动的公平公正原则，损害金融机构的声誉和正常运行，威胁金融体系的安全稳定，而且通常与贩毒、走私、恐怖活动、贪污腐败和偷税漏税等严重刑事犯罪相联系，会对一个国家的政治稳定、经济安全以及国际政治经济体系的安全构成严重威胁。

随着经济的发展和科技的进步，洗钱犯罪日益猖獗并趋向国际化，从洗钱的各种手法不难看出，洗钱犯罪大部分具有跨国的特点。以我国为例，许多政府官员在犯罪、收取贿赂后就逃往国外，以逃避我国法律的制裁。针对洗钱犯罪行为，在刑事管辖领域，与传统刑事管辖原则一致，以属地管辖权为基础，以属人管辖权、保护管辖权和普遍管辖权为补充。在跨国洗钱者犯罪后逃往他国的情况下，引渡就成为惩治犯罪的必需途径。要引渡犯罪者，首先需要查找和逮捕犯罪者，国际刑警组织所建立的通缉制度可以在这方面

---

①《“红通人员”曲志林回国投案》，《人民日报》2020年8月4日，第12版。

发挥重要作用。目前，我国与许多国家签署了关于警务合作、打击犯罪等方面的合作协议、谅解备忘录和纪要。近几年来，我国公安机关收到了大量的国外执法部门关于洗钱等犯罪案件的协查请求。对于来自其他国家执法机构的有关执法协助要求，我国执法部门给予了高度重视。公安部根据来函请求及时部署有关公安机关开展调查工作，竭尽所能为国外执法部门核查有关犯罪案件，查询犯罪线索，查找犯罪嫌疑人下落等，提供积极的支持和协助，并将核查结果及时回复请求方。

（三）非法贸易

国际非法贸易严重，濒危野生动植物、烟草及木材的非法贸易猖獗，屡禁不止。违法分子为了获取金钱、躲避当地政府监管，通过各种各样的途径将木材、烟草、濒危野生动物制品运往其他国家。为了开展濒危野生动植物的国际合作，1973 年 3 月 3 日，80 个国家的代表在美国华盛顿特区的一次会议上最终商定了《濒危野生动植物种国际贸易公约》。该公约于 1975 年 7 月 1 日生效，截至 2021 年有 183 个缔约国。中国于 1981 年 1 月加入该公约，同年 4 月 8 日该公约对中国生效，同时适用于我国香港、澳门特区。但是我国的动植物非法贸易并没有因此减少，相反受到一些国家的抵制。在非法贸易领域，我国要加强国内法的约束和执行，同时开展反腐败国际合作。以野生动植物为例，全球野生动植物非法交易不断升级，随着有组织犯罪团伙的出现，野生动植物非法贸易问题变得日益复杂。这些犯罪行为不仅影响着大众熟悉的大象、犀牛和一些树木的生存，同时造成环境恶化，也为地区恐怖分子提供了资金。

我国曾一度被认为是非法象牙贸易最大的目标市场。针对合法从事野生动物及其产品经营利用、进出口等活动的，我国严格实行许可制度。野生动物主管部门在审查、审批相关行政许可申请过程中，严格审查野生动物或其产品来源的合法性。为打击野生动物非法贸易行为，我国森林公安和海关等执法部门多次开展执法检查和专项打击行动，查获许多大案要案，对违法违规从业者直接予以取缔，有力地打击了象牙走私等野生动物非法贸易的嚣张气焰。

二、反腐败国际合作的方式

（一）情报交换

情报交换，系指相互交换或提供犯罪信息以及相犯罪记录和法律资料，向请求国通报刑事诉讼结果。主要有以下几种类型：第一，交换或提供犯罪记录或犯罪信息。例如《中法刑事司法协助协定》第十七条规定："为便利请求方司法机关的刑事诉讼，被请求方应当根据请求，向请求方通报其司法机关在相同情况下亦能够得到的犯罪记录摘要和与犯罪记录有关的所有情报。"第二，通报刑事诉讼结果。例如《中法刑事司法协助协定》第十八条规定："双方应当相互通报涉及对方国民的并且已记入犯罪记录的刑事判决。上述通报应当通过中央机关每年至少进行一次。"第三，交互法律资料与情报。例如《中华人民共和国和新西兰关于刑事司法协助的条约》规定："双方可以根据请求，就刑事司法问题进行磋商，包括通报各自国家现行法律或者曾经实施的法律和司法实践的资料。"在我国批准加入的国际公约中，对政府记录、文件或资料的副本在一定条件下也可以向请求国提供。例如《公约》第四十六条第二十九款规定："被请求缔约国：①应当向请求缔约国提供其所拥有的根据其本国法律可向公众公开的政府记录、文件或资料；②可以自行斟酌决定全部或部分或按其认为适当的条件向请求缔约国提供其所拥有的根据其本国法律不向公众公开的任何政府记录、文件或资料。"一些国际公约甚至还认可了无须事先请求，由缔约一方向另一方主动提供有助于另一方进行刑事调查或刑事诉讼的相关资料。例如《公约》第四十六条第四款规定："缔约国主管机关如果认为与刑事事项有关的资料可能有助于另一国主管机关进行或者顺利完成调查和刑事诉讼程序，或者可以促成其根据本公约提出请求，则在不影响本国法律的情况下，可以无须事先请求而向该另一国主管机关提供这类资料。"

情报交换是主要的反腐败国际合作方式。2017 年中央追逃办首次以公告形式，曝光 22 名"百名红通人员"藏匿线索，包括可能藏匿的国家、城市甚至街区，之后根据线索确定嫌疑人位置，与嫌疑人藏匿国家主管机关联系，请求将其遣返回国接受刑事审判。情报交换在其他犯罪中的适用也屡见不鲜。例如郑某某涉嫌巨额合同诈骗罪，外逃加拿大 15 年。2014 年 9 月 21 日，在"猎

狐 2014”专项行动中被警方成功抓获。[①]1998 年，郑某某非法占有 400 余万元后，潜逃到加拿大。但通过和加方的联络、合作，北京警方掌握了郑某某在加拿大的行动轨迹，并获得了郑某某已变更姓名、取得加拿大国籍，即将回国访友的重要线索。北京警方一边密切关注郑某某的行踪，搜寻更多线索，一边加强与边检等部门的沟通。在掌握准确信息后，北京警方在首都机场将刚抵达北京的郑某某抓获。

（二）对口磋商

对口磋商是刑事司法协助中常用的机制，是指在腐败犯罪刑事调查或刑事诉讼中，请求国与被请求国之间就某些程序性事项进行磋商和沟通的机制。很多双边或多边国际条约中都规定了磋商条款。例如《中美司法协助协定》第六条第四款在规定了推迟司法协助请求执行的同时，对磋商机制作出规定："或在与请求方中央机关磋商后，在认定为必要的条件下予以执行。如果请求方接受附加条件的协助，则应遵守这些条件。"《公约》第四十六条第二十六款规定："被请求国在根据本条第二十一款拒绝某项请求或根据本条第二十五款暂缓执行请求事项之前，应当与请求国协商，以考虑是否可以在其认为必要的条件下给予协助。请求国如果接受附有条件限制的协助，则应遵守有关的条件。"

由于我国和美国的法律制度和司法体系有很多差异，为减少双方在追逃追赃工作上的困难和障碍，我国原纪委监察部、追逃办、公安部等曾多次赴美就个案同美方磋商，并于 2005 年成立中美执法合作联合联络小组（JLG）反腐败工作组。该工作组为中美反腐败司法执法合作做出重要贡献，中美之间达成多项合作共识，很多罪犯在该工作组人员建立的磋商机制下被美国法院提起诉讼、判处监禁或者回国投案自首。例如 2015 年 9 月潜逃美国 14 年的贪污贿赂犯罪嫌疑人邝婉芳被强制遣返回国。

（三）引渡

引渡，是指根据双边条约、多边条约或以互惠为基础，向外逃涉案人所

---

① 郭超：《一男子潜逃加拿大 15 年被北京警方抓获》，载新京报网，https://www.bjnews.com.cn/news/2014/09/19/334481.html，2014 年 9 月 19 日发布，访问时间：2021 年 9 月 3 日。

在地国提出请求，将涉嫌犯罪人员移交给国内进行追诉和处罚。我国一直坚持反腐倡廉，打击腐败犯罪。我国政府 2003 年正式签署《公约》，至今已陆续参加了许多带有引渡条款的国际公约，在打击腐败犯罪方面取得了很大成效。但是，由于我国与欧美主要发达国家尚未建立双边或多边引渡条约，对反腐工作成效造成一定程度的制约。

引渡法律渊源包括国内法、双边协定或国际条约。引渡是国家行使管辖权和制裁犯罪的法律武器。引渡的主体一般是主权国家，但是在国家授权的情况下，各国独立的司法区域可以与其他独立司法区域或国家开展类似引渡的实践，比如逃犯移交。有权请求引渡的国家包括罪犯国籍国、犯罪行为发生地国、犯罪结果发生地国。同时有几个国家请求引渡某一罪犯时，被请求国有权决定是否接受引渡请求或选择接受哪一个国家的引渡请求。引渡的对象须为在请求国被指控为犯罪的人或被判刑的人，财产或物品不是引渡的对象。引渡须符合“双重犯罪原则”，被引渡人在请求国所实施的犯罪行为，在被请求国也认为是犯罪并应受到惩罚，且这种惩罚一般至少是一年以上有期徒刑的刑罚。

我国的引渡立法始于加入含有引渡条款的国际公约。1978 年我国加入《关于在航空器内的犯罪和其他某些行为的公约》，这是我国第一个关于引渡的国际立法。1993 年我国与泰国缔结双边引渡条约，系我国第一个双边引渡条约。自此，缔结双边引渡条约成为我国引渡立法的主要形式。2000 年我国颁布了《引渡法》，全面建立了我国的引渡规则和程序，是我国目前解决引渡问题最重要的单行法律。之后又签署了一些引渡条约，确立了“财税事项不得拒绝引渡”“死刑不引渡”等原则。

赖昌星案是典型的引渡案例。厦门远华走私案主犯赖昌星，同时涉嫌行贿罪，涉及众多高官。赖昌星在案发当年出走海外，逃亡 12 年，而我国一直未能将其抓捕归案的原因之一就是当年赖昌星逃往的国家为加拿大，我国与加拿大之间未签引渡条约。各国引渡惯例是拒绝引渡有可能被请求国判处死刑的人，加拿大于 1976 年即废除死刑，所以我国在赖昌星的引渡问题上与加拿大迟迟未能达成共识，直至我国承诺不对赖昌星适用死刑，对其的遣返工作才有进展。可见，在引渡问题上，我国要尽早与腐败分子外逃高发地加拿大等国家缔结引渡条约，或在引渡过程中建立灵活的应对机制，以实现反腐工作的顺利进行。

（四）刑事司法协助

刑事司法协助是主权国家之间的行为，是指根据双边条约、多边条约或以互惠为基础，我国与有关国家、地区之间，在对条约或协定等所涵盖的犯罪进行侦查、起诉和审判过程中，相互提供最广泛的司法方面的协助。司法协助的内容主要限于刑事诉讼文书的送达、协助调查取证、赃款赃物或犯罪所得的协助追缴与返还等，主要集中于刑事诉讼法律事务。司法协助的法律渊源主要是我国参与缔结的多边或双边国际公约，如《公约》即设有司法协助条款。在我国，刑事司法协助职责主要由公安部、最高人民检察院、最高人民法院和司法部承担。

赃款赃物的返还以及犯罪资产的追缴是刑事司法协助的重要内容之一，是指被刑事犯罪人员转移到境外的赃款赃物或者犯罪所得及其利益，请求国依据双边刑事司法协助条约或含有刑事司法协助条款的国际公约，向被请求国请求协助返还或追缴返还，被请求国通过刑事没收等程序予以追缴，并最终返还被害人或请求国。我国与外国缔结的双边司法协助条约均包括上述条款。

司法协助的中央机关，是指双边司法协助条约或多边含有司法协助条款的公约、国内法指定司法协助对外联系的机关。从我国的实践来看，在指定司法协助中央机关问题上，我国遵循的是以指定司法部为主，并根据需要适当考虑增加其他部门这一方针。在多数双边司法协助条约中，我国司法部一般被指定为中方的中央机关，但也存在同时指定两家甚至三家中央机关的情况。[①]

请求是启动司法协助程序的一般条件，请求的主体一般是司法协助的中央机关，请求的内容须符合缔结公约规定的形式，一般以书面形式提出。只有在紧急情况下经被请求国同意，才可以用口头或其他方式提出，但应立即以书面形式确认。

（五）资产返还

资产返还，又称资产追回，是指贪污贿赂等犯罪嫌疑人携款外逃的，通过与有关国家、地区和国际组织合作，追回犯罪资产。从法律性质上看，资

---

① 黄风：《国际刑事司法协助制度的若干新发展》，《当代法学》2007 年第 6 期。

产返还属于刑事司法协助的范畴，将其单独予以提出，是基于保护请求国的财产利益。《公约》确立了没收财产处分的法律依据和资产返还的基本法律原则。《公约》和本国法是资产返还的法律依据；资产返还的法律原则是返还原所有权人，返还没收财产在有些情况下可指返还产权或者相应的价值。①资产返还的具体流程：首先，依据被请求国本国法，以及双方缔结或加入的条约或公约，或者双方协商的个案安排，对没收财产进行返还、处分；其次，对于贪污公共资金或者对所贪污公共资金的洗钱行为，被请求国实行没收后，基于请求国的生效判决，将没收的财产返还请求国，被请求国也可以放弃对生效判决的要求。此外，应当优先考虑返还或赔偿合法所有人或被害人，不能损害善意第三人的合法权利。我国与外国缔结的刑事司法协助条约，对移交账款赃物或返还犯罪资产均规定了不损害或尊重第三人合法权益原则，一些国际法律文件还对第三人善意的判断标准作出规定，如 1999 年《泛美反洗钱示范规则》。

资产返还的方式包括直接措施和间接措施。直接措施是指请求国通过本国民事诉讼程序主张对该资产的合法所有权，或被请求国通过司法程序确认犯罪人对请求国造成损害，通过司法协助的途径予以追回或赔偿、补偿。间接措施是指通过没收程序追回资产，具体是指当一缔约国依据本国法律，或者执行另一缔约国法院发出的没收令，没收被转移到本国境内的腐败犯罪所得资产后，再返还给另一缔约国。

2011 年 6 月，广州南沙新港码头卸下一批从法国运来的货柜，其中申报为“旧家具”的一个货柜在中转期满后，仍无人前来办理转关手续。海关按照相关规定对该货柜进行查验时发现，集装箱内放着一辆劳斯莱斯高级轿车。经海关持续核查，查明该车系于 2011 年 5 月 2 日在法国圣特罗佩被盗，在法国被盗后运往中国并企图通过伪报品名走私入境，在中国销赃。但因海关监管严密，走私分子不敢前来办理转关手续，最终被查获。失主得知车辆在中国找到后，希望返还被盗车辆。2013 年 9 月，法国政府根据《中华人民共和国政府和法兰西共和国政府关于刑事司法协助的协定》向中方中央机关——司法部，提出了返还被盗车辆的请求。中国应法国政府的请求，依据中加司法协助条约向法国返还了被盗走私车辆。

① 《公约》第五十七条第一款。

（六）被判刑人的移管

被判刑人的移管是承认和执行外国刑事判决的具体方式之一，是指一国将在本国境内被判处剥夺自由刑的犯罪人，移交给犯罪人国籍国或经常居住地国，犯罪人的国籍国或经常居住地国接受移交并执行所判刑罚的活动。被判刑人移管的主体是判刑国或执行国，移管的对象是被判处剥夺自由刑的执行国的国民或居住者，移管的目的是为了使被判刑人回到其国籍国或经常居住地国，在其熟悉的环境中服刑，便于对其进行改造并重返社会。移管需尊重被判刑人本人的真实意愿，以被判刑人同意为前提，只有被判刑人同意移交的前提下，移管方可进行。我国 2001 年与乌克兰签署第一项被判刑人移管条约，这是一项带有人道主义精神的制度实践。采取被判刑人的移管，一方面解决了判刑国对罪犯因民族、语言、文化传统等带来的执行困难，同时有利于执行国对其国民利益的保护，又兼顾了被判刑人的意愿。

被判刑人移管要遵循有利于被判刑人原则和不加重刑罚原则。执行国在适用本国法律法规对被判刑人执行刑罚时不得加重原判刑罚，或不得提高原判刑罚的强度和量度。移管还需遵循一事不再罚原则，执行国不得在判刑国已作出有罪判决的情形下，再对同一罪行的被判刑人进行审判和处罚。一旦执行国对被判刑人执行了由判刑国作出的刑罚，判刑国就应该承认该执行与在本国执行具有同等效力。该原则体现了合作各方对各方判决效力和刑罚执行效力的承认和尊重。

2008 年 12 月 11 日，应也门政府的请求，经我国各有关主管部门一致同意，我国司法部将一名也门籍被判刑人移管回也门服刑。[①] 也门公民阿卜杜勒因非法买卖枪支罪于 2008 年 1 月 24 日被我国广东省高级人民法院判处有期徒刑 6 年。刑期自 2006 年 9 月 9 日至 2012 年 9 月 8 日止。判决后，收押在广东省东莞监狱服刑。2007 年 1 月 19 日，也门驻华使馆照会我国外交部，请求我国将该罪犯移管回其国内服刑。因上诉审理程序尚未终结，我国并未启动移管程序。2008 年 6 月 17 日，也门驻华使馆再次照会我国外交部提出移管请求，并对中方移管条件作出承诺。2008 年 8 月 1 日，经监狱管理部门询问，该罪

---

①《我国向也门移管一名被判刑人》，载中华人民共和国司法部网，http://www.moj.gov.cn，2009 年 8 月 26 日发布，访问时间：2018 年 9 月 6 日。

犯表示愿意回国服刑，并出具了书面声明。经了解，该罪犯在我国境内没有尚未了结的诉讼，没有尚未清偿的债务，也不存在其他应拒绝移管的情形。考虑到向也门方面移管该罪犯，有利于他在其所熟悉的环境中服刑改造，有利于巩固和加强中也两国的传统友谊，扩大我国维护人权的国际影响，我国主管机关决定同意向也方移管该罪犯。事实上，我国已就被判刑人移管与多个国家展开实际上的合作并实现成功案例。崔某因行贿罪于2013年10月被俄滨海边疆区符拉迪沃斯托克市佛隆京斯基区法院判处5年有期徒刑，并处罚金105 172 340卢布。本人提出上诉，二审维持原判。我国司法部根据《中华人民共和国和俄罗斯联邦关于移管被判刑人的条约》向俄方提出移管崔某回国服刑请求，俄于2016年同意中方请求。[①]

第三节　反腐败国际合作的工作职责、领导体制与工作机制

一、反腐败国际合作的工作职责

（一）国家监察委员会的工作职责

反腐败国际合作是国家监察委员会的重要职责。根据《监察法实施条例》的规定，首先，国家监察委员会统筹协调与其他国家、地区、国际组织开展反腐败国际交流、合作。其次，国家监察委员会负责组织《联合国反腐败公约》等反腐败国际条约的实施以及履约审议等工作，承担《联合国反腐败公约》司法协助中央机关有关工作。最后，国家监察委员会组织协调有关单位建立集中统一、高效顺畅的反腐败国际追逃追赃和防逃协调机制，统筹协调、督促指导各级监察机关反腐败国际追逃追赃等涉外案件办理工作。具体包括以下职责：第一，制定反腐败国际追逃追赃和防逃工作计划，研究工作中的重要问题；第二，组织协调反腐败国际追逃追赃等重大涉外案件办理工作；第三，办理由国家监察委员会管辖的涉外案件；第四，指导地方各级监察机关依法

---

①《中国公民境外被判刑首次移管回国服刑》，载中央政府门户网站，http://www.gov.cn/xinwen/2016-04/28/content_5068909.htm，2016年4月28日发布，访问时间：2021年11月1日。

开展涉外案件办理工作；第五，汇总和通报全国职务犯罪外逃案件信息和追逃追赃工作信息；第六，建立健全反腐败国际追逃追赃和防逃合作网络；第七，承担监察机关开展国际刑事司法协助的主管机关职责；第八，承担其他与反腐败国际追逃追赃等涉外案件办理工作相关的职责。

（二）地方各级监察委员会的工作职责

地方各级监察委员会对反腐败国际合作同样肩负着重要职责。根据《监察法实施条例》的规定，地方各级监察机关在国家监察委员会领导下，统筹协调、督促指导本地区反腐败国际追逃追赃等涉外案件办理工作，具体履行下列职责：第一，落实上级监察机关关于反腐败国际追逃追赃和防逃工作部署，制定工作计划；第二，按照管辖权限或者上级监察机关指定管辖，办理涉外案件；第三，按照上级监察机关要求，协助配合其他监察机关开展涉外案件办理工作；第四，汇总和通报本地区职务犯罪外逃案件信息和追逃追赃工作信息；第五，承担本地区其他与反腐败国际追逃追赃等涉外案件办理工作相关的职责。此外，省级监察委员会应当会同有关单位，建立健全本地区反腐败国际追逃追赃和防逃协调机制。

二、反腐败国际合作的领导体制

我国现有的领导体制包括集体负责制和首长负责制。对于监察委员会而言，虽然目前的法律没有明确规定监察委员会是何种负责制，但是从监察委员会的组成人员来看，监察委员会的全体成员对监察事项负责，而不是由主任一个人负责，所以监察委员会应当是集体负责制。从不同级别监察委员会之间的关系来看，监察委员会上下级是领导与被领导的关系，包括国家监察委员会领导地方各级监察委员会的工作和上级监察委员会领导下级监察委员会的工作。

反腐败国际合作中的领导体制亦是如此。例如，国家监察委员会应当统筹协调、督促指导各级监察机关反腐败国际追逃追赃等涉外案件办理工作；地方各级监察机关在国家监察委员会领导下，统筹协调、督促指导本地区反腐败国际追逃追赃等涉外案件办理工作；国家监察委员会派驻或者派出的监察机构、监察专员和地方各级监察机关办理涉外案件中有关执法司法国际合作事项，应当逐级报送国家监察委员会审批。

三、反腐败国际合作的工作机制

（一）国（境）内工作

首先，防逃工作需要监察机关的长期投入，所以监察机关应当将防逃工作纳入日常监督内容，督促相关机关、单位建立健全防逃责任机制，并且在监督、调查工作中，根据情况制定对监察对象、重要涉案人员的防逃方案，防范人员外逃和资金外流风险。

其次，在不同部门的合作上，监察机关一方面应当会同同级组织人事、外事、公安、移民管理等单位健全防逃预警机制，对存在外逃风险的监察对象早发现、早报告、早处置，同时监察机关追逃追赃部门统一接收巡视巡察机构、审计机关、行政执法部门、司法机关等单位移交的外逃信息；另一方面监察机关应当加强与同级人民银行、公安等单位的沟通协作，推动预防、打击利用离岸公司和地下钱庄等向境外转移违法所得及其他涉案财产，对涉及职务违法和职务犯罪的行为依法进行调查。

最后，监察机关对涉案财产应当及时处理，即承办案件的监察机关应当将涉案财产的有关情况逐级报送国家监察委员会国际合作局。监察机关应当依法对涉案人员和违法所得及其他涉案财产作出处置，或者请有关单位依法处置，对不需要继续采取相关措施的，应当及时解除或者撤销。

（二）对外合作

首先，在红色通报的申请上，地方各级监察委员会应当逐级报送国家监察委员会审核，国家监察委员会审核后，依法通过公安部向国际刑警组织提出申请。需要延期、暂停、撤销红色通报的，申请发布红色通报的监察机关应当逐级报送国家监察委员会审核，由国家监察委员会依法通过公安部联系国际刑警组织办理。

其次，监察委员会对于不同的案件办理方式所采用的工作机制大体上是一致的。例如，地方各级监察机关通过引渡、刑事司法协助、执法合作、境外追诉等方式办理相关涉外案件的，均按照有关法律法规、相关双边及多边国际条约等规定，将有关材料逐级报送国家监察委员会审核，由国家监察委员会依法通过有关渠道与其他国家或者地区展开合作。

最后，监察机关对依法应当追缴的境外违法所得及其他涉案财产，应当责令涉案人员以合法方式退赔，如果涉案人员拒不退赔，监察机关可以通过法定方式予以追缴。根据《监察法实施条例》的规定，法定方式主要包括以下几种：第一，在开展引渡等追逃合作时，随附请求有关国家（地区）移交相关违法所得及其他涉案财产；第二，依法启动违法所得没收程序，由人民法院对相关违法所得及其他涉案财产作出冻结、没收裁定，请有关国家（地区）承认和执行，并予以返还；第三，请有关国家（地区）依法追缴相关违法所得及其他涉案财产，并予以返还；第四，其他合法方式。

第四节　反腐败国际合作的法律框架

一、反腐败国际合作的多边协定

（一）《联合国反腐败公约》

《联合国反腐败公约》（以下简称《公约》）制定于2003年，于2005年12月14日正式生效。这是联合国历史上通过的第一个用于指导国际反腐败斗争的法律文件，对预防腐败、界定腐败犯罪、反腐败国际合作、非法资产追缴等问题进行了法律规范，对各国推进反腐行动、提高反腐成效、促进反腐国际合作具有重要意义。《公约》的许多条款具有强制性，为全面解决全球反腐败问题提供了独特的蓝本。《公约》主要涵盖预防措施、定罪和执法、国际合作、资产的追回，以及技术援助和信息交流五个方面。

《公约》确立了反腐败五大机制：第一，预防机制。包括制订和执行反腐败政策，设立专门的预防腐败机构，建立科学的公职人员管理制度，确立正确的公职人员行为守则，建立以透明、竞争、客观为标准的公共采购制度和公共财政制度，构建公共报告制度，注意防止私营部门腐败，促进社会参与，以及预防洗钱等。第二，刑事定罪和执法机制。刑事定罪方面，《公约》将贿赂外国公职人员及国际公共组织官员，贪污、挪用、占用受托财产，利用影响力交易等行为确定为犯罪。除刑事定罪外，还包括取消任职资格、没收非法所得、反腐败专门机关有权采取的特殊侦查手段等内容。同时，《公约》规定缔约国应采取措施保护举报人、证人、鉴定人、被害人，对因腐败而受到损害的人员或实体应予以赔偿或补偿。第三，国际合作机制。《公约》规定缔约国应当就打击犯罪进行国际合作，包括引渡、司法协助、执法合作等。引渡须满足两个基本条件：一是被引渡人有本《公约》所涵盖的犯罪行为；二是请求国和被请求国同为本《公约》缔约国，且符合双重犯罪原则。第四，资产追回机制。《公约》规定缔约国应当对外流腐败资产的追回提供合作与协助，包括预防和监测犯罪所得的转移、直接追回财产、通过国际合作追回财产、资产的返还和处置等。第五，履约监督机制。《公约》规定设立缔约国会议，以增进缔约国的能力和加强缔约国之间的合作，从而实现公约所列目标并促进和审查公约的实施。

《公约》提及了不同形式的腐败现象，如影响力交易、滥用职权，以及私营部门内的各种腐败行为。《公约》第五章专门规定了资产的追回，这是许多国家关注的重点。越来越多的国家成为《公约》的缔约国，这进一步证明了《公约》具有全球性和广泛性的特点。《公约》第六十八条规定："对于每个加入公约的国家或区域经济一体化组织，本公约自该国或者该组织交存有关文书之日后第三十天起开始生效。"目前公约有 186 个缔约国，中国是较早批准公约的国家之一。该公约于 2006 年 2 月对我国生效，并适用于中国香港和中国澳门特区。

（二）《联合国打击跨国有组织犯罪公约》

《联合国打击跨国有组织犯罪公约》于 2000 年 11 月 15 日在第 55 届联合国大会通过，2000 年 12 月 12 日开放供各国签署。这是目前世界上第一项针对跨国有组织犯罪的全球性公约。它确立了通过促进国际合作，更加有效地预防和打击跨国有组织犯罪的宗旨，为各国开展打击跨国有组织犯罪的合作奠定了法律基础。首先，该公约规定缔约国应采取必要的立法和其他措施，将参加有组织犯罪集团、洗钱、腐败和妨碍司法等行为定为刑事犯罪。[①] 其次，该公约要求所有愿意遵守该公约的国家在法律上采取协调措施，以打击有组织犯罪集团与腐败行为、打击洗钱等非法活动，简化引渡程序、扩大引渡范围。最后，该公约还要求有关国家采取措施，保护那些在法庭上提供对犯罪团伙

①《联合国打击跨国有组织犯罪公约》第五条、第六条、第七条、第八条。

不利的证据的证人，并向需要帮助的国家提供财政等方面的援助。

2003年8月27日，第十届全国人民代表大会常务委员会第四次会议批准了《联合国打击跨国有组织犯罪公约》，并声明对公约第三十五条第二款关于通过仲裁和国际法院解决争议条款作出保留。2003年9月23日，中国政府向联合国秘书长交存批准书。该公约于2003年10月23日对中国生效，同时适用于澳门特别行政区，并于2006年10月27日适用于香港特别行政区。

（三）《二十国集团反腐败追逃追赃高级原则》

减少腐败一直是二十国集团的首要任务。2016年9月4日至5日，二十国集团（G20）杭州峰会成功召开。G20领导人一致批准通过《二十国集团反腐败追逃追赃高级原则》《二十国集团2017—2018年反腐败行动计划》等重要反腐败成果文件。其中，《二十国集团反腐败追逃追赃高级原则》系依据《公约》精神，沿袭《G20拒绝避风港原则》《G20刑事司法协助高级原则》、G20资产返还相关原则，以及其他G20领导人峰会成果文件所提出的加强反腐败国际执法合作的倡议而制定。该成果文件围绕外逃腐败人员的侦查、调查、起诉腐败犯罪、追回腐败资产等内容进行了原则性规定，鼓励和促进G20成员国开展国际反腐败合作。文件主要包括十项原则，可以集中概括为“态度零容忍、制度零漏洞、执行零障碍”。该文件由我国主导通过，在国内外引起广泛关注，为二十国集团反腐败追逃追赃工作发挥了指导性作用。

（四）《北京反腐败宣言》

2014年11月7日至8日，亚太经合组织（APEC）第26届部长级会议在北京成功召开，会议重要成果之一是《北京反腐败宣言》的通过，并以部长级会议《联合声明》附件形式对外发表。《北京反腐败宣言》是第一个由中国主导起草的国际反腐性宣言，是对《圣地亚哥反腐败和确保透明度承诺》《亚太经合组织圣地亚哥反腐败与提高透明度行动计划》和《符拉迪沃斯托克反腐败与提高透明度宣言》的重申，彰显了亚太经合组织成员经济体打击跨国腐败行为的决心，系各成员经济体对加强亚太地区反腐败国际合作的承诺，内容较原则性。《北京反腐败宣言》围绕亚太经合组织反腐败执法合作网络的建设和成员经济体开展反腐败执法合作等内容作出八项原则性申明。《北京反腐败宣言》主体部分共八项，从不同角度阐明了各经济体加强反腐败合作的内容：①加强反腐败国际追逃追赃合作是宣言的核心内容，贯穿于主体部分全文，包括灵活运用国际刑事司法协助手段，追捕腐败犯罪分子，追回腐败犯罪所得，消除腐败避风港；②对腐败官员的跨境活动，建立信息共享机制；③进一步发掘运用《公约》等国际法律文书的潜力，推动双边反腐败合作；④建立亚太经合组织反腐败执法合作网路，设立秘书处负责日常运行；⑤深入发掘现有反腐败合作机制的潜在价值，发展推广新型反腐败工具；⑥为营造公平开放的市场环境而共同努力；⑦为开展反腐败合作的官员提供便利；⑧强化预防腐败机制，设立保护举报人的机制，成员经济体间实现技术、人员信息分享。

《北京反腐败宣言》最后呼吁："在既往反腐败承诺的基础上，我们将继续以身作则开展合作，共同打击本地区内各种腐败行为。我们将带着崭新的活力与姿态，通过扎实的行动和其他必要的有效措施，捍卫我们在维护地区安全、市场诚信、社会法治和可持续发展方面的共同利益。"《北京反腐败宣言》集中反映了各经济体就APEC反腐败合作重点及发展方向达成的共识，充分体现了中国在加强反腐败追逃追赃合作方面的关切和立场，对于引领亚太地区反腐败合作朝追逃追赃等务实合作方向发展具有重要意义。

二、反腐败国际合作的双边协定

（一）《中华人民共和国和澳大利亚关于刑事司法协助的条约》

《中华人民共和国和澳大利亚关于刑事司法协助的条约》于2006年4月6日签署，对适用范围、司法协助的中央机关、拒绝或推迟协助情形，以及请求的形式和内容等作了较明确的规定。该条约于2006年4月在堪培拉签署，共28条，主要包括条约的适用范围，司法协助的联系途径，拒绝司法协助请求或者推迟司法协助的理由，司法协助请求的形式和内容，执行司法协助的方式、规则和费用等。该条约有利于加强中澳两国在司法领域的合作，对于促进两国友好关系的进一步发展、推进我国对外开展腐败犯罪在澳人员的追捕和资产追回工作具有典范意义。

（二）《中华人民共和国和澳大利亚引渡条约》

《中华人民共和国和澳大利亚引渡条约》在2007年9月6日于悉尼签定。

2008年4月第十一届全国人民代表大会常务委员会第二次会议批准了这一条约。条约共23条，就引渡义务、可引渡的犯罪、应当和可以拒绝引渡的理由、对本国国民的引渡、引渡请求的内容和形式、引渡程序及特定规则等内容作了规定。条约的内容符合中国法律的基本原则和司法实践，贴合中国的利益和实际需要。

除美国外，澳大利亚一度被视为中国腐败官员的避难所，腐败官员通过各种手段将在境内非法所得转为房产、存款等在澳合法资产。2014年，我国发起声势浩大的全球追逃追赃的“猎狐行动”，要将带着非法所得移居海外的腐败官员或其家人遣返回国。2014年10月，据媒体报道，澳大利亚当局将查封中方通缉的7名经济逃犯资产，其中包括云南原省委书记高严、厦门原副市长蓝甫等。据悉，这些人大部分伪装成富商，并已获准定居悉尼。澳方警察还称，潜在嫌疑人还包括一些已经加入澳大利亚国籍的人。截至目前，已有周世勤、唐东玫、郭廖武、胡玉兴、赖明敏5名“百名红通人员”从澳大利亚归案。

早在2003年我国即与澳大利亚展开反腐合作，李继祥案是我国与澳大利亚警方联手成功追诉外逃贪官的“中澳司法合作第一案”。[①]李继祥是广东省南海人，原任国有公司南海市置业公司经理，1997年4月在广州注册成立了下属公司广州保税区长远国际贸易有限公司，并任该公司经理兼法定代表人。1998年，他与李运南合伙在香港成立中汇（香港）有限公司。经检察机关侦查，1998年6月至2001年5月期间，李继祥伙同李运南，违反政府住房基金使用的有关规定，利用职务之便，多次以合作经营投资的名义，采取由长远公司向住房资金管理中心借款的方式，非法挪用南海市政府住房基金。而后，李继祥分多次将上述挪用款项通过调汇公司、地下钱庄或随身携带等方式转往中汇公司和其他私人账户，共将4 000万元人民币转往澳大利亚购买别墅或存入其家属账户中使用。

2003年9月30日，闻得风声的李继祥经香港出境，潜逃到澳大利亚。南海区检查院通过佛山市检察院向广东省检察院请示，向澳方提出司法协助请求。澳大利亚联邦警察对李继祥以洗钱罪立案调查，中方就证据对澳方进行多次补充和协助。2011年，李继祥被澳大利亚昆士兰州最高法院以洗钱罪判

---

①《“中澳司法合作第一案”查办详情披露》，《法制日报》2011年9月27日。

处监禁 14 年，因利用犯罪收益违反澳国刑法 1995 第 400 章第 4 条，被判处监禁 12 年。该案正式开庭审理过程中，南海区检察院、广东省检察院组织有关证人进行了远程视频作证。由于该案发生时我国同澳大利亚尚未签订引渡条约，无法将李继祥直接引渡回国，所以主办机关采用了由澳大利亚直接审理的方法。双方长达 5 年的司法协助，成功追回了李继祥转移至澳大利亚的大部分财产，也使李继祥被澳大利亚的司法机关起诉判刑。这是不法分子在国内犯罪、在国外被追究刑罚的成功案例，具有重要的借鉴意义。

（三）《中加关于分享和返还被追缴资产的协定》

2016 年 9 月，我国与加拿大签署《中加关于分享和返还被追缴资产的协定》，对《中加刑事司法协助条约》关于查找、移交赃款赃物的规定进行了细化和补充。该协定规定，被非法侵占的财物如能认定合法所有人应予返还，对于没有或无法认定合法所有人的犯罪所得资产，缔约一方可在没收后，根据缔约另一方的协助情况按比例分享。这些规定为中加在追缴、返还和分享犯罪所得方面提供了可操作性较强的法律依据，有利于加强中加在境外追赃方面的合作。具体而言，对于转移至境外的犯罪所得，只要能够查明有合法所有人，如被贪污的政府或企业财产，就应依法返还合法所有人；在没有合法所有人的情况下，按分享的方式来处理，分享的比例取决于双方在办案中贡献的大小。在“分享”这一制度性安排下，我国可以最大程度地追回犯罪所得。该协定彰显了中国政府在国际追赃合作领域，特别是追缴境外腐败资产的坚强决心，是我国在追缴犯罪所得领域对外缔结的第一个专门协定。

我国和加拿大签署该协定的重要动因在于加拿大是我国腐败资金转出的主要国家。如赖昌星案，其于 2012 年 5 月被判处无期徒刑，并处没收个人全部财产，违法所得依法予以追缴，但其转移境外的资产一直找不到突破路径。而赖昌星通过香港的地下钱庄向加拿大转移至少 1000 万加元。中国银行广东开平支行原行长余振东，自 1993 年至 2001 年间伙同前任行长许超凡、经理许国俊贪污挪用银行资金 4.83 亿美元，为了转移资金，他们设立了非常复杂的洗钱程序，先由内地转往香港，在香港有 256 个洗钱账户，并在香港设立专门的公司洗黑钱，然后再流动到加拿大、美国。[①]

---

① 陈雷：《反腐败国际合作理论与实务》，中国检察出版社，2012，第 193 页。

（四）中国与新西兰的个案合作

在国际透明组织公布的2017年清廉指数排名中，新西兰排名第一，其廉政建设水平可见一斑。然而，新西兰是我国经济犯罪嫌疑人外逃的主要目的地之一。2015年4月，国际刑警组织中国国家中心局集中公布了针对100名涉嫌犯罪的外逃国家工作人员、重要腐败案件涉案人等人员的“红色通缉令”，其中有11名曾过境或逃到新西兰。百名红通人员中，原吉林通化金马药业集团有限公司董事长闫永明是我国通缉的重点对象之一。2016年11月12日，在中央反腐败协调小组国际追逃追赃工作办公室的统筹协调下，经中国和新西兰两国执法部门密切合作，潜逃海外15年之久的闫永明回国投案自首。[①] 为推动闫永明案件，中央追逃办统筹谋划，通过定期调度、专题会议、现场指导等形式，协调公安部和吉林省方面调动一切可以调动的资源和力量，攻坚克难。在中央有关部门的支持下，吉林省公安厅与新西兰警方开展了一系列警务合作。2005年5月，新西兰警方根据我方提供的涉嫌职务侵占犯罪证据材料，依法扣押冻结闫永明所属资金337.4万澳元（合1 936万元人民币），并于2007年6月全部返还中国。

闫永明逃到新西兰后，在中央追逃办、公安部的直接组织领导下，吉林省公安厅就追缴赃款、引渡闫永明与新西兰警方开展警务协作。经过协商，新西兰警方先后7次派员到吉林省调查取证，了解闫永明在我国涉嫌犯罪情况。我方向新西兰警方介绍了闫永明职务侵占的犯罪事实，移交了相关犯罪证据以及文书等资料，并就案件事实、引渡追赃等问题进行证据交换和协商。据统计，仅围绕新西兰警方对闫永明的反洗钱调查，我方就开展了大量调查取证工作，向新西兰警方提供相关证据材料达30 000余份。扎实的证据材料有力推动了案件的进展。新西兰警方根据我方提供的证据材料，申请法庭批准依法查扣、冻结闫永明相关资产近3 500万新西兰币（合1.7亿人民币），并以涉嫌洗钱罪对其提起民事诉讼，有效挤压了其在新西兰的生存空间，为促其退缴赃款和回国投案接受审判创造了有利条件。

---

① 《“红通5号”闫永明的新西兰脱罪幻梦》，载新华网，http://www.xinhuanet.com/world/2016-08/26/c_129256827.htm，2016年8月26日发布，访问时间：2021年9月5日。

在和新西兰追逃追赃合作中，我国主要运用的是劝返手段，而劝返仍处于实践层面，没有明确的法律、法规规定，对境外工作的具体规定仍待落实。在中新合作中，如何锁定、识别、追踪并遣返相关犯罪嫌疑人，是反腐败合作的重要问题。基于引渡的“条约前置原则”“本国国民不引渡原则”“死刑不引渡原则”，我国在新西兰的追逃合作仍存在一定困难，有待进一步推进。

（刘一帆、党涵宇参与了本章的撰写，特此致谢！）

思考题

1. 为什么反腐败会成为世界性难题?
2. 为什么反腐败需要开展国际合作？
3. 反腐败国际合作的主要领域和基本方式有哪些?
4. 反腐败国际合作面临哪些障碍?
5. 反腐败国际条约主要有哪些?
6. 请说明《联合国反腐败公约》的背景、主要内容及意义。
7. 请说明《北京反腐败宣言》的背景、主要内容及意义。
8. 请说明我国反腐败国际合作的领导体制与工作机制。
9. 我国《监察法》对反腐败国际合作的基本要求是什么？
10. 如何进一步加强我国的反腐败国际合作工作？

推荐文献

1. 欧斌：《国际反腐败公约与国内司法制度问题研究》，人民出版社，2007。

2. 李翔:《国际反腐败公约与国内法协调问题研究》, 中国人民大学出版社，2010。

3. 陈雷：《反腐败国际合作理论与实务》，中国检察出版社，2012。

4. 黄风：《中华人民共和国刑事司法协助法立法建议稿及论证》，北京大学出版社，2012。

5. 裴兆斌：《追缴腐败犯罪所得国际司法协助研究》，中国人民公安大学出版社，2013。

6. 彭新林：《我国反腐败国际追逃追赃长效机制构建的动因与路径》，《学术界》2021 年第 6 期。

7. 罗斌：《反腐败国际合作：追逃劝返制度的规则构建》，《东方法学》2019 年第 6 期。

8. 邱陵：《反腐败国际合作从联合侦查向自主侦查路径转变探讨》，《法学杂志》2019 年第 4 期。

9. 彭新林：《我国反腐败国际追逃追赃面临的挑战与对策》，《江西社会科学》2019 年第 9 期。

10. 陈雷：《我国反腐败国际追逃追赃现状、问题及展望》，《法律适用》2017 年第 12 期。

11. 韩琳：《〈联合国反腐败公约〉与中国反腐败国际合作——基于〈公约〉在中国实施评估的视角》，《广州大学学报（社会科学版）》2016 年第 3 期。

12. 张磊：《腐败犯罪境外追逃追赃的反思与对策》，《当代法学》2015 年第 3 期。

13. 黄风：《反腐败国际追逃合作：困难、问题与对策》，《人民论坛》2015 年 25 期。

14. 梅傲：《论我国的反腐败国际合作——以引渡诸原则的新发展为视角》，《理论月刊》2012 年第 7 期。

15. 过勇：《当前我国腐败与反腐败的六个发展趋势》，《中国行政管理》2013 年第 1 期。

16. 陈结淼：《〈联合国反腐败公约〉框架下我国反腐败国际合作机制的构建与完善》，《法学评论》2007 年第 5 期。

第八章　对监察机关和监察人员的监督

学习目标　通过本章的学习，学生可以掌握以下内容：1. 对监察机关和监察人员的监督体系构成；2. 职业道德与纪律作为柔性约束，对监察人员的具体监督作用；3. 四种具体监督措施的内涵及适用情形。

关键概念　人大监督；自我监督；保密义务；备案；回避；申诉；一案双查

第一节　监督体系及内容

英国思想史学家阿克顿勋爵曾言："权力会导致腐败，绝对的权力会导致绝对的腐败。"[①] 监察人员依照《监察法》行使监察权，对行使国家公权力的公职人员的行为进行调查、处置，如果没有对权力的监督制约机制，则不论是因为个人懈怠，还是为谋取个人利益，无疑会导致权力的滥用和腐败。权力滥用问题，从根本上来说源于权力在所有者与行使者之间的分离。根据我国《宪法》规定，中华人民共和国的一切权力属于人民，全国人民代表大会（简称全国人大）是最高国家权力机关。通过制定《监察法》，全国人大授权监察人员行使监察权，两者之间围绕国家监察权形成了委托－代理关系，国家是委托人，监察机关及其工作人员是代理人。在权力行使过中，由于信息不对称，国家无法有效观察、制约代理人，就会出现监察人员做出有损公共利益的行为。

基于此，我国《监察法》第七章"对监察机关和监察人员的监督"作出专门规定，由"人大监督""内部监督"和"外部监督"三个层次构成了一个立体监督体系。其中，人大监督是由监察委员会作为国家监察机关的政治地位所

---

①［英］阿克顿：《自由与权力》，侯健，范亚峰译，商务印书馆，2001，第 1 页。

决定；内部监督是监察机关通过设立内部专门监督机构的方式进行的监督；外部监督是为充分发挥第三方，尤其是社会监督的信息成本优势进行的监督。此外，根据《监察法实施条例》第二百五十一条规定，监察机关和监察人员必须自觉坚持党的领导，在党组织的管理、监督下开展工作，依法接受本级人民代表大会及其常务委员会的监督，接受民主监督、司法监督、社会监督、舆论监督，加强内部监督制约机制建设，确保权力受到严格的约束和监督。

一、人大监督

作为代议机关，中国的人民代表大会和西方国家的议会，对行政机关、监察机关和司法机关等具有宏观监视、督促和制约的权力。我国《宪法》第三条规定，监察机关由人民代表大会产生，对它负责，受它监督。可见，我国的人大监督，由其国家权力机关的性质决定，具有很高的权威性。人大监督的对象是，由其产生并向其负责的机关及其工作人员。根据《中华人民共和国各级人民代表大会常务委员会监督法》（以下简称《监督法》）规定，人大监督职权的主要内容有：听取和审议工作报告、预算执行、决算、发展计划和审计工作报告，对法律法规实施情况的检查，规范性文件的备案审查，询问、质询和特定问题的调查。人大监督的目的是促进国家机关依法行政、公正司法，保证国家法律的贯彻执行，防止权力滥用。“这种监督，既是一种制约，又是支持和促进。”[①]概括来说，人大监督主要包括法律监督和工作监督两部分。法律监督，是指对执行宪法和法律的监督，包括立法监督和执法检查；工作监督，是指人大听取审查政府和司法机关的工作报告，审查批准国民经济和社会发展计划、预决算，督促司法机关纠正冤假错案等。[②]

由于各级监察委员会是行使国家监察职能的专责机关，依照法律规定独立行使监察权，因此人大监督主要涉及执法检查和工作监督两大方面。根据《监察法》第五十三条规定，各级监察委员会应当接受本级人大及其常委会的监督。监督方式主要有三种：一是各级人大常委会听取和审议本级监察委员会的专

---

① 全国人大常委会办公厅研究室：《中华人民共和国人民代表大会文献资料汇编 1949—1990》，中国民主法制出版社，1990，第 624 页。

② 尤光付：《中外监督制度比较》，商务印书馆，2003，第 84-89 页。

项工作报告；二是组织执法检查；三是县级以上各级人大及其常委会举行会议时，人大代表或者常委会组成人员可以依照法律规定的程序，就监察工作中的有关问题提出询问或质询。可见，我国各级监察机关在法律上有服从人大及常委会监督的义务，并且以作出专项工作报告、接受执法检查、接受询问和质询四种方式具体履行被监督义务。

（一）听取、审议工作报告

报告是公文的一种形式，主要在向上级汇报工作、反映情况、提出意见或者建议、答复上级机关的询问时使用。工作报告，是指党政机关、企事业单位和社会团体，按照有关规定，定期或不定期地向上级机关或法定对象汇报工作。汇报的内容包括前一阶段的工作情况和后一阶段的工作部署。比如，党的代表大会、人民代表大会、政协大会上的各类工作报告，各机关、单位的年度工作报告、阶段性工作报告等。工作报告的目的是让上级机关掌握本单位的基本情况，并及时进行工作指导，所以“汇报性”被认为是工作报告的基本属性。这一属性意味着报告者要向上级陈述做了什么工作，是怎样进行的，有什么经验、体会，存在什么问题，今后有什么打算、建议，行文一般采用叙述方法。上级机关通过工作报告，可以掌握信息，更好进行宏观指导以及具体决策、指导和协调等工作。

我国《监督法》第二章就各级人大常委会听取和审议人民政府、人民法院和人民检察院专项工作报告作了专门规定。听取和审议工作报告是人大监督的基本形式。通过这种方式，发现行政、监察、司法机关是否有违宪违法行为，尽量防止或纠正。实践中，衍生出执法检查、代表视察和工作评议等监督方式。《监察法》第五十三条规定，各级监察委员会应当接受本级人大及其常委会的监督。各级人大常委员会听取和审议本级监察委员会的专项工作报告。就具体实施来说，根据《监察法实施条例》第二百五十二条规定，由监察委员会主任在本级人大及其常委会报告专项工作；在报告之前应当与人大有关专门委员会沟通协商，并配合开展调查研究等工作；各级人大常委会审议专项工作报告时，监察委员会应当根据要求派出领导成员列席并听取意见；监察委员会应当认真办理本级人大常委会反馈的审议意见，并按照要求书面报告办理情况。可见，新成立的国家各级监察机关，同样有义务接受本级人大及其常委会的监督。通过给监察机关设置具体的“专项工作报告”

义务，可以充分落实《宪法》所确立的，国家机关向产生它的国家权力机关负责并接受监督的组织原则。可以预期，《监督法》的修订工作将很快提上人大的议事日程。

从法理角度来说，《监督法》在补充了监察机关部分完成修订工作后，人大监督内容当中的“听取、审议专项工作报告”具体规定，同样适用于各级监察机关。实际上，不管是在中央还是地方，都已有专门的法律法规来规范人大常委会“听取、审议专项工作报告”的活动。在中央层面，我国《监督法》第二章（第八条至第十四条）针对“听取、审议专项工作报告”问题作出了规定，主要有四个方面内容：一是报告启动方式和议题设置。启动方面，主要由人大常委会每年选择若干关系改革发展稳定大局和群众切身利益、社会普遍关注的重大问题，有计划地安排报告，同时，被监督机关也可以要求报告。议题设置方面，主要根据通过执法检查、人大代表提议、人民信访等途径反映的问题来确定。二是事前工作。人大常委会可以对有关工作进行视察和专项调查，对各方意见加以汇总交由报告机关作出回应。三是报告的递交时间和汇报人。四是审议意见的处理。人大常委会听取、审议报告后，形成审议意见，由汇报机关处理后递交书面报告，人大常委会再次就执行情况进行决议，最终向人民代表大会通报并向社会公布。在地方层面，比如为规范加强听取和审议专项工作报告事宜，2017 年 12 月 29 日，江阴市第十七届人大常委会第七次会议就通过了《江阴市人大常委会听取和审议专项工作报告实施办法》。

上述法规的施行情况，试举二例。2018 年 3 月 9 日，在第十三届全国人民代表大会第一次会议上，时任最高人民检察院检察长曹建明所作的工作报告，主要包括过去五年工作回顾（具体工作的开展、成绩、不足和挑战），以及 2018 年度的工作建议两大部分。2017 年 11 月 3 日，十二届全国人大常委会第三十次会议审议了最高人民法院院长周强所作的关于人民法院全面深化司法改革情况的报告，以及时任最高人民检察院检察长曹建明所作的关于人民检察院全面深化司法改革情况的报告。会前，全国人大监察和司法委员会开展了专题调研，听取各方意见和建议，研究论证，形成专题调研报告并印发会议。

（二）执法检查

明朝宰相张居正曾说："盖天下之事，不难于立法，法之必行；不难于听言，言之必效。"亚里士多德也在《政治学》里提过一个关于法治的著名论断："法治应包含两重意义：已成立的法律获得普遍的服从，而大家所服从的法律又应该本身是制订得良好的法律。"[①]不难看出，中外思想家都洞察到了有效执行法律对于通过法律治理社会工程来说至为关键。法律的生命力在于实施，诚哉斯言。根据我国《宪法》规定，作为国家权力机关的各级人大，制定、修改、解释法律并监督法律的贯彻实施，是其基本职权和职责。法律制定出台以后，是否得到了有效执行和服从，法律实施的效果如何，这就需要作为立法者的人大及其常委会进行事后的检查、督促和评估。就对监察权的监督来说，我国《监察法》第五十三条规定，各级人大常委会听取和审议本级监察委员会的专项报告，组织执法检查。《监察法实施条例》第二百五十三条规定，各级监察委员会应当积极接受、配合本级人大常委会组织的执法检查，对本级人大常委会的执法检查报告应当认真研究处理，并向其报告处理情况。

关于人大常委会组织执法检查的展开来说，我国《监督法》在第四章专门就"法律法规实施情况的检查"作了规定。因此，执法检查构成了人大监督的法定形式和重要途径，也是人大推动法律贯彻实施、推进法治国家建设的主要抓手。具体来说：首先，关于检查事项，各级人大常委会根据工作需要，可以选择若干关系改革发展稳定大局和群众切身利益、社会普遍关注的重大问题，有计划地对涉及监察工作的有关法律、法规实施情况组织执法检查。其次，关于检查报告，在检查结束后，应当及时提出执法检查报告，提请人大常委会审议。再次，关于报告内容，包括对法律、法规实施情况进行评价，提出执法中存在的问题、改进的建议，以及对有关法律、法规提出完善的建议。最后，关于检查报告的处理，由人大常委会形成审议意见交由本级监察委员会处理，监察委员会将研究处理情况再向人大常委会提出报告。

实践中，执法检查在各级人大常委会的日常工作中占据着重要分量。从全国人大常委会2018年监督工作计划的"执法检查"安排中可以看到，该年

---

① ［古希腊］亚里士多德：《政治学》，吴寿彭译，商务印书馆，1965，第199页。

度全国人大常委会将组织人员对《统计法》《传染病防治法》《大气污染防治法》《防灾减灾法》《农产品质量法》和《海洋环境保护法》六部法律的实施情况进行专门检查。检查重点是各地区各部门贯彻执行这些法律的基本情况，并按照时间表形成执法检查报告提请十三届全国人大审议，具体工作由全国人大各专门委员会负责实施。行动方面，2018年6月11日至14日，全国人大常委会副委员长丁仲礼率执法检查组在江苏省就贯彻实施《大气污染防治法》情况开展检查。[①]同期，四川省人大常委会检查组在四川省绵阳市开展《四川省农村扶贫开发条例》执法检查。[②] 2018年6月25至27日，全国人大常委会副委员长陈竺率队在吉林省进行《传染病防治法》执法检查。[③]只有通过开展这些具体、扎实的检查工作，才能真正发挥好执法检查"法律巡视"监督的利剑作用。

（三）询问和质询

在西方国家，质询和询问是代议机关常采用的监督方式。质询，是指议员以集体或个人名义，对于政府工作或其他事物中的违法或者失误等情况，依据一定的法律程序和条件，向政府的首脑和主要成员质疑问难，并要求口头答复或者一定期限内书面答复。询问，是指议员向政府成员就某事发问了解情况，针对一般问题，不带强制性，只以回答为始终。此外还有质问，是指提出的问题涉及重大的政府行为，一般针对违法渎职行为，有强制性，需要一定数量的议员附议并以书面形式提出，政府在一定期限内予以回答。

在我国，询问和质询是宪法和法律赋予人大常委会组成人员的一项重要职权，是人大常委会行使对政府、法院、检察院监督职权的一种重要形式。根据宪法和有关法律规定，《监督法》对询问和质询作了规范化、程序化的规定。这是我国法律第一次对各级人大常委会的询问和质询作出统一的

---

① 苏仁轩，王晓映，倪方方：《全国人大执法检查组来苏开展大气污染防治法执法检查》，《新华日报》2018年6月15日，第1版。

② 李桥臻：《省人大常委会检查组来绵开展〈四川省农村扶贫开发条例〉执法检查》，《绵阳日报》2018年6月14日，第1版。

③ 张绵绵：《全国人大常委会在吉林省开展传染病防治法执法检查》，载全国人民代表大会网，http://www.npc.gov.cn/zgrdw/npc/xinwen/syxw/2018-06/28/content_2057021.htm，2018年6月28日发布，访问时间：2020年5月4日。

规定。运用好询问和质询权，对于加强人大常委会监督工作，促进“一府一委两院”依法行政、公正司法，克服形式主义和官僚主义，具有重要意义。就对监察权的监督来说，我国《监察法》第五十三条规定，县级以上各级人大及其常委会举行会议时，人大代表或常委会组成人员可以依照法律规定的程序，就监察工作中的有关问题提出询问或者质询。《监察法实施条例》第二百五十四条规定，各级监察委员会在本级人大常委会审议与监察工作有关的议案或报告时，应当派相关负责人到会听取意见，回答询问。监察机关对依法交由监察机关答复的质询案，应当按照要求进行答复。口头答复的，由监察机关主要负责人或者委派相关负责人到会答复。书面答复的，由监察机关主要负责人签署。

具体来说，询问和质询是人大常委会组成人员对政府及其部门、法院、检察院、监察委工作中，不清楚、不理解、不满意的方面提出问题，要求有关机关作出说明、解释的一种活动。询问和质询的主要区别是：询问是人大常委会组成人员在审议讨论议案和有关报告时，就议案、报告中不清楚、不理解等事项向有关机关提出问题，要求答复；质询是人大常委会组成人员对有关机关工作中不理解、有疑问的问题，提出疑问和质疑，要求答复。询问的功能，主要是获取情况，同时也有批评的功能；质询的功能，主要是批评，同时也有获取情况的功能。因此，两者之间的侧重点有所不同。需要注意的是，询问和质询，是人大常委会组成人员的个人行为，不是人大常委会的集体行为。人大常委会组成人员享有询问和质询权的基础，是人大常委会对“一府一委两院”的监督权。询问和质询的目的，是获知“一府一委两院”的工作情况和其他有关情况，对工作提出批评，以督促他们改进工作中的缺点和错误，提高依法办事水平和工作效率。所以，询问和质询虽然是人大常委会组成人员的个人行为，但其性质是人大常委会行使监督权的方式之一。

在我国，根据《全国人民代表大会组织法》（1982）和《全国人民代表大会议事规则》（1989）规定，在全国人大开会期间，一个代表团或 30 名以上委员联名，可以对国务院及其各部委提出质询案；在全国人大常委会开会期间，常委会组成人员 10 名以上委员联名可以书面向常委会提出对国务院及其各部委、最高人民法院和最高人民检察院的质询案。在全国人大审议议案的时候，代表们提出询问，有关机关在代表小组和代表团会议上进行说明。另外，根据《监督法》第三十五条第一款规定：“全国人民代表大会常务委

员会组成人员 10 人以上联名，省、自治区、直辖市、自治州、设区的市人民代表大会常务委员会组成人员 5 人以上联名，县级人民代表大会常务委员会组成人员 3 人以上联名，可以向常务委员会书面提出对本级人民政府及其部门和人民法院、人民检察院的质询案。”该条第二款还规定：“质询案应当写明质询对象、质询的问题和内容。”由此，人大以询问和质询方式行使监督权问题，就具备了法律上的根据，同时也是实践操作的具体指南。

二、内部监督

如果说人大监督是由监察委员会作为国家监察机关政治地位所决定的，是一种有权机关自上而下进行的监督，那么，内部监督则是监察机关通过在自身机构中设立专门督机构进行的监督。《监察法》设置内部监督制度的目的在于，加强监察机关自身建设，严明政治纪律，建设一支让党和人民满意的监察队伍。新形势下党的执政环境越来越复杂，反腐败形势依然严峻，从严治党需要将所有执行国家公权力的公职人员纳入监督范围，由此在监察机关内部设立针对自身行使监察权的监督机构，凭借其监督的专业性、便利性，无疑能使《监察法》赋予的权力更好地贯彻执行。对此，我国《监察法》第五十五条规定，监察机关通过设立内部专门监督机构等方式，加强对监察人员执行职务和遵守法律情况的监督，建设忠诚、干净、担当的监察队伍。

（一）专门机构设置

《监察法实施条例》在第二百五十八条就监察机关内部监督的专门机构设置与工作机制进行了具体规定，即监察机关应当建立监督检查、调查、案件监督管理、案件审理等部门相互协调制约的工作机制。监督检查和调查部门实行分工协作、相互制约。监督检查部门主要负责联系地区、部门、单位的日常监督检查和对涉嫌一般违法问题线索处置。调查部门主要负责对涉嫌严重职务违法和职务犯罪问题线索，进行初步核实和立案调查。案件监督管理部门负责对监督检查、调查工作全过程进行监督管理，做好线索管理、组织协调、监督检查、督促办理、统计分析等工作。案件监督管理部门发现监察人员在监督检查、调查中有违规办案行为的，及时督促整改；涉嫌违纪违法的，根据管理权限移交相关部门处理。

就实践操作来看，监察委员会主要通过设立干部监督室等内部专门的监督机构，探索日常监督和案件调查部门分设，建立问题线索处置、调查、审理各部门的相互协调、相互制约工作机制等方式，强化自我监督。以陕西省监察委员会为例，其在组织机构中单独设立了纪检监察干部监督室，作为自我监督的职能部门。其主要职能是：负责监督监察系统干部执行国家法律法规的基本情况，受理干部违法问题的举报、线索处理和审查工作，并提出处理建议，以及对本部门工作人员进行日常管理和监督。

就制度配套来看，根据全国人大关于《中华人民共和国监察法（草案）》的说明中对监察机关自我监督所做的阐释，《监察法》与党的纪律监察机关监督执纪工作规则相衔接，将实践中行之有效的自我监督做法上升为法律规范。这些具体制度包括打听案情、过问案件、说情干预的报告和登记备案制度；监察人员未经批准与被调查人、涉案人员及其特定关系人接触或存在交往情形的登记备案制度；回避制度；监察机关涉密人员脱离岗位后的保密义务；辞职、退休后3年内的从业禁止义务；对监察机关及其工作人员不当行为，被调查人及其近亲属有权申诉的责任追究制度。

（二）执法队伍建设

《监察法》第五十五条规定，监察机关应当加强对监察人员执行职务和遵守法律情况的监督，建设忠诚、干净、担当的监察队伍。可见，监察机关自我监督的内容，主要包括执行职务和遵守法律两大方面。具体来说，执行职务是指监察人员代表监察机关行使职权、履行法定义务，其行为产生的法律后果由监察机关负责。遵守法律是对监察人员的一般要求，不论是在执行职务还是在日常生活中，监察人员都应严格遵守国家法律法规。

实际上，考虑到人的惰性以及执行职务可能带来的个人风险，如高强度的办案压力，调查特定当事人受到的人身攻击、威胁等情况，监察人员可能会产生厌倦、逃避和敷衍职责的心理和行为，加上监察人员执法还会面临金钱等利益的诱惑，很容易产生徇私枉法问题。监察机关创建了种种制度措施和道德信条来解决执法人员的这种“道德风险”问题。制度创造方面，包括两种：一是硬约束作用机制，比如防止员工迟到早退的上班打卡、签到制度，防止阅卷人徇私舞弊的密封卷制度，监督执法人员不当执法的执法记录仪技术的采用等；二是软约束作用机制，比如大多数团体、机构和企事业单位，

都形成了自己独特的、高度凝练的、富有感召力的集体精神、服务宗旨等理念信条，从而在心理层面激励同时也是约束成员的行为，让他们为了集体的事业能尽职尽责。

对监察人员在执行职务和遵守法律两方面进行监督的最终目的，在于建设理想的监察队伍，由此保证《监察法》立法任务的实现。监察机关自我监督的目的在于，督促执纪者必先守纪，律人者必先律己，促使纪检监察干部做到忠诚坚定、担当尽责、遵纪守法、清正廉洁。忠诚干净担当，这是打铁必须自身硬的具体化，是每一位监察人员的基本标准。就监察机关对监察权运行进行监督的具体方式来看，根据《监察法实施条例》第二百五十九条、第二百六十条和第二百六十一条的规定，主要可以归纳为三个方面：一是对监察权运行关键环节的经常性监督检查；二是通过定期检查监察工作中形成的案件资料等，加强对调查全过程的监督；三是对监察人员涉嫌违法犯罪问题进行调查处置。

另外，从内部监督促进监察队伍建设的目标来看，首先，忠诚是对监察人员的第一位政治要求。监察人员长期工作在反腐败斗争一线，目睹种种问题，若没有坚定的政治立场和牢固的党性原则，长此以往就很容易动摇立场，丧失基本信念。保持政治忠诚，就需要始终在思想行动上同党中央保持高度一致，坚决贯彻党的路线方针政策，坚决维护党中央权威和集中统一领导。其次，干净是对监察人员自身廉洁的要求。自身的廉洁是监察人员行使调查处置权的底气。监察人员必须做遵守纪律、讲规矩的表率。监察人员因为手中的权力，相对更容易腐败，因此应坚守党纪国法的底线，杜绝泄露工作秘密、擅自处理问题线索等问题，严禁办人情案、关系案。只有守住了党纪国法，才能做到清清白白、干干净净。最后，担当首先体现在做好本职工作、勇于承担责任上，也体现在对被监察对象的高要求、严管理上。监察人员尤其是监察机关领导干部要敢于监督，公正严格执法，以党和人民利益为重，这是对国家、对历史的担当。同时，也要肩负起领导班子、队伍建设的责任，在教育、锻炼、培养方面多下功夫，切实履行职责。

三、外部监督

如果说内部监督是监察机关在内部设置专门机构对自己进行的监督，那么，外部监督则是为充分发挥第三方，尤其是社会监督的信息成本优势进行的监督。如前所述，所有的监督制度从设计原理上来说，都是因为权力的委托人和受托人之间存在着信息不对称问题，导致受托人在执行权力的过程中可能会做出有损委托人利益的事情。因此，制度设计的目标就是通过增加信息的透明度，增强受托人行为的可控制性，形成有效制约，减少委托－代理问题带来的成本。外部监督制度的设立，就是要利用广泛、多元的监督主体获取执法行为的信息，形成高效、低成本的监督网络。可见，获取和传递有效、清晰的执法行动信息，是整个监督制度体系的核心功能。

俗话说："事从两来，莫怪一人。"这意味着实现这一任务，需要监察机关和外部监督主体共同努力，由此降低信息获取成本。一方面监察机关要主动公开工作信息，另一方面外部监督者要积极获取执法工作的信息，并进行督促、建议。基于这一考量，我国《监察法》第五十四条规定，监察机关应当依法公开监察工作信息，接受民主监督、社会监督、舆论监督。就外部监督来说，《监察法》有两个层面的要求：一是监察机关有依法公开工作信息的义务；二是由哪些主体对监察机关进行外部监督。而立法规定本条的主要目的，是明确监察机关具有自觉接受各方面监督的义务。党的十九大报告指出，要加强对权力运行的制约和监督，让人民监督权力，让权力在阳光下运行，把权力关进制度的笼子。强化自上而下的组织监督，改进自下而上的民主监督，发挥同级相互监督作用，加强对领导干部的日常管理监督。可见，监察法从人大监督、内部监督到外部监督的立法设计，全面体现并落实了党中央关于权力监督的总体部署。

（一）信息公开义务

国家机关工作信息的公开，最直接的效果就是让该机构所展开的工作透明化，让外界有一个直观、便捷的了解、认知通道，由此为监督、建议和批评创造基本条件。信息公开作为一项制度措施，可以使相关工作受到监督制约，有效避免人情、利益等因素的干预和腐蚀。然而，对义务主体来说，这一项需要付出专门的人力、财力，并对潜在的权力寻租机会构成障碍。由此可见，除非强制性要求公开工作信息，接受外界监督，权力机关没有动力主动公开自己的工作信息。在这个意义上，《监察法》将监察工作信息公开设定为监察机关的法定义务，具有重要的制度学意义。

我国实施信息公开制度的原因主要有：一是我国政府公开制度改革与发展的要求。自1998年起，中央就在全国范围内推行村务公开。二是实现人民当家作主民主权利的需要。《宪法》第四十一条规定，公民对于任何国家机关和国家工作人员，有提出批评和建议的权利；对其违法、失职行为，有提出申诉、控告或检举的权利。行使这些权利，前提是知情，在种种知情的渠道中，信息公开是最不可或缺的制度，规范性强、成本低廉、参与面广又效果明显。三是信息公开是防止腐败的治本之策。工作信息的公开化，能有效避免暗箱操作或腐败。[①]在这个意义上，我国《监察法》第五十四条规定："监察机关应当依法公开监察工作信息，接受民主监督、社会监督、舆论监督。"《监察法实施条例》第二百五十五条规定："各级监察机关应当通过互联网政务媒体、报刊、广播、电视等途径，向社会及时准确公开下列监察工作信息：（一）监察法规；（二）依法应当向社会公开的案件调查信息；（三）检举控告地址、电话、网站等信息；（四）其他依法应当公开的信息。"监察机关具有信息公开义务，应当建立健全监察工作信息发布机制，在主流媒体和主要网站第一时间发布监察工作信息，主动公开工作流程，自觉接受人民监督和新闻媒体监督。尤其是对社会广泛关注、涉及人民群众切身利益的重大案件查办等工作，监察机关要严格执行有关规定，及时将有关情况向社会公开。

实际上，信息公开同样是我国政府、法院和检察院等国家机关的法定职责，并且取得了良好效果。2008年起施行的《政府信息公开条例》，就是为了保障公民、法人和其他组织依法获取政府信息，提高政府工作的透明度，促进依法行政，充分发挥政府信息对人民群众生产、生活和经济社会活动的服务作用。该条例要求各级政府建立信息公开制度、设立专门机构负责，并就公开的范围、程序、方式、监督和保障等基本问题作了详细规定，尤其是"以公开为原则，以不公开为例外"原则的确立，有效推进了政府信息公开的深度和广度，也体现了这项工作的严肃性、彻底性。如今，不管是政府还是法院、检察院、监察委员会等国家机构，都会通过诸如官方网站、专门的信息发布网站、手机公众号等平台发布工作信息，以保证公众知情权。值得注意的是，自2014年起，最高人民法院在互联网建立审判流程、裁判文书、执行信息三

---

① 周汉华：《起草〈政府信息公开条例〉（专家建议稿）的基本考虑》，《法学研究》2002年第6期。

大公开平台，并建立了中国裁判文书网平台，统一公布各级人民法院的生效裁判文书。截至2018年7月11日，中国裁判文书网单日新增文书3.9万多篇，文书总量4 800多万篇，访问总量175亿多次，已成为全球最大裁判文书网。[①] 这些制度和措施，无疑为各主体对法院工作信息的了解、监督，提供了基础保障，使得监督、知情等权利落到了实处。

由此看来，在监察机关工作推行信息公开制度，实际上是一种“倒逼机制”，虽然具体工作处在制度管理的最末端，但信息从生成的那一刻起，就有了回溯执法行为合法性的强大效力，意味着公开出来的信息要经历一系列考验，具备诸如合法合理、敢于见光、经得起争辩等基本特征。[②] 打铁还需自身硬；杜绝“灯下黑”。政务公开制度，犹如打开了一扇永远也不可能再关上的大门，真正让执法部门的职务行为处在阳光之下，激活了所有有关权力监督制约难题的密码。

（二）民主监督、社会监督和舆论监督

根据我国《监察法》第五十四条规定，对监察机关及其工作人员的外部监督，主要有民主监督、社会监督和舆论监督三种方式。

1. 民主监督

民主监督，一般是指人民政协或者各民主党派等主体，对监察机关及其工作人员的工作进行监督。党的十九大报告指出，加强人民政协的民主监督，重点监督党和国家重大方针政策和重要决策部署的贯彻落实。在我国，人民政协的主要职能是对国家的大政方针和地方重要事务，以及群众生活、爱国统一战线内部关系等重要问题进行政治协商，并通过提出建议和批评，发挥民主监督的作用。根据《政协全国委员会关于政治协商、民主监督的暂行规定》，民主监督的主要内容包括国家宪法与法律、法规的实施情况，中共中央与国家领导机关制定的重要方针政策的贯彻执行情况，国民经济和社会发展计划及财政预算执行情况，国家机关及其工作人员在履行职责、遵守法纪、为政清廉等方面情况，参加政协的各单位和个人遵守政协章程和执行政协决

① 数据来源于中国裁判文书网，http://wenshu.court.gov.cn，2018年7月11日访问。

② 周汉华：《〈政府信息公开条例〉出台始末》，《电子政务》2008年第7期。

议的情况。民主监督的主要形式有：政协全国委员会的全体会议、常委会议或主席会议向中共中央、全国人大常委会、国务院提出建议案，各专门委员会提出建议或有关报告，委员视察，委员提案，委员举报或以其他形式提出批评和建议，参加中共中央、国务院有关部门组织的调查和检查活动。根据《监察官法》第四十五条、《监察法实施条例》第二百五十六条规定，特约监察员制度是独特的监察监督方式，通过选聘特约监察员履行监督、咨询等职责，提出加强和改进监察工作的意见、建议。特约监察员的名单应当向社会公布。监察机关应当为特约监察员依法开展工作提供必要条件和便利。

2. 社会监督

社会监督，一般是指公民、法人或其他组织对监察机关及其工作人员的工作进行监督。其中，公民监督，是指公民依据主权在民原则和宪法规定的权益保障要求，对公共管理的行为和项目所开展的监督。公民在一定的政治体制中基于谋求和运用合法权利去实现各种公共利益的目的，参与或影响公共政策的制定与执行，就是政治参与中的公意表达。另外，公民维护自身合法权益的过程，实际上也是在国家和社会之间矫正着政府行为与公民意愿选择之间的冲突。这两者均起到了监管、督促政府行为的作用。[①]各国公民监督的制度依据，主要是法律法规当中规定的基本权利和政治参与的知情权。

当代社会的公民监督，一般都是在公民的政治参与过程中完成的。这种参与监督的权利，体现在种种参与的途径和方式上。总体上看，投票和接触是很多国家公民监督常用的方式。对此，我国《宪法》在第二十七条、第四十一条规定了中国公民有批评权、建议权、申诉权、控告权和检举权。《行政复议法》《行政诉讼法》等法律还规定公民有广泛的知情权。此外，法人或其他组织亦是主要的监督主体，由于这些主体代表着各行各业的特殊利益和要求，积极参与民主管理活动成为党政部门联系各行业和各界的桥梁，起到了集中反映利益诉求的作用。在这个过程中，法人或者组织尤其是行业协会能够依托各自的群众基础和专业优势，沟通信息，为政府管理部门出谋划策的同时，还能够对不公正、不合理的行为和违法行为予以揭露、谴责，并要求有关部门纠正、查处或补救，从而推动相关工作的进步，提高效率，克服官僚主义和反腐倡廉。

---

① 尤光付：《中外监督制度比较》，商务印书馆，2003，第348页。

3. 舆论监督

舆论监督，一般是指公众和媒体借助大众传媒，对国家机关及其公职人员履行公共职责过程中出现的违法违纪等权力滥用行为和失德言行，进行披露、批评和建议，进而形成舆论，督促相关机关及人员及时予以回应和纠正，从而实现对公共权力的监督与制约。[①] 关于舆论监督制度在中国的起源和确立问题，有学者认为，“舆论监督”一词是由中国共产党提出的“批评与自我批评”和“群众监督”理念，经话语模式转换而成。“舆论监督”作为一个概念在我国的出现，可追溯至1950年8月30日《人民日报》刊登的文章《报纸上的批评与自我批评》：“必要时并组织读者集体力量，实行群众舆论监督，以达到批评的目的。”1945年毛泽东在和黄炎培的“窑洞对话”中，就触及了由人民监督政府的问题。关于黄炎培提出的历朝历代都没有能跳出兴亡周期率问题，毛泽东指出：“我们已经找到新路，我们能跳出这周期率。这条新路，就是民主。只有让人民来监督政府，政府才不敢松懈。只有人人起来负责，才不会人亡政息。”[②] 邓小平在1957年也曾说：“党要受监督，党员要受监督。所谓监督来自三个方面。第一是党的监督。第二是群众的监督。第三是民主党派和无党派民主人士的监督。”[③] 在党的十八大报告中，舆论监督依然居于重要地位。报告指出：“加强党内监督、民主监督、法律监督、舆论监督，让人民监督权力，让权力在阳光下运行。”这些党的重要理论和政策的形成和完善，确立起了党和政府舆论监督观的核心内容。

具体来说，舆论监督的主体包括公民和媒体，相应包括新闻舆论监督和公民舆论监督两种模式。首先，舆论监督的对象。由于监督权是保障公民依法参与国家和公共事务管理的一项民主权利，因此其核心功能是对国家机关及其工作人员的职务行为和可能影响其公正履职的道德言行，进行批评、建议、督促和制约。其次，舆论监督的内容。由于舆论监督是以权利监督、制约权力的民主形式和途径展开，因此其主要内容只能是批评、建议、揭露，而非

---

① 李延枫：《舆论监督：概念辨析与重新认识》，《新闻与传播研究》2017年第4期。

② 史全伟：《“我们能跳出这周期率”——中国共产党人关于社会主义民主政治建设的思考与探索》，《北京日报》2011年4月11日。

③ 邓小平：《共产党要接受监督》，载中共中央文献编辑委员会《邓小平文选（第1卷）》，人民出版社，1994，第270页。

表扬。最后，舆论监督的手段。传统媒体时代以新闻舆论监督为主，主要局限于传统媒体。[①]在新媒体时代，舆论监督手段得到了极大丰富和扩展，发展出多种新媒体形式，尤其是网络作为现代传媒的重要手段，具有其独特的优势和强烈的时代特征。从BBS、博客、微博、朋友圈、微信群等，到各级纪检监察网站，甚至个人的维权网络平台，都可以成为反腐倡廉和提升反腐败力度的新阵地。比如，目前我国从中央到地方的监察委员会网站，都设有专门的“监督举报”专栏，及时向社会公众曝光违法违纪问题，也同时给社会各界进行舆论监督提供了坚实的平台。习近平总书记说：“对网上那些出于善意的批评，对互联网监督，不论是对党和政府工作提的还是对领导干部个人提的，不论是和风细雨的还是忠言逆耳的，我们不仅要欢迎，而且要认真研究和吸取。”[②]总之，舆论作为一种马克思所说的“普遍的、隐蔽的、强制的力量”，在新时期新的媒体技术条件下，无疑会对公职人员权力行使发挥越来越重要的监督作用。

第二节 监察人员职业道德与纪律

基于委托-代理存在的信息不对称问题，行使公权力的公职人员会做出有违代理人利益的事情，通过人大监督、内部监督和公民监督三种制度措施，在理论上能够有效减少这一问题带来的社会危害。然而，单方面从监督视角进行的公权力约束，往往成本高昂，制度绩效并不特别显著。对于行使公权力的公职人员而言，人大监督、内部监督和其他主体的监督，无论如何都只是一种外在的监控和督促，因此具有被动性、信息费用高等诸多不足。实际上，在给社会带来违法违纪后果这个问题上，行使公权力的公职人员更知情，也更能有效避免和预防危害后果的发生。由此，实践中立法者往往会对监察人员的职业道德和纪律提出严格要求，由此从内部、外部双向对权力的不恰

---

① 丁柏铨：《改革开放以来中国共产党的舆论监督观》，《南京社会科学》2017年第10期。

② 习近平：《在网络安全和信息化工作座谈会上的讲话》，《人民日报》2016年4月26日，第2版。

当甚至违法行使进行监督、规范。从社会总成本角度看，这种监督制约方式可以极大提高公权力监督效率。

我国《监察法》对监察人员职业道德与纪律约束方面的规定，主要体现在第五十六条和第五十九条。对此可以归纳为三个方面：一是政治素质和业务能力；二是守法要求和职业操守；三是保密义务和择业禁止。《监察官法》第十条关于监察官应当履行的义务、第十二条关于担任监察官应当具备的条件，对监察官的政治立场、业务能力、身体条件和心理素质等方面作了明确规定。此外，《监察法实施条例》第二百六十六条规定，监察机关应当对监察人员有计划地进行政治、理论和业务培训。

一、政治素质与业务能力

（一）政治素质

政治素质在党的干部队伍建设中意义重大，一直以来都受到了特别重视。毛泽东同志指出："没有正确的政治观点，就等于没有灵魂。"邓小平同志强调："到什么时候都得讲政治。"习近平总书记在中央政治局"三严三实"专题民主生活会上强调："我们中央政治局的同志必须有很强的看齐意识，必须经常看齐、主动看齐，这样才能真正看齐。这是最最紧要的政治。"2016年11月开始实行的中共中央《关于新形势下党内政治生活的若干准则》强调："全党必须牢固树立政治意识、大局意识、核心意识、看齐意识，自觉在思想上政治上行动上同党中央保持高度一致。"就监督执纪工作来说，全面从严治党面临新形势新要求，迫切需要提高纪检干部的能力素质。各级纪委要以更高的标准、更严的纪律要求纪检监察干部，保持队伍纯洁，努力建设一支忠诚、干净、担当的纪检监察队伍。可见，政治素质是纪检干部第一位的素质，是纪检干部综合素质的核心。

国家制定监察法，设立各级监察委员会作为行使国家监察职能的专责机关，对所有行使公权力的公职人员进行监察，实现了党对反腐败工作的集中统一领导，构建了一个党统一指挥、全面覆盖、权威高效的监督体系。然而，由于监察工作政治性极强，出现任何疏漏或问题，都会给全面从严治党、党风廉政建设和反腐败斗争造成损失。因此，讲政治就是要求监察人员"具有良好的政治素质"，核心是要增强"四个意识"，提高政治觉悟、严守政治

纪律，与党中央保持高度一致，坚决维护党中央权威。监察人员要切实把“四个意识”体现在思想上和行动上，把政治和业务有机统一起来，紧跟中央要求，坚定政治立场，把责任追究真正落到实处，推动全面从严治党不断向纵深发展。

具体来看，对监察人员提出的政治素质要求，主要包括政治方向、政治立场、政治观点、政治纪律、政治警觉性、政治鉴别力等，其内涵主要有以下六方面：一是把握坚定正确的政治方向，始终站在党和人民的立场，始终维护最广大人民群众的根本利益。二是维护党章、执行党章，以党章为尺度衡量党组织和党员的行为。三是自觉执行中央决策部署，牢固树立“四个意识”，始终同党中央在思想上政治上行动上保持高度一致。四是严格执行政治纪律和政治规矩，不仅要模范遵守政治纪律，而且要坚决维护和正确执行政治纪律，把正确执行政治纪律作为判断政治素质高低的标尺。五是始终保持政治定力，保持对反腐败工作正确清醒的认识，始终保持“四个足够自信”，把政治定力转化为工作动力。六是明确提高政治素质是纪检干部的首要任务。要善于站在正确的政治立场看问题，善于从政治的高度把握问题，综合运用批评教育、组织处理、纪律处分等方式，惩前毖后、治病救人。善于从政治效果出发处置问题，审慎选择问题线索处置手段，让手段为政治效果服务。[①] 据此，我国《监察法》第五十六条规定，监察人员必须具有良好的政治素质。《监察官法》第十条规定，监察官应当自觉坚持中国共产党领导，严格执行中国共产党和国家的路线方针政策、重大决策部署。

（二）业务能力

党的十九大报告明确指出，要建设高素质专业化干部队伍。习近平总书记在党的十九大报告中强调：领导 13 亿多人的社会主义大国，我们党既要政治过硬，也要本领高强，要求全党增强“八种本领”。具体来说，就是要增强学习本领、政治领导本领、改革创新本领、科学发展本领、依法执政本领、群众工作本领、狠抓落实本领、驾驭风险本领等八大本领。由此可见，不管是干部队伍专业化建设，还是党员干部、公职人员练就干好自身工作的过硬本领，首要的是增强学习本领。在中央政策层面，就学习本领问题，习近平

---

① 张英伟：《切实提高纪检干部的能力素质》，《中国纪检监察报》2016 年 9 月 21 日，第 5 版。

总书记在党的十九大报告中指出："要增强学习本领，在全党营造善于学习、勇于实践的浓厚氛围，建设马克思主义学习型政党，推动建设学习大国。"这就要求广大党员干部必须增强学习能力，努力钻研知识，丰富知识面，为科学应对各种问题储备知识。乐于学习、善于学习要成为一种习惯，保持这种良好的习惯有助于党员干部充分吸收和消化时代的营养，提高本领。

一般来说，业务能力主要包括业务知识的熟练掌握程度、业务技能的正确运用能力、业务标准的精确把握能力、工作任务的贯彻执行能力，以及工作态度和专业化水平。就其内涵来说，主要有以下四个方面：一是政策执行能力。党的十八大以来，纪检监察工作实现了从理念到思路、从内容到方法全方位的跃升，监察人员要把学习掌握和运用这些新理念新政策作为当务之急。二是监察法运用能力。纪检干部要准确掌握监察法的具体规定，把握违反法律的各种情形和具体形态，掌握调查、处置的情形和尺度。三是综合研判能力。全面、准确地分析判断调查处置中遇到的新情况新问题，抓住事物要害，找到解决问题的办法。四是实际操作能力。熟练掌握运用监察法执行当中的标准要求、方式方法、规程路径、载体手段，掌握问题线索摘录、谈话技能、函询回复审核、调查取证方法、文书撰写、语言使用等基本功。就业务能力的提高来说，要在掌握基本知识和技能的基础上，重点把握以下三个方面：一是努力提高工作效能。二是创造性研究解决难题。善于综合、吸收借鉴，善于针对热点、焦点、难点问题提出解决问题的新理念新思路。三是积极探索把握规律。勤于钻研、积累经验，及时总结提炼，善于把工作中零散的感性认识上升为理性的系统的认识。①

业务能力是监察人员的基本素质。监察人员的业务能力直接影响监察法规的贯彻执行。特别是在新时期从严治党、深入展开反腐败工作的时代背景下，监察机关工作人员的业务能力显得尤为重要。我国《监察法》第五十六条针对监察人员的业务能力问题从两个方面提出了要求，分别是"熟悉监察业务"和"具备运用法律、法规、政策和调查取证等能力"。此外，《监察官法》第十二条对担任监察官所应具备的条件中对此予以明确。

首先，《监察法》第五十六条规定中的"熟悉监察业务"，主要是指监

---

① 张英伟：《切实提高纪检干部的能力素质》，《中国纪检监察报》2016年9月21日，第5版。

察人员必须掌握监察专业知识及相关业务知识。党的十九大报告强调，注重培养专业能力、专业精神，增强干部队伍适应新时代中国特色社会主义发展要求的能力。考虑到监察工作内容复杂、涉及面广、专业性强，要求监察人员不仅要具有较高的政治素质和工作热情，而且必须具有较强的业务能力。其次，“具备运用法律、法规、政策和调查取证等能力”，主要是指监察人员必须掌握相关法律、法规、政策知识，并善于在调查取证等工作中加以运用。监察机关依法对行使公权力的公职人员进行监察，调查职务违法和职务犯罪，因此监察人员必须具备相应知识和能力，努力养成严、实、深、细的工作作风。最后，“自觉接受监督”这一立法目的主要在于通过给监察人员设置义务，落实外部监督权。一般是指监察人员要坚定理想信念，提高政治站位，充分认识严管就是厚爱，把监督当成一种关心、爱护和保护，增强遵纪守法的自觉性，用实际行动证明，监察人员队伍是一支党和人民信得过、靠得住的队伍。

二、守法要求与职业操守

（一）模范守法

模范守法对于法治文明的重大意义得到了思想家的高度关注。著名哲学家苏格拉底，法庭指控他不信仰城邦供奉的神并蛊惑青年被判处服毒自杀的刑罚。虽然他的学生们成功找到营救其逃狱避难的办法，并劝说判他有罪是不正义的，但都遭到严正拒绝。最终，苏格拉底慷慨选择接受刑罚。临行前他告诉学生，自己被国家判决有罪，如果逃走，法律得不到遵守就会失去效力和权威，正义也就不复存在了。法律只有被遵守才有权威性，进而才能有国家基本的秩序和社会正义的存在，而这正是我们一直追求并为之奋斗的。

显然，苏格拉底洞察到，共同体选择实行法治，成员都将会获得法治带来的好处；当自己违法时，即使法律规定偶有错误，也不应该机会主义地逃避制裁。这是因为，只有通过守法，才能让停留在纸面上的规则变为现实的秩序，才能让法治文明真正鲜活起来，进而落地生根，在时间、空间上不断累积、扩展和延伸，社会才能逐渐感受到法治的优越性，普通大众也才会真正去选择和信服法律，由此才能确立起法治的权威。与之相反，如果任何人因为自己承担了法律责任不得不付出代价的时候，就指责法律的不公正或者以其他借口公然违法，当这样的选择蔚然成风，就会在全社会形成巨大的符号效应，人人得而效仿，从而使法律规定成为一纸空文，法治的效果无从发挥，法治的信用也就无从建立，法治权威的建立更是遥遥无期。

实际上，相比于普通百姓守法之于法治昌明的价值，国家公职人员守法的意义更为重大。公职人员在执行国家法律赋予的权力的过程中，代表的是国家的形象，如果不能遵守法律，比之于普通百姓的不守法，无疑对法律秩序的危害更为严重。具体到我国《监察法》，第五十六条要求监察人员必须模范遵守宪法和法律，这一条的立法目的就是要监察人员做遵守宪法和法律的标杆。

特别值得关注的是，考虑到监察工作人员家属经商及从事有偿法律业务对于监察权运行可能造成的不利影响，我国《监察官法》对此提出明确要求。《监察官法》第五十条规定："监察官应当遵守有关规范领导干部配偶、子女及其配偶经商办企业行为的规定。违反规定的，予以处理。"第五十一条规定："监察官的配偶、父母、子女及其配偶不得以律师身份担任该监察官所任职监察机关办理案件的诉讼代理人、辩护人，或者提供其他有偿法律服务。"此外，由于监察权特殊的权力性质，为了预防并规范监察机关利用职权非法干扰企业的生产经营问题，《监察法实施条例》提出了具体要求。《监察法实施条例》第二百七十一条规定："监察机关在履行职责过程中应当依法保护企业产权和自主经营权，严禁利用职权非法干扰企业生产经营。需要企业经营者协助调查的，应当依法保障其合法的人身、财产等权益，避免或者减少对涉案企业正常生产、经营活动的影响。查封企业厂房、机器设备等生产资料，企业继续使用对该财产价值无重大影响的，可以允许其使用。对于正在运营或者正在用于科技创新、产品研发的设备和技术资料等，一般不予查封、扣押，确需调取违法犯罪证据的，可以采取拍照、复制等方式。"

监察人员作为行使监察权的公职人员应当模范守法，根本上是由其工作性质所决定。法律的生命力在于执行。依法治国，法律要有权威，而监察工作的权威，会受到监察人员形象的影响。监察人员在行使监察权过程中，如果懂法不守法、知法犯法，就会给社会造成非常大的负面影响，监察权由此会失去社会信任，监察机关的形象一落千丈，监察法的权威必然也大打折扣。与此同时，监察人员违法犯罪和权力寻租的帽子，会被扣到所有监察人员的头上，群体的职业使命感和荣誉感必将受到很大冲击，从而给监察工作的有效开展带来极大挑战，并显著增加整个社会的监督成本。

正是基于上述考虑，党中央一贯高度重视包括监察人员在内的国家工作人员，尤其是领导干部的模范守法问题。党的十八大以来，习近平总书记多次对国家工作人员学法用法工作作出重要指示，强调要抓“关键少数”，要求领导干部要做尊法学法守法用法的模范。党的十八届四中全会明确提出，要“坚持把领导干部带头学法、模范守法作为树立法治意识的关键，完善国家工作人员学法用法制度”。党的十八届五中全会明确要求“增强全社会特别是公职人员尊法学法守法用法观念”。可见，我国《监察法》将“模范守法”设置为监察人员应当履行的义务，正是对党中央关于公职人员学法用法守法政策理念的落实。总之，监察人员要牢固树立法治观念，培养增强法律意识，提高遵守法律的自觉性，做遵纪守法的模范。

（二）职业操守

模范守法是公职人员行使国家公权力的前置性条件。然而，在履行公务过程中，怎样才能激励公职人员尽职尽责、公正廉洁呢？尽管公职人员公务行为的结果好坏往往与一定的奖惩措施挂钩，但现实中仍然有大量的工作绩效或行为后果，难以和特定公务行为的疏忽或过错直接关联，因此导致考评监督体系作为一种“硬约束”难以发挥作用，更谈不上通过法律法规直接问责相关人员的职务行为。公职人员在职务行为上的付出得不到清楚、直接评价的时候，认真履职的动力就会不足。由此，任何一个共同体的集体理性，无疑都会期待其公职人员能“全心全意为人民服务”，但现实是，从公职人员的个人理性来说，最佳的选择却是懈怠、偷懒或者混日子。

解决问题的现实需求，催逼人们发明了一系列非物质手段对公职人员的行为加以激励。这些非物质手段，也就是精神性的，之所以能发挥作用，主要是由于人类对荣誉和社会地位的追求。相比于法律法规这样的硬制度，像清规戒律、名声礼仪等这类软约束，是最为典型的精神性激励措施。在中国古代，儒家文化就构成了整个社会治理机制的核心规范。作为其核心的“礼治”，是说只要每个人遵守符合其身份、地位的行为规范，就可以维持理想的社会，国家可以长治久安。[①] 实际上，这些洞见只不过是对广阔天地人们生产生活实践理性的高度抽象、凝练的表达而已。历史上曾经有过的，如今依然发挥作

---

① 张维迎：《博弈与社会讲义》，北京大学出版社，2014，第 419 页。

用的那些各行各业的职业道德、行为操守等，就是演化出来的激励代理人（公职人员作为其中一种）努力工作的创造物。

执行监察权的监察人员，同样需要一套软约束来激励。我国秦代的《为吏之道》，就明确列举了作为官吏选任标准的“五善”之举：“一曰忠信敬上，二曰清廉毋谤，三曰举事审当，四曰喜为善行，五曰恭敬多让。五者毕至，必有大赏。”这些规定也当然适用于监察官，尤其是其中“清廉毋谤”“举事审当”等要求，针对性很强。[①] 明代《宪纲事类》对监察官的职业纪律也有相似规定：“风宪之职，其任至重。行止语默，必须循理守法。若纤毫有违，则人人得而非议之，为风宪之累矣。……在我无暇，方可律人。”[②]“在我无暇，方可律人”的执法前提，就是现代社会所说的“打铁还需自身硬”标尺。在这个意义上，我们才能理解《监察法》第五十六条、《监察官法》第十条关于监察人员职业操守的义务性规定，即应当忠于职守、秉公执法，清正廉洁、勤勉尽责，努力提高工作质量和效率。

根据《〈监察法〉释义》，所谓“忠于职守”，是指监察人员必须认真履行职责，坚守工作岗位，恪尽职守。对于自己范围内的事要坚持原则、竭尽全力、克服困难、任劳任怨，以对国家、对人民高度负责的精神，圆满完成本职工作。“秉公执法”，是指监察人员在履行职责中应实事求是，正确运用权力，客观、公正地执行国家法律。监察人员必须尊重事实，重证据、重调查，以事实为根据，以法律为准绳，不徇私枉法，客观、公正地严格执法。“清正廉洁”，是指监察人员在履行职责过程中必须廉洁奉公，不利用职权谋取个人私利。监察机关的性质和任务决定了监察人员首先要做到廉洁奉公，不贪赃枉法，不以权谋私。只有这样，才能在监督、促进监察对象遵纪守法、廉洁奉公等方面，真正做到“执法如山”“铁面无私”。

通过《监察法》规定这样一套抽象化的职业操守准则，无疑具有强烈的宣示意义。几乎同样的法律义务设置，也出现在《法官法》和《检察官法》中。由于执行行政权力的公职人员群体数量相对庞大，国家通过《公务员法》

---

① 张晋藩：《中国古代监察法制史（修订版）》，江苏人民出版社，2017，第107页。

② 张晋藩：《中国古代监察法制史（修订版）》，江苏人民出版社，2017，第376页。

对公务员的职业道德和纪律作出更为详细的规定。该法要求将“认真履行职责、努力提高工作效率”“全心全意为人民服务、接受人民监督”“忠于职守，勤勉尽责”“恪守职业道德，模范遵守社会公德”“清正廉洁，公道正派”设置为公务员应当履行的法定义务。为了让这些宣示性法律条款得到贯彻落实，2016年中共中央组织部、人力资源和社会保障部、国家公务员局联合发布《关于推进公务员职业道德建设工程的意见》，专门就推进公务员道德建设工程提出了若干指导意见。其中，特别强调公务员职业道德建设，要突出政治性、示范性、约束性、可操作性，以“坚定信念、忠于国家、服务人民、恪尽职守、依法办事、公正廉洁”为主要内容。通过这些法律法规的要求，公职人员尤其是监察人员的职业道德有了基本的行为规范指引。日常工作中，这些职业守则在不断宣传后就会深入人心，成为监察人员对照、评价自己履职的标尺，荣辱效应广泛渗透进每一个人的心灵，从而大大激励其为工作尽职尽责。

三、保密义务与职业禁止

（一）保密义务

监察人员依照《监察法》对所有行使公权力的公职人员进行监察，调查职务违法和职务犯罪时，能够作出行政处分决定、问责和移送检察院提起公诉等处置措施，因此该职务行为就直接和特定公职人员或者单位的切身利益关联。如此，公职人员职务行为所代表的国家利益和被监察对象的个体利益之间，就形成了尖锐的冲突。

从掌握违法、违纪行为的线索，到调查、确认和处置，关键是建立起一整套有关被监察对象相关行为的信息。社会是一张无与伦比的大网，我们每个人是网上的一个结点。因此，这些工作的完成不是在真空中进行的。监察人员在社会当中扮演着各种角色，履行职务会受到人情等关系的干扰，或者面临金钱等利益的诱惑，或者遭遇人身伤害等威胁，就很有可能将工作中只能由特定时间、特定人物知晓的信息泄露出去。这无疑会构成监察工作开展的障碍或损失。

如何保证监察人员不背叛单位、组织和国家利益，泄露工作秘密呢？美国法学家波斯纳曾言，法律是为有效率的行为创造激励的制度。立法通过给泄露国家秘密、工作秘密的行为附加相应的制裁，形成“行为模式”+“法律后果”的禁止性法律规则，能有效防止泄密行为的发生。同时，也可以通过奖励模范，激励相关人员保守秘密。例如，我国清代即对监察官员的保密义务作出规定：可查阅机密档案，但不能私自带出，泄露档案内容。凡科道官员所上奏折，不可与人商量，如本人自行泄露密奏，或私自存留底稿者，一经发觉，治以重罚。顺治十八年（1661 年）规定：“言官题奏，应密不密者，罚俸六个月。”[①] 我国现行规范国家秘密的法律法规，最主要的依据是《保守国家秘密法》和《保守国家秘密法实施条例》。《保守国家秘密法》对保护国家秘密的范围和密级、保密制度、监督管理和法律责任等问题作了专门规定。另外，《公务员法》《法官法》和《检察官法》也就执行国家权力的公职人员保守国家秘密和工作秘密问题进行了专门规范。广州市制定的《广州市保守工作秘密规定》，是我国首部关于保守工作秘密的地方性规章。公安部也出台了《公安机关警务工作秘密具体范围的规定》。《中国共产党章程》和《中国共产党纪律处分条例》则对党员保守党的秘密提出了严格要求和处置措施。这些规范构成了我国保密工作领域最基本的法律规范体系。

根据这些法律法规的界定，所谓国家秘密，是指关系国家安全和利益，依照法定程序确定，在一定时间内只限一定范围的人员知悉的事项。工作秘密，是指除国家秘密以外的，在公务活动中不得公开扩散的事项，一旦泄露，会给本机关、本单位的工作带来被动和损害的工作事项。另外，《保守国家秘密法》也对保守秘密的基本问题和规范方式作了较为全面的规定。例如，对各单位实行保密责任制度、管理制度、保密措施、宣传教育，密级的确定、范围、期限，以及涉密工作人员的权利义务和管理等。

具体到我国《监察法》，第五十六条概括性地对监察人员提出了保守秘密的职业操守要求。第五十七条规定，对监察人员打听案情、过问案件、说情干预的，应当及时报告，有关情况登记备案；另外对于监察人员未经批准与特定涉案对象等人交往，知情人应及时报告，有关情况备案登记。第五十九条则重点对脱密期的保守秘密问题进行了规范，要求监察机关涉密人员离岗离职后，应当遵守脱密期管理规定，严格履行保密义务，不得泄露相

---

① 张晋藩：《中国古代监察法制史（修订版）》，江苏人民出版社，2017，第 449 页。

关秘密。根据《监察法》释义，监察人员的“保守秘密”义务，主要是要求监察人员必须牢固树立保守党和国家秘密的观念，严格遵守保密法律和纪律，严守有关保密工作的规定。对脱密期的义务性要求，在于避免特定时期内不适合公开的事项泄露出去。

另外，《监察官法》《监察法实施条例》也针对监察人员的保密义务作了进一步规定。比如，《监察法实施条例》第二百六十七条规定：“监察机关应当严格执行保密制度，控制监察事项知悉范围和时间。监察人员不准私自留存、隐匿、查阅、摘抄、复制、携带问题线索和涉案资料，严禁泄露监察工作秘密。监察机关应当建立健全检举控告保密制度，对检举控告人的姓名（单位名称）、工作单位、住址、电话和邮箱等有关情况以及检举控告内容必须严格保密。”第二百六十八条规定：“监察机关涉密人员离岗离职后，应当遵守脱密期管理规定，严格履行保密义务，不得泄露相关秘密。”

“打铁还需自身硬”，各级监察机关执掌着监督执法问责的权力，“保守秘密”就是监察工作中不可撼动的底线，要在工作中秘而不宣、守口如瓶，加强对线索处置、谈话函询、初步核实、审查审理、涉案款物管理等环节的监督，尽量建立审查全程录音录像，对打听案情和说情干预的予以登记备案。另外，相关人员要严格遵守保密法律和纪律，在脱密期内自觉遵守就业、出境等方面的限制性要求。有关部门和单位也要切实负起责任，加强对离岗离职后涉密人员的教育、管理和监督。唯有保密法律规范的警钟长鸣，才可能筑起保密工作的“铜墙铁壁”。

（二）职业禁止

行使公权力的公职人员，需遵守职业操守，全心全意地为了国家利益或者公共利益恪尽职守、兢兢业业，不得利用公职为个人谋取利益。然而，现实中个人利益和公共利益的潜在冲突司空见惯。追求自身利益的人性，决定了人们免不了会考虑自己、亲属、朋友或其他关系密切者的利益，公职人员也不例外。这也是利益冲突存在于任何国家、任何时代的主观原因。另外，公权力在国家和个体之间的委托 - 代理关系，客观上给了个体谋取私人利益的空间。[①] 在理论上，这种普遍的社会现象被抽象为“利益冲突”问题。

① 杜治洲：《我国防止利益冲突制度的顶层设计》，《河南社会科学》2012年第1期。

一般来说，利益冲突是指公职人员在行使公权力的过程中，所代表的公共利益与其个人或其亲属的利益发生背离的一种状态。这种背离状态可能导致腐败行为的发生，但它不等同于腐败，只是蕴含腐败发生的可能性。[①]国家公职人员离开公职岗位以后，有可能利用过去担任公职所形成的声望、影响、便利和关系等资本，为自己或者他人谋取利益。比如，公共行政伦理专家提出的"旋转门现象"，主要是说公职人员退休或者离职以后，进入民营企业、学校等单位任职，或者从后者进入前者，这样双重的"旋转"。在美国，旋转门双向流动频繁，如果是由企业转任政府，则服务于智库、游说公司并由利益集团主导，对政府决策过程有重要影响；如果是由政府转任企业，则通过关系资本获取政策资源或其他利益。在中国，从民营企业到政府任职极少，智库也大多附属政府，不存在游说公司问题，同时，相关法律法规对离退休公职人员、干部，设置了三年的空档期限制。[②]

利益冲突对公职人员的职业伦理带来了极大挑战。一般来说，各个国家和地区的法律政策，并不是禁止国家公职人员离职后就业，而是对其"后就业"进行了种种限制，以避免利益冲突问题的发生。实践中，衍生出来的对策性措施主要有：回避制度、兼职取酬制度、财产申报制度、禁止收受贿赂制度、岗位轮换制度、离职后的行为限制等。比如，2014年韩国通过限制离职公职人员就业的《公职人员职业道德法》修正案。根据该法案，公务员离职后3年内，不得在私营企业等营利机构任职，也不得在受其安全监督、认证许可、管制采购等非营利机构和受中央、地方政府委托业务的协会工作，甚至不得担任学校、医院、社会福利机构法定代表人；二级以上的高级公务员，离职后不得在其离职前5年所属的任何机构任职。美国在1978年就通过了《政府职业道德法》，并于1989年对该法进行了大幅修改且另制定《伦理改革法》。英国的《公务员管理法》和《企业就业规则》，也对离职公务员的就业进行了限制。法国于1991年设立专门委员会，审查公务员长期休假期间以及离职后

① 熊缨，刘鹏，刘洋：《试论公职人员离职后的就业限制——基于国际比较的视角》，《天津行政学院学报》2015年第5期。

② 董志霖：《中美"旋转门"现象对比研究》，《经济社会体制比较》2017年第6期。

的个人行为。[①]实际上，限制离职公职人员的就业，已经成为各国的一项通行惯例。

在我国，为全面贯彻从严治党、从严管理干部要求，完善公务员监督约束机制，加强权力运行的制约和监督，形成用制度规范从业行为、防止出现公务员辞去公职后从业中的违纪违法现象，2017年4月28日，中央组织部、人力资源和社会保障部、国家市场监督管理总局、国家公务员局联合印发《关于规范公务员辞去公职后从业行为的意见》。该意见不但对公务员辞职后就业的时间、范围、活动性质提出了明确要求，而且就公务员辞职后从业限制期间活动报告义务、备案、监督和处置等问题进行了规范。《监察法》第五十九条规定，监察人员辞职、退休3年内，不得从事与监察和司法工作相关联且可能发生利益冲突的职业。根据《监察法》释义，该条的立法目的在于避免监察人员在职期间利用手中权力为他人谋取利益，换取辞职、退休后的回报，或在辞职、退休后利用自己在原单位的影响力为自己谋取不当利益。对此，《监察官法》第四十九条和《监察法实施条例》第二百六十九条进一步明确要求，监察人员离任后，不得担任原任职监察机关办理案件的诉讼代理人或者辩护人，但是作为当事人的监护人或者近亲属代理诉讼、进行辩护的除外。监察人员被开除后，不得担任诉讼代理人或者辩护人，但是作为当事人的监护人或者近亲属代理诉讼、进行辩护的除外。

监察人员应当履行谨慎注意的义务，在辞职、退休3年内，如果打算从事的职业与监察和司法工作有关，且可能引致他人怀疑与原工作内容产生利益冲突的应当事先征求原单位意见。不过，需要注意的是，如果监察人员是被辞退、被开除而离职的，不适用关于从业限制的规定。这主要是考虑到被动离职人员已经失去良好的个人信誉，离职后即使从事与监察和司法工作相关联且可能发生利益冲突的职业，也难以在原单位发挥影响力。但是，如果属于监察机关涉密人员，即便是被辞退、被开除而离职，仍要遵守脱密期管理的要求。可见，通过法律对离职公职人员从业加以限制，能有效地预防并减少因“利益冲突”问题引发的对侵蚀公共利益、冲击公职人员廉洁性问题，增强大众对政府和公权力的信任。

---

① 郑曦：《离职公务员就业限制是各国通例》，《民主与法制时报》2015年1月8日，第3版。

综上所述，政治素质和业务能力是监察人员作为公职人员执行国家公权力的前提，是第一位的要求和前置性条件，否则做好监察工作无从谈起。首先，守法要求和职业操守要求，是对监察人员在执行监察权过程中提出的要求。作为监督权力行使的主体，只有比普通大众更模范遵守宪法法律，才能树立执法权威和确立执法信心，也才能很好胜任本职工作。其次，保密义务和职业禁止，主要是考虑到监察人员执法的特殊性问题。为了避免执法秘密泄露造成不应有的国家损失，必须为监察人员设立保密纪律，落实保密职责。最后，职业禁止制度，同样是监察法立法逻辑的自然延伸。通过这些纪律和规范的约束，可以更好促进监察人员更好地履行本职工作，实现国家监察立法目标。

第三节　监督措施

对监察机关和监察人员的监督，第一节主要是从制度角度，介绍了监督体系及其内容。第二节主要是从人的角度，介绍了监察人员的职业道德与纪律约束。就性质来说，权力监督是一种对权力行使现场、过程进行的监视、督促和管理，因而，上述监督体系和职业规范作为一种“干预”机制，所起的作用是对权力行使“不当”的警示、发现和举报，是立法设计的预防权力滥用的“事前”性措施安排，推动实现预防、减少权力腐败危害社会的立法目的。就规则分类来说，现行监督法律规范，在内容上呈现出模糊性和概括性，只是一种有关权力行使和担纲者的“原则”性期待，而不是附带具体惩罚措施的“规则”。理想状态下，如果监察人员不仅拥有良好的职业素养，而且能真正做到自我约束，就不需要来自各方的监督，也就不会出现权力腐败问题。然而，利益冲突问题的普遍存在，启发立法者“信任不能替代监督”，除了正面的原则性要求之外，还需要从反面对执法过程中发生的、不利于执法公正和权力合理使用的行为，通过具体的管制措施给予纠正，“防患于未然”。为此，《监察法》第五十七条、第五十八条、第六十条，分别通过规定报告备案制度、回避制度和申诉制度，实现了对权力腐败行为的制度化预防和处理。

一、备案

在《商君书·定分》的开篇，变法发动者秦孝公对商君公孙鞅开门见山地提出了这样一个问题："法令以当时立之者，明旦欲使天下之吏民皆明知而用之，如一而无私，奈何？"意思是说，立法之后，要想在旦夕之间，使天下的所有官员和百姓都能明确知道和严格服从法律，并且能够保证法制统一、执法公正，该如何是好呢？学者凌斌将其称之为法治建立的"孝公难题"。[①]与昔日秦代通过竹简记载传递法律规定不同，现代社会发达的印刷、传媒技术，使法律为公众"明知而用之"不再成为问题。然而，局部视野下的执法公正和全局视野下的法制统一，仍然是恒久的问题。每一名执法者都是社会关系之网络的一个节点，执法者所维护的公共利益是抽象的、指向未来的，但帮助获取事关他人利益的执法信息或者对案件的不当干预，能获得眼前的、实在的个人利益。受限于高昂的信息费用，执法者对案件的干预、过问、说情，甚至和当事人的接触、交往，外界很难确定对执法公正造成了何种程度的影响。退一步说，影响的存在与否都是问题，况且这种影响的外现往往还需要一个过程。因此，对执法者的不当行为，立法上的控制策略就只能瞄准行为，而不是行为造成的结果。通过多渠道发现、报告和记录这些行为，在问题出现的时候就有了调查追责的线索，同时也能威慑此类行为的发生。这一机制，就是实践中广泛使用的报告备案制度。

（一）适用情形

我国《监察法》第五十七条规定："对于监察人员打听案情、过问案件、说情干预的，办理监察事项的监察人员应当及时报告。有关情况应当登记备案。发现办理监察事项的监察人员未经批准接触被调查人、涉案人员及其特定关系人，或者存在交往情形的，知情人应当及时报告。有关情况应当登记备案。"根据《监察法》释义，本条是关于办理监察事项报告、备案的规定，主要目的是完善过程管控制度，避免出现跑风漏气、以案谋私、办人情案等问题。这既是对监察人员的严格要求，也是真正的关心爱护。所谓严格要求，

---

① 凌斌：《法治的中国道路》，北京大学出版社，2013，第 27 页。

意味着监察人员介入、干预案件，或者私自接触，都会受到监督、管理，有案可查，这无疑会形成有效的威慑。所谓关心爱护，是说有了这条法律规定，办理监察事项的监察人员一方面对外界的说情干预有了拒绝的理由，另一方面在出现问题时可以为案件的处理决定提供合理解释。

根据《监察法》第五十七条、《监察法实施条例》第二百六十二条和《监察官法》第四十六条的规定，报告备案制度具体适用于两种情形：一是监察人员对案件的干预。对监察人员在线索处置、日常监督、调查、审理和处置等各环节，有打听案情、过问案件、说情干预等行为的，办理监察事项的监察人员应当按照有关规定及时向组织反映。可见，这一类型的行为，指的是非办理监察事项的监察人员对办案信息、决策的影响。具体来看，"打听案情"意味着试图间接获取案件有关信息，有利于他人隐匿罪证、选择应对策略；"过问案件"则是直接介入，表面上看并没有提出什么要求，但却成功利用私人身份对案件处理施加了影响；"干预案件"则是试图直接改变案件正常依法办理的逻辑。这几个层次的"干预"之间，是一个程度不断升级的过程。二是监察人员违反规定接触有关人员。办理监察事项的监察人员，未经批准接触被调查人、涉案人员及其特定关系人，或者存在交往的情形，应该及时报告备案。接触、交往，意味着可能会泄露工作秘密、接受好处或者作出其他可能违反严格、公正执法的行为。由于人与人的交往、接触，是生活展开的基本方式，立法者没有办法快速、直接地确定特定的交往是否有违执法公正，所以只能记录下来以备事后监督。

实际上，对于公职人员干预执法事务，违反规定接触、交往特定人员的行为，其他行业也有类似规定。比如，《法官法》第三十二条规定，法官不得"利用职权为自己或者他人谋取私利"，不得"私自会见当事人及其代理人，接受当事人及其代理人的请客送礼"。《中国共产党纪律检查机关监督执纪工作规则》第六十四条规定："对纪检监察干部打听案情、过问案件、说情干预的，受请托人应当向审查调查组组长和监督检查、审查调查部门主要负责人报告并登记备案。发现审查调查组成员未经批准接触被审查调查人、涉案人员及其特定关系人，或者存在交往情形的，应当及时向审查调查组组长和监督检查、审查调查部门主要负责人直至纪检监察机关主要负责人报告并登记备案。"

（二）行为处理

针对监察执法中存在的两大类干预行为，有关人员应当及时报告，有关情况应当登记备案。具体来说，对于打听案情、过问案件和说情干预的，由承办案件的监察人员报告；对于违反规定接触、交往特定人员的，由知情人报告。上述有关情况都应当登记备案。这意味着《监察法》通过设置义务的方式，将报告、记录备案落实为特定人员的法定职责。根据《监察法》释义，这里的知情人，既包括共同办理该监察事项的其他监察人员，也包括被调查人、涉案人员及其特定关系人或者其他人员。对干预行为，监察机关应当全面、如实记录，做到全程留痕，有据可查。需要注意的是，对于上述违法干预案件、接触相关人员的监察人员，应当依法给予政务处分；是党员的，要依照《中国共产党纪律处分条例》追究党纪责任；构成犯罪的，还应当依法追究刑事责任。

所谓备案，根据《现代汉语词典》解释，是指“向主管机关报告事由，存案以备查考”。可见，备案作为一种行为或者状态，其结果并不会对需要备案的事项产生实质性影响。但作为一项法律制度，其内容涉及两个主体，即当事方和接受登记方，分别具备告知功能和公示功能。就性质来说，备案制度是一项程序性的法律秩序。按照主体不同，备案可以划分为法人组织备案、行业组织备案、行政管理备案、立法监督备案、司法执法备案、监察备案和其他备案。司法执法备案，主要是指公安、检察、审判、监察、监狱等司法部门，在履行法律规定的执法职能时，依照组织法与相关制度要求所进行的备案。[①] 作为监察措施之一，针对案件事项的干预问题所设立的报告备案，属于监察备案。

实际上，在现实生活中几乎所有的公职人员履行职务都会受到来自各个方面的请托、干预等不同程度的影响。其中，需要特别重视的是来自领导干部的影响。也就是在这个意义上，报告备案制度在很多领域都发挥着规避执法干预的作用。2015 年，中共中央办公厅、国务院办公厅联合印发《领导干部干预司法活动、插手具体案件处理的记录、通报和责任追究规定》，其中

---

①谢靖，谢海宁：《备案制度属性与分类刍议》，《青海社会科学》2009 年第 2 期。

第五条规定："对领导干部干预司法活动、插手具体案件处理的情况，司法人员应当全面、如实记录，做到全程留痕，有据可查。以组织名义向司法机关发文发函对案件处理提出要求的，或者领导干部身边工作人员、亲属干预司法活动、插手具体案件处理的，司法人员均应当如实记录并留存相关材料。"可以说，出台这一规定就是要建立防止执法干预的"防火墙"和"隔离带"，为执法机关依法独立公正行使职权提供制度保障。为贯彻落实该规定，最高人民法院、最高人民检察院和公安部相继出台落实该规定的实施办法。其中，《人民法院落实〈领导干部干预司法活动、插手具体案件处理的记录、通报和责任追究规定〉的实施办法》，以"全面记录、专库录入、整体报送、不实问责"作为总体思路，通过12条规定对外部过问行为的记录对象、录入程序、例外情形、报送程序和特别事项，以及对法院相关工作人员的问责、保障措施等问题作了全面规范。

总之，作为一种程序性的法律机制设计，报告备案制度能够对监察程序中的不当干预问题形成有效制约和控制，从而为监察人员公正办案提供健康的环境和有效激励，最终推动监察质效的全面提高。

二、回避

公职人员在履行职务过程中，除了主动打听、过问案情，干预案件或者违反规定接触特定人员以外，还可能因为客观上存在的血亲、姻亲和其他利益关系，对监察工作产生不当影响。因此，既然公职行为和私人利益产生了冲突，最佳的选择之一就是避开冲突。倘若明智的立法者洞察到了这一基本的约束条件，就应该将这一策略上升为具有强制性的、普遍的社会规范。不论是古老的法谚"任何人不得是自己案件的法官"之程序惯例，还是古今中外有关回避的具体制度，都生动地证明了这一点。

在我国，回避制度是执法活动中的一项重要制度，适用于侦查人员、监察人员、检察人员和审判人员。根据程序法的一般原理，监察工作中的回避制度，是指由于监察人员与承办的案件或者案件当事人有某种特殊关系，可能影响案件的公正处理，因而不得参与该案件监察活动。[①] 我国《监察法》第

① 谭世贵：《中国司法制度》，法律出版社，2008，第96页。

五十八条、《监察官法》第四十七条对监察回避作了专门规定，目的在于确保监察工作的客观、公正、合法，维持监察机关公正执法的良好形象。

（一）回避类型

如果把因为特殊关系对公正执法产生的不当影响视为一次事故，理论上预防事故损失发生的成本，可以由执法者、执法对象及相关者和第三方来承担。因此，立法者的核心任务就是通过法律规则，确定最优的预防义务及其承担者。[①]

基于上述原理，回避主要包括三类：一是自行回避，又称积极回避，是指具有法定回避情形之一的执法人员等，应该自行要求回避。二是申请回避，是指执法人员等具有应当回避的情形而没有自行回避时，当事人及其代理人有权向执法机关提出申请，要求他们回避。申请回避权，意味着执法人员应当在执法活动开始前按照法律规定，将人员组织情况告诉被执法对象，询问其是否申请回避。三是指令回避，是指执法人员遇有法定回避情形，但没有自行回避和申请回避，作为补充，执法机关发现后有权作出决定让相关人员退出执法活动。

根据我国《监察法》第五十八规定："办理监察事项的监察人员有下列情形之一的，应当自行回避，监察对象、检举人及其他有关人员也有权要求其回避：（一）是监察对象或者检举人的近亲属的；（二）担任过本案的证人的；（三）本人或者其近亲属与办理的监察事项有利害关系的；（四）有可能影响监察事项公正处理的其他情形的。"根据《监察法实施条例》第二百六十三条规定："办理监察事项的监察人员有监察法第五十八条所列情形之一的，应当自行提出回避；没有自行提出回避的，监察机关应当依法决定其回避，监察对象、检举人及其他有关人员也有权要求其回避。选用借调人员、看护人员、调查场所，应当严格执行回避制度。"

由此可见，监察人员实行回避的类型有两种：一是自行回避，即监察人员知道自己具有应当回避情形的，主动向所在机关提出回避的申请。二是申请回避，指监察人员明知自己应当回避而不自行回避或者不知道、不认为

---

①［美］托马斯·尤伦，罗伯特·考特：《法和经济学导论》，史晋川，董雪兵等译，上海人民出版社，2010，第 324-327 页。

自己具有应当回避的情形，因而没有自行回避的，监察对象、检举人及其他有关人员有权要求他们回避。对于监察人员应当回避而拒不回避的，监察机关要对其进行提醒教育，情节严重的，要依照法律法规处理。此外，《监察法实施条例》还就回避的具体程序及相关的决定权予以明确。该条例第二百六十四条规定："监察人员自行提出回避，或者监察对象、检举人及其他有关人员要求监察人员回避的，应当书面或者口头提出，并说明理由。口头提出的，应当形成记录。监察机关主要负责人的回避，由上级监察机关主要负责人决定；其他监察人员的回避，由本级监察机关主要负责人决定。"

（二）回避情形

在公职人员履职过程中，究竟有哪些情形在实践中需要回避呢？明代的回避制度要求，御史巡历地方，如系原籍或曾历仕寓居处所，必须回避；在办理公务中，如涉及有仇嫌之人，必须移文陈说回避。[①] 清代为了防止各级文武官员利用宗族、姻亲、师生、同乡等关系，结党营私，破坏法纪，制定出了一整套任职回避本籍和亲族的官员回避制度。[②] 从我国现行《公务员法》《法官法》和《监察官法》等法律规定来看，回避情形主要集中在因血缘、婚姻结成的亲属关系和基于工作、业务等形成的身份关系导致的利害关联上。

根据我国《监察法》第五十八条关于回避制度的规定，监察人员应当回避的情形有四种：一是监察人员是监察对象或者检举人的近亲属。这种情形是指监察人员是监察对象或者检举人的夫、妻、父、母、子、女、同胞兄弟姊妹。二是担任过本案的证人的。担任过本案证人的监察人员，不能参加任何监察环节，以避免出现不公正办案的情况。三是本人或者其近亲属与办理的监察事项有利害关系的。这种情况是指监察人员或者其夫、妻、父、母、子、女、同胞兄弟姊妹虽不是本案相关人，但本案的处理涉及他们的重大利益，或者存在可能影响案件公正处理的其他关系。四是有可能影响监察事项公正处理的其他情形。这种情形主要包括以下几种：是监察对象、检举人及其他

① 张晋藩：《中国古代监察法制史（修订版）》，江苏人民出版社，2017，第 376 页。

② 张晋藩：《中国古代监察法制史（修订版）》，江苏人民出版社，2017，第 442 页。

有关人员的朋友、亲戚；与监察对象有过恩怨；与监察对象有借贷关系；等等。上述情形只有在可能影响公正处理案件的情况下适用回避。比如监察人员是监察对象的近亲属，应当无条件回避，但如果监察人员与监察对象是一种远亲关系，则要看其是否可能影响公正处理案件才能决定回避与否。需要注意的是，适用回避制度的监察人员主要是指调查人员，但线索处置、日常监督、审理等各部门人员如果存在可能影响相关工作等情形的，也应当予以回避。监察人员回避后，不得参加有关调查、讨论、决定，也不得以任何形式施加影响。

总之，作为“为避嫌而不参与其事”的回避制度，一方面防止了监察人员在行使职权过程中的“角色冲突”和“先入为主”，另一方面也有效保护了监察人员，使其能够抽身于利益关系编织的是非之地，从而有助于切实提高监察法实施的质量和效率。

三、申诉

当用户连续多次输入银行卡等账户的密码错误达到限定次数时，就会被限制登录，此时一般需要通过向管理者提交信息证明自己是账户的主人，获取密码，这一过程被称之为账号申诉。申诉结果一般会通过邮箱、短信等方式告知。这种日常生活中司空见惯的申诉现象，在原理上和作为法律制度的申诉相同。《隋书·刑法志》记载：“有枉屈县不理者，令以次经郡及州，至省仍不理，乃诣阙申诉。”即是说老百姓觉得受冤，如果各级政府层层不予受理，最终可以逐级来到中央申明诉讼。现代社会中的申诉，是指当公民、法人或者其他组织，认为国家机关对某个问题的处理结果不合理或者不合法，向原机关、组织或者上级机关、组织，提出自己的意见，请求重新处理或者加以纠正的行为。非诉讼纠纷解决机制主要有司法的、民间的和行政的三大类型。申诉制度，即属于一种行政性质的替代性纠纷解决机制。

当代世界各国的申诉机制，主要受理民众对政府或行政、准行政主体的各种投诉、请愿、举报，进行调查、监察和调解、裁决等相应处理。申诉主要针对执法机关的不当行为，涉及大量复杂利益诉求，处理依据包括法律和行政法规，以及行业标准、习惯、情理等社会规范，处理结果不限于撤销或纠正不当行政行为，更重要的是对申诉人的合理诉求进行救济。救济方式以协商性、综合性、非正式及衡平为特点，与司法程序有着明显的区别。当代申诉机制在承担监督功能的同时，救济功能不断加强，逐渐发展成为一种便利、灵活和有效的纠纷解决机制。[①]在我国现行《法官法》《检察官法》和《公务员法》中，都以专章规定的形式，规定本人对人民法院、人民检察院等的处分、处理决定不服，可在特定时期内向原处理机关甚至上级机关申诉。《监察法》在第六十条就被调查人员的申诉权进行了专门规定。

（一）申诉主体

《监察法》第六十条规定："监察机关及其工作人员有下列行为之一的，被调查人及其近亲属有权向该机关申诉：（一）留置法定期限届满，不予以解除的；（二）查封、扣押、冻结与案件无关的财物的；（三）应当解除查封、扣押、冻结措施而不解除的；（四）贪污、挪用、私分、调换以及违反规定使用查封、扣押、冻结的财物的；（五）其他违反法律法规、侵害被调查人合法权益的行为。受理申诉的监察机关应当在受理申诉之日起一个月内作出处理决定。申诉人对处理决定不服的，可以在收到处理决定之日起一个月内向上一级监察机关申请复查，上一级监察机关应当在收到复查申请之日起二个月内作出处理决定，情况属实的，及时予以纠正。"根据《监察法》释义，本条是关于申诉制度的规定，主要目的在于保护被调查人的合法权益，强化对监察机关及其工作人员的监督管理。就申诉主体来说，被调查人及其近亲属享有申诉权。

申诉是宪法规定的公民基本权利。监察机关采取相关调查措施过程中，侵害被调查人的人身权、财产权等合法权益的，被调查人及其近亲属有权申诉。根据《〈监察法〉释义》关于第六十条规定的解释，被调查人的近亲属，是指被调查人的夫、妻、父、母、子、女、同胞兄弟姊妹。这一规定，和我国现行《刑事诉讼法》第一百零六条关于近亲属范围的规定一致。亲属的内涵，是指因为婚姻、血缘和法律拟制所产生的人与人之间的特定身份关系，以及具有这种特定身份关系的人相互之间的称谓。一般来说，我国亲属法上的近亲属范围是：配偶；父母、子女；兄弟姊妹；祖父母外祖父母、孙子女外孙

---

① 范愉：《申诉机制的救济功能与信访制度改革》，《中国法学》2014 年第 4 期。

子女。由此可见，《监察法》和《刑事诉讼法》都对近亲属的范围进行了限缩。就亲属的法律效力来说，特定身份意味着相应的权利义务。《监察法》所规定的被调查人的近亲属，在被调查人的利益遭受不恰当处分时，有权利提出申诉，就是亲属法律效力的体现。

（二）适用情形

根据《监察法》第六十条规定，可以申诉的违法行为主要包括五种：

一是留置法定期限届满，不予以解除的。《监察法》第四十三条明确规定："留置时间不得超过三个月。在特殊情况下，可以延长一次，延长时间不得超过三个月。省级以下监察机关采取留置措施的，延长留置时间应当报上一级监察机关批准。"如果超过上述规定期限，监察机关及其工作人员对被留置人不解除留置措施的，可以提起申诉。

二是查封、扣押、冻结与案件无关的财物的。查封、扣押、冻结是指《监察法》第二十五条规定的"监察机关在调查过程中，可以调取、查封、扣押用以证明被调查人涉嫌违法犯罪的财物、文件和电子数据等信息"和第二十三条规定的"监察机关调查涉嫌贪污贿赂、失职渎职等严重职务违法或者职务犯罪，根据工作需要，可以依照规定查询、冻结涉案单位和个人的存款、汇款、债券、股票、基金份额等财产"。如果超出本法规定的范围，任意查封、扣押、冻结与案件无关的财物，可以提起申诉。

三是应当解除查封、扣押、冻结措施而不解除的。这是指监察机关采取查封、扣押、冻结措施后，按照《监察法》第二十五条中"查封、扣押的财物、文件经查明与案件无关的，应当在查明后三日内解除查封、扣押，予以退还"和第二十三条中"冻结的财产经查明与案件无关的，应当在查明后三日内解除冻结，予以退还"的规定，应当及时解除查封、扣押、冻结措施，否则可以提起申诉。经查明确实与案件无关的财物、文件、财产，包括案件处置完毕或者司法程序完结后不需要追缴、没收的财物、文件、财产。

四是贪污、挪用、私分、调换以及违反规定使用查封、扣押、冻结的财物的。贪污一般是指监察机关及其工作人员将被查封、扣押、冻结的财物占为己有；挪用一般是指将该财物私自挪作他用；私分一般是指将该财物私下瓜分；调换一般是指将该财物以旧换新，或者换成低档品等；违反规定使用一般是指擅自将财物任意使用，如违规使用被扣押的车辆等。

五是其他违反法律法规、侵害被调查人合法权益的行为。除了前四种情形外，对于其他违法违规侵害被调查人合法权益的行为，被调查人及其近亲属也可以提出申诉。

（三）申诉处理程序

《监察法》第六十条第二款是关于申诉处理程序的规定。根据《监察法》释义，本款规定申诉的两级处理模式：一是原监察机关处理。被调查人及其近亲属对于监察机关及其工作人员具有申诉情形的，可以向该机关提出申诉。受理申诉的监察机关应当在受理申诉之日起一个月内作出处理决定。二是上一级监察机关处理。上一级监察机关领导下一级监察机关的工作，申诉人对受理申诉的监察机关作出的处理决定不服的，可以在收到处理决定之日起一个月内向上一级监察机关申请复查，上一级监察机关应当在收到复查申请之日起二个月内作出处理决定，情况属实的，予以纠正。需要注意的是，监察机关不是行政机关，被调查人及其近亲属对于上一级监察机关复查结果不服的，不能提起行政复议或者行政诉讼。

总之，申诉制度便于管理者掌握监察执法的真实情况，有利于及时纠正执法中存在的不当行为或决定，对于了解监察法律实施的具体状况、改善法民关系、提高监察案件办理的合理化、合法化水准，有着重要价值。

四、追责

《监察法》第八章“对监察机关和监察人员的监督”问题的规定，从行为要求看，主要集中在对监察人员从监督体系、职业道德与纪律到不当干预等几个环节的规范；从控制方式看，历经了从职业道德的软性期待、履职前的干扰因素排除到不当行为的申诉纠正等几个阶段。如前所述，监察人员从获得案件线索、立案、调查到作出最后的处理决定，是一个获取证据、证明事实真相的过程。因此，即使监察机关及其监察人员基本遵循了上述监督要求，历经时间的洗礼，在调查工作结束之后，还是可能会发现或暴露出执法工作实体内容方面的问题，如处置的重大失误，或者监察人员自身的严重违法问题。

监察人员的履职行为可能或者已经存在瑕疵，固然可以通过职业道德要求来及时避免或纠正。然而，当出现严重的违法行为或工作失误时，立法决

策当然就不能是“防患于未然”，只能是“吃一堑长一智”，选择通过责任机制发出清晰的行为信号，激励他们谨遵职业的道德和纪律。因此，监察人员调查案件中出现的严重违法后果，需要专门的法律条款落实责任机制。在这个意义上，在《监察法》监督内容部分，立法者通过第六十条对追责的适用情形和适用人员给予了概括性规定，而具体的规定则放置在了第八章的法律责任专章之第六十五条。

（一）适用情形

我国《监察法》第六十一条规定：“对调查工作结束后发现立案依据不充分或者失实，案件处置出现重大失误，监察人员严重违法的，应当追究负有责任的领导人员和直接责任人员的责任。”根据《监察法》释义，本条是关于“一案双查”的规定，主要目的在于强化对调查工作的监督管理，督促监察人员在立案审查前做实做细初步核实等基础工作，在立案审查后严格依法处置，严格自律。责任追究是监督管理的应有之义，没有责任追究，监督管理便形同虚设。此外，《监察法实施条例》第二百七十三条进一步明确规定：“监察机关在维护监督执法调查工作纪律方面失职失责的，依法追究责任。监察人员涉嫌严重职务违法、职务犯罪或者对案件处置出现重大失误的，既应当追究直接责任，还应当严肃追究负有责任的领导人员责任。监察机关应当建立办案质量责任制，对滥用职权、失职失责造成严重后果的，实行终身责任追究。”

通过上述规定可以发现，追责的适用情形包括三种：一是立案依据不充分或者失实。监察工作中初核至关重要，如果初核不扎实、立案不准确，必然损害监察机关的公信力。承办部门应当提升初核质量，在全面把握事实、性质、责任、情节，厘清是非轻重等关键问题后，依照程序报请立案。如果立案依据存在明显错误，影响案件调查审理，应当依法追究负有责任的领导人员和直接责任人员的责任。二是案件处置出现重大失误。《监察法》对案件调查处置的程序和权限等作了明确要求，如果在案件处置过程中，出现违法采取留置措施甚至是违反规定发生办案安全事故等重大失误，应当依法追究负有责任的领导人员和直接责任人员的责任。三是监察人员严重违法。办理案件的监察人员执法违法、失职失责，肯定会影响办案的效果，也会对监察机关的形象造成损害。发生这种情况时，不仅严重违法的监察人员要受到严肃处理，负有责任的领导人员也难辞其咎，必须承担相应的领导责任。

（二）适用主体

我国《监察法》第六十一条所规定的应当“追究负有责任的领导人员和直接责任人员的责任”，实践中被称之为“一案双查”制度。“一案双查”本质是对失职失责行为进行问责。“一案双查”制度最常见于纪检问责，是指在查处党员干部违纪违法案件时，既要查清当事人的违纪事实和应负的责任，又要查清发案地区、部门领导班子和领导干部应承担的责任，对不履行或不正确履行党风廉政建设主体责任和监督责任的领导班子和领导干部实施责任追究。中共中央办公厅和国务院办公厅于2009年7月12日印发了《关于实行党政领导干部问责的暂行规定》，规定对干部人事任用的失察失误、政府职能部门监管不力，要进行领导干部问责。这就是所谓“一案双查”。

实际上，“一案双查”制度只不过是连带责任原理的一个应用。比如，《最高人民法院关于审理人身损害赔偿案件适用法律若干问题的解释》第九条规定：“雇员在从事雇佣活动中致人损害的，雇主应当承担赔偿责任；雇员因故意或者重大过失致人损害的，应当与雇主承担连带赔偿责任。雇主承担连带赔偿责任的，可以向雇员追偿。”雇主和雇员承担连带赔偿责任制度，实际上就是另一种形式的“一案双查”制度，两者的立法原理是相通的。又比如，中国古代的连坐制度、保甲制度。从法理上来说，这些连带责任制度的立法原理，主要是通过分散预防事故损失发生的成本，起到降低执法费用、提高控制效率的目的。[①]就雇主的连带责任来说，通过这一设计，能够激励雇主给雇员提供更好的劳动装备、安全保障措施和进行更谨慎的提醒、管理，从而将预防或者降低事故损失发生的投入成本或信息，从单一义务主体分散到多元义务主体，无疑能够大幅度提高雇佣活动的安全性。“一案双查”制度同样如此。立法给领导施加监察责任、管理责任，能有效激励领导更好地推举、提拔和管理具体办理监察事项的公职人员，或者在发现监察人员违法失职信息时，及时加以纠正或者进行处理，最终提高整个监察队伍的执法能力和职业境界。

---

① 张维迎，邓峰：《信息、激励与连带责任——对中国古代连坐、保甲制度的法和经济学解释》，《中国社会科学》2003年第3期。

总之，《监察法》通过确立“一案双查”制度，对调查工作结束后发现立案依据不充分或者失实、案件处置出现重大失误以及监察人员严重违法等情形作出严格处理和及时纠正，能够最大程度地激励监察机关领导和监察人员严肃工作态度，认真把握立案、调查和处置的合理化程度，从而间接降低各级监察机关的工作负担，更好发挥监察工作法治化对国家廉政建设和反腐败工作大局的保障功效。

思考题

1. 从制度设计的原理角度解释为什么要对权力进行监督？

2. 人大监督的道理和具体方式是什么？

3. 监察人员为什么必须模范守法？

4. 监察人员履行公职有哪些情形必须回避？

5. 哪些情形下，被调查人及其近亲属有权向监察机关提出申诉？

推荐阅读文献

1. 尤光付：《中外监督制度比较》，商务印书馆，2003。

2. 柏拉图：《苏格拉底之死》，谢善元译，上海译文出版社，2011。

3. 张晋藩：《中国古代监察法制史（修订版）》，江苏人民出版社，2017。

4. 杨建军:《纪检监察机关大数据监督的规范化与制度构建》,《法学研究》2022 年第 2 期。

5. 秦小建:《监察体制改革促进监督体系贯通的逻辑与路径》,《法商研究》2022 年第 2 期。

6. 陈伟，刘金政：《监察权运行中的多元监督制约机制探究》，《贵州师范大学学报（社会科学版）》2021 年第 2 期。

7. 王高贺，周华国:《监督监督者: 新时代特约监察员制度的探索与突破》,《理论探讨》2021 年第 1 期。

8. 周佑勇：《对监督权的再监督——地方人大监督地方监察委员会的法

治路径》，《中外法学》2020年第2期。

9.秦前红：《人大监督监察委员会的主要方式与途径——以国家监督体系现代化为视角》，《法律科学（西北政法大学学报）》2020年第2期。

10.李云霖，银鹰，岳天明：《人大及其常委会监督监察委员会的逻辑与作为》，《法律科学（西北政法大学学报）》2020年第4期。

11.陈宏彩：《强化监察机关内部监督的理论逻辑与制度建构》，《河南社会科学》2020年第11期。

12.丁柏铨：《改革开放以来中国共产党的舆论监督观》，《南京社会科学》2017年第10期。

13.范愉：《申诉机制的救济功能与信访制度改革》，《中国法学》2014年第4期。

14.张维迎，邓峰：《信息、激励与连带责任——对中国古代连坐、保甲制度的法和经济学解释》，《中国社会科学》2003年第3期。

第九章　法律责任

学习目标　通过学习本章，学生可以掌握以下内容：1. 理解应当依法追究法律责任的行为类型和责任主体；2. 了解违反监察法规定的行为所涉及的主要刑法罪名；3. 理解监察赔偿的归责原则、范围、程序和方式。

关键概念　法律责任；刑事责任；国家赔偿

第一节　法律责任概述

法律责任是指行为人因实施违反法律的行为而承担的不利法律后果。《监察法》第八章的“法律责任”，是指个人或者单位因实施违反监察法的行为或者其他妨害正常监察工作秩序的行为而应承担的法律责任。

一、拒不执行处理决定、无正当理由拒不采纳监察建议的法律责任

《监察法》第六十二条规定：“有关单位拒不执行监察机关作出的处理决定，或者无正当理由拒不采纳监察建议的，由其主管部门、上级机关责令改正，对单位给予通报批评；对负有责任的领导人员和直接责任人员依法给予处理。”此条是对有关单位拒不执行处理决定、无正当理由拒不采纳监察建议的行为予以处理的规定，旨在维护监察机关的权威性。监察机关所作出的处理决定被执行、合理监察建议被采纳，是监察机关的监察职能得以实现和监察工作取得实效的前提。因此，对拒不执行处理决定、无正当理由拒不采纳监察建议的有关单位及其相关人员应当依法予以处理。

根据《监察法实施条例》第二百七十四条规定，处理决定包括：（一）政

务处分决定；（二）问责决定；（三）谈话提醒、批评教育、责令检查，或者予以诫勉的决定；（四）采取调查措施的决定；（五）复审、复核决定；（六）监察机关依法作出的其他处理决定。这些处理决定是监察机关履行监督、调查和处置职责的体现。具体而言，政务处分的对象是违法的公职人员；政务处分的具体种类有警告、记过、记大过、降级、撤职和开除。问责的对象是不履行或者不正确履行职责造成严重后果或者恶劣影响的领导人员；问责的具体方式有通报、诫勉和政务处分等。谈话提醒、批评教育、责令检查，或者予以诫勉决定的对象是有职务违法行为但情节较轻的公职人员。监察机关有权对涉嫌贪污贿赂、滥用职权、玩忽职守、权力寻租、利益输送、徇私舞弊以及浪费国家资财等职务违法和职务犯罪进行调查；具体的调查措施包括谈话、讯问、询问、留置、查询、冻结、搜查、调取、查封、扣押、勘验检查、鉴定、技术调查、通缉和限制出境。监察机关作出的处理决定一经作出即产生法律效力和具有强制性，应当予以执行；若监察对象不服监察机关作出的涉及本人的处理决定，可以根据《监察法》第四十九条的规定，向有关监察机关申请复审、复核；复审机关、复核机关在受理后作出复审、复核决定。

需要指出的是，监察机关移送审查起诉的决定不属于“其他处理决定”。检察机关对移送审查起诉案件作出不起诉决定的，不属于拒不执行监察机关作出的处理决定的情形。一方面，监察机关将涉嫌职务犯罪的案件移送人民检察院，说明该案件的法律程序由监察程序转变为刑事诉讼程序，此时监察机关与人民检察院之间存在基于权力分工的互相配合、互相制约关系。根据《监察法》第四十七条第四款的规定，人民检察院对于有《刑事诉讼法》规定的不起诉情形的，经上一级人民检察院批准，有权依法作出不起诉的决定。另一方面，监察法对监察机关认为检察机关的不起诉决定有错误的情形提供了救济途径。根据《监察法》第四十七条第四款和《监察法实施条例》第二百三十条的规定，监察机关认为检察机关的不起诉决定有错误的，可以在收到不起诉决定书后三十日以内向其上一级人民检察院提请复议，并将上述情况及时向上一级监察机关书面报告。

监察建议，是指监察机关根据监督、调查结果，对监察对象所在单位，在廉政建设、权力制约、监督管理、制度执行以及履行职责等方面，存在问题需要整改纠正的情形，所提出的具有一定法律效力的建议。向监察对象所在单位提出监察建议，是监察机关履行处置职责的体现，是一种具体的、建议性的处置方式。除有正当理由外，有关单位对监察机关提出的监察建议应予采纳，并应按照整改的建议、要求和期限，向监察机关反馈整改情况。监察对象所在单位无正当理由拒不采纳监察建议的，应当追究所在单位及人员的法律责任。在承担法律责任方面，有关单位的主管部门、上级机关应对有关单位给予通报批评，对负有责任的领导人员和直接责任人员依法给予政务处分、问责、追究刑事责任等。

二、阻碍、干扰监察工作的法律责任

《监察法》第六十三条规定:“有关人员违反本法规定,有下列行为之一的,由其所在单位、主管部门、上级机关或者监察机关责令改正，依法给予处理：（一）不按要求提供有关材料，拒绝、阻碍调查措施实施等拒不配合监察机关调查的;（二）提供虚假情况，掩盖事实真相的;（三）串供或者伪造、隐匿、毁灭证据的;（四）阻止他人揭发检举、提供证据的;（五）其他违反本法规定的行为，情节严重的。”此规定旨在保证监察机关的监督权和调查权的正常行使。对有关情况的了解和对相关证据的收集，是监察机关监督和调查工作的具体运作方式之一。《监察法》第十八条第一款规定：“监察机关行使监督、调查职权，有权依法向有关单位和个人了解情况，收集、调查证据。有关单位和个人应当如实提供。”该条第三款规定：“任何单位和个人不得伪造、隐匿或者毁灭证据。”若有关人员在证明材料的提供和调查措施的实施等方面，进行阻碍或者干扰，势必影响监察机关监督、调查工作的顺利开展。因此，对实施了阻碍、干扰监察工作的有关人员，由有关单位依据管理权限责令改正，依法给予处理。

“不按要求提供有关材料，拒绝、阻碍调查措施实施等拒不配合监察机关调查的”，是指监察对象以及其他有关人员不按照监察机关在时间、内容和形式等方面的要求，提供有关文件资料、财务账目等证明材料，以拒绝、阻碍等方式影响调查措施的正常实施。

“提供虚假情况，掩盖事实真相的”，是指监察对象以及其他有关人员在监察机关进行监督和调查时，为掩盖事实真相而故意提供虚假情况。有关人员提供监察机关所要了解的情况，以其对相关情况的感知和记忆为前提，在个性化的感知和记忆过程中可能会出现不符合客观情况的一定程度偏差。因此，“掩盖事实真相”意味着有关人员对其所提供的不符合事实的相关情况，在主观上具有故意的心理态度。提供虚假情况的通常表现为：否认违法犯罪事实的存在，淡化违法犯罪事实的性质或者程度，栽赃他人实施违法犯罪行为，推卸违法犯罪行为的法律责任，等等。

“串供或者伪造、隐匿、毁灭证据的”，是指通过互相串通的方式在虚假陈述上统一口径，通过伪造、隐匿或者毁灭的方式改变或者消灭证据。具体而言，伪造证据包括制造不真实证据行为和对已有证据进行加工改造的变造行为；隐匿证据，是指通过隐蔽、藏匿行为使证据不易被人发现；毁灭证据，是指通过毁坏、灭失行为使证据湮灭或者消失。

“阻止他人揭发检举、提供证据的”，是指监察对象以及其他有关人员妨害他人向办案机关提供言词证据或者实物证据。阻止的手段多种多样，通常有暴力、威胁、贿买、利诱、唆使、劝说或者请求等方式。

“其他违反本法规定的行为，情节严重的”，是指除上述四种行为类型外的，其他阻碍、干扰监察机关行使职权的严重行为。本项采用了兜底式立法方式。《监察法》第六十三条前四项以列举式立法方式明确规定了四种行为类型。列举式立法方式有助于在立法层面上贯彻法律的明确性，以及在执法和司法层面上增强法律的可操作性，但这种立法方式无法穷尽所有事项。因此，兜底条款的存在有助于囊括法律无法穷尽的，其他阻碍、干扰监察工作的行为。对此项的解释应当遵循法律解释方法中的同类解释规则。概观上述四种行为类型，皆属于有关人员在查明事实或者收集证据方面，对监察工作造成阻碍、干扰等消极影响的情形。因此，此项所指的未尽情形，应与前四项所明文列举的具体行为类型在性质和程度上具有相当性。

三、报复陷害和诬告陷害的法律责任

《监察法》第六十四条规定：“监察对象对控告人、检举人、证人或者监察人员进行报复陷害的，控告人、检举人、证人捏造事实诬告陷害监察对象的，依法给予处理。”此条不仅旨在维护公民的控告权和检举权，保证监察人员行使职权不受非法侵害，同时亦有保障监察对象的合法权益之目的。此条包含两种行为类型：一种是监察对象对控告人、检举人、证人或者监察人员实施的报复陷害行为，另一种是控告人、检举人或者证人对监察对象实施的诬告陷害行为。

报复陷害的对象是控告人、检举人、证人或者监察人员。此外，根据《监察法实施条例》第六十四条的规定，还应包括申诉人和批评人。报复陷害，是指监察对象利用职权，在工作岗位、薪酬福利、考核奖惩、职务待遇等方面实施报复陷害。公民的批评权、申诉权、控告权和检举权都应受到法律的保护。《宪法》第四十一条第一款规定："中华人民共和国公民对于任何国家机关和国家工作人员，有提出批评和建议的权利；对于任何国家机关和国家工作人员的违法失职行为，有向有关国家机关提出申诉、控告或者检举的权利，但是不得捏造或者歪曲事实进行诬告陷害。"该条第二款规定："对于公民的申诉、控告或者检举，有关国家机关必须查清事实，负责处理。任何人不得压制和打击报复。"证人是知悉监察对象职务违法或者职务犯罪等有关情况的人。证人对其所感知和记忆的有关情况向办案人员作出陈述，可以对待证事实发挥证明作用。由于证人的证言建立在对有关情况亲历的基础之上，因此，证人具有不可替代性。之所以将监察人员纳入报复陷害行为的对象，是因为监察人员履行监督、调查和处置职责，必然触动因权力腐败而形成的既得利益格局，有关人员会出于逃避责任追究的动机或者承担责任后心怀怨恨的动机等，对监察人员实施报复陷害。

捏造事实诬告陷害，是指控告人、检举人、证人编造虚假的事实，告发陷害监察对象，意图使其受党纪政务处分或者刑事追究的行为。从法条表述上看，这种情形包含捏造事实和诬告陷害两种关联行为，但在法律上具有决定性意义的是诬告陷害。捏造事实，即编造虚假的、与真实情况不符的事实；诬告陷害，是指将虚假事实向监察机关告发。可见，捏造的事实属于诬告陷害行为的要素之一，捏造事实的行为仅是导致虚假事实出现的原因，而非诬告陷害行为的一部分。诬告陷害要求行为人在主观上具有故意和特定的主观目的，亦即行为人在明知所谓的事实是虚假的前提下，基于令监察对象受党纪政务处分或者刑事追究的意图，仍然实施将虚假事实向监察机关提供的行为。

在承担法律责任方面，监察对象对控告人、检举人、证人、监察人员、申诉人或者批评人进行报复陷害的，应当依法给予处理。处理的方式包括给予政务处分，对于构成犯罪的还应当依法追究刑事责任。控告人、检举人、证人诬告陷害监察对象的，应当依法给予处理。《监察法实施条例》第二百七十六条第一款规定："控告人、检举人、证人采取捏造事实、伪造材料等方式诬告陷害的，监察机关应当依法给予政务处分，或者移送有关机关处理。构成犯罪的，依法追究刑事责任。"为保护监察人员的人身权益和保证监察人员履行职责的积极性，《监察法实施条例》第二百七十六条第二款规定："监察人员因依法履行职责遭受不实举报、诬告陷害、侮辱诽谤，致使名誉受到损害的，监察机关应当会同有关部门及时澄清事实，消除不良影响，并依法追究相关单位或者个人的责任。"

四、监察机关及其工作人员违法行使职权的法律责任

《监察法》第六十五条规定："监察机关及其工作人员有下列行为之一的，对负有责任的领导人员和直接责任人员依法给予处理：（一）未经批准、授权处置问题线索，发现重大案情隐瞒不报，或者私自留存、处理涉案材料的；（二）利用职权或者职务上的影响干预调查工作、以案谋私的；（三）违法窃取、泄露调查工作信息，或者泄露举报事项、举报受理情况以及举报人信息的；（四）对被调查人或者涉案人员逼供、诱供，或者侮辱、打骂、虐待、体罚或者变相体罚的；（五）违反规定处置查封、扣押、冻结的财物的；（六）违反规定发生办案安全事故，或者发生安全事故后隐瞒不报、报告失实、处置不当的；（七）违反规定采取留置措施的；（八）违反规定限制他人出境，或者不按规定解除出境限制的；（九）其他滥用职权、玩忽职守、徇私舞弊的行为。"此条旨在规范和约束监察机关及其工作人员的职务行为。国家监察体制改革对宪法制度体系和监察权力配置产生重大影响。在宪法制度体系上，第十三届全国人民代表大会第一次会议通过的《中华人民共和国宪法修正案》，将监察机关纳入国家权力结构之中。在监察权力配置上，集中统一、权威高效的国家监察体制实现了对所有行使公权力的公职人员的全面覆盖，整合和增强了反腐败力量，扩展和优化了监察机关的监督、调查和处置职权。国家监察体制是推进国家治理体系和治理能力现代化的重要环节，而依法治国是国家治理体系和治理能力现代化实现的途径、保障和标志。由此，监察机关及其工作人员应当依照法定的职责、权限和程序行使监察权。规定监察机关及其工作人员违法行使职权的法律责任，有助于强化对监察机关及其工作人员依法履职的监督和维护监察机关的权威。此条规定了九种违法行使职

权的情形，以下依照次序予以阐释。

第一，未经批准、授权处置问题线索，发现重大案情隐瞒不报，或者私自留存、处理涉案材料的。问题线索是指关于监察对象职务违法犯罪等情况的信息。问题线索的来源十分广泛，有的来自公职人员的主动投案，有的来自监察机关在履行监督、调查等职责时的主动发现，有的来自有关人员的报案或者举报，有的来自执法机关、司法机关等其他机关的移送，有的来自媒体监督和公众监督，等等。对问题线索的登记和处置关系到监察程序的启动和运作，应当构建严密的工作程序。根据《监察法》第三十六条的规定，监察机关应当严格按照程序建立问题线索处置的工作机制，设立相应的工作部门履行线索管理职能。《监察法》第三十七条规定："监察机关对监察对象的问题线索，应当按照有关规定提出处置意见，履行审批手续，进行分类办理。线索处置情况应当定期汇总、通报，定期检查、抽查。"根据《监察法》第三十八条和第三十九条的规定，处理问题线索的具体程序是：监察机关应当成立核查组对需要初步核实的问题线索进行初步核实；核查组应当撰写初步核实情况报告并提出处理建议，承办部门应当提出分类处理意见；监察机关主要负责人对初步核实情况报告和分类处理意见予以审批；经初步核实，对监察对象涉嫌职务违法犯罪并需要追究法律责任的，依法办理立案手续和采取调查措施。根据《监察法实施条例》第二百六十七条的规定，监察人员不准私自留存、隐匿、查阅、摘抄、复制、携带问题线索和涉案资料。因此，监察机关及其工作人员未经批准、授权，不得擅自、任意处置问题线索；对在工作中所发现的重大案情应当按照要求及时上报，不得隐瞒；对与案件有关的证明材料等涉案材料，应当依照法定程序采用保存和处理等管理措施，不得私自留存和处理。

第二，利用职权或者职务上的影响干预调查工作、以案谋私的。利用职权或者职务上的影响，是指利用本人在某些业务经手处理、人员隶属指挥方面的管理权限，或者利用因管理权限产生的、在管理权限外围形成的影响力。干预调查工作通常表现为监察人员在监督、调查和处置等环节，亲自或者委托他人打听案情、请托说情、干扰办理等。根据《监察官法》第四十六条规定，监察官不得打听案情、过问案件、说情干预。以案谋私，是指监察人员通过对案件的干预，谋求私情或者私利。以案谋私是对监察人员实施干预调查工作行为之主观动机的描述，旨在明确禁止监察人员利用所掌握的权力以及权力的影响力，对调查工作的正常秩序造成不正当干扰，至于所谋之私的具体内容、是否实现谋私则无关紧要。换言之，对干预调查工作的认定，关键在于判断对调查工作的影响是否属于正当履行职责。因此，以案谋私这一概念主要起到提示的作用。《监察法实施条例》第二百七十八条第四项仅规定"利用职权或者职务上的影响干预调查工作"，而无"以案谋私"一词，但此表述并不影响对此规定的正确理解。

第三，违法窃取、泄露调查工作信息，或者泄露举报事项、举报受理情况以及举报人信息的。监察人员负有保守监察工作秘密的义务。《监察官法》第四十八条第一款规定："监察官应当严格执行保密制度，控制监察事项知悉范围和时间，不得私自留存、隐匿、查阅、摘抄、复制、携带问题线索和涉案资料，严禁泄露监察工作秘密。"该条第二款规定："监察官离岗离职后，应当遵守脱密期管理规定，严格履行保密义务，不得泄露相关秘密。"《监察法实施条例》第二百六十七条第二款规定："监察机关应当建立健全检举控告保密制度，对检举控告人的姓名（单位名称）、工作单位、住址、电话和邮箱等有关情况以及检举控告内容必须严格保密。"窃取调查工作信息，是指监察人员以不正当的手段获得其无权接触的调查工作信息。泄露调查工作信息，是指使被调查人员或者其他人员知道其本不应当知道的调查工作信息。泄露举报事项、举报受理情况以及举报人信息，是指使举报事项的具体内容、举报受理的程序环节和处理方式，以及举报人的姓名、工作单位、住址、电话和邮箱等与举报相关的信息，被本不应当知道其内容的被举报人员或其他人员知道。调查工作信息的泄露，通常会干扰收集证据、查明案情和控制被调查人，导致调查工作举步维艰。举报事项、举报受理情况和举报人信息等与举报相关的核心内容的泄露，不但会对举报人的人身安全或者其他合法权益造成不利影响，而且会打击举报人的举报积极性和消减举报渠道的提供问题线索功能，还会降低监察机关和监察工作的权威性。因此，为维护调查工作的顺利开展和保障举报人的安全，监察人员对与举报相关的信息和调查工作信息负有保密义务。此外，根据《监察法》第十八条第二款和《监察官法》第十条第六项的规定，监察机关及其工作人员对在履行职责过程中知悉的国家秘密、商业秘密、个人隐私应当予以保密。

第四，对被调查人或者涉案人员逼供、诱供，或者侮辱、打骂、虐待、体罚或者变相体罚的。《监察法实施条例》第六十四条规定："严禁以暴力、威胁、引诱、欺骗以及非法限制人身自由等非法方法收集证据，严禁侮辱、打骂、虐待、体罚或者变相体罚被调查人、涉案人员和证人。”逼供，是指以暴力、威胁或者非法限制人身自由等非法方法收集言词证据。《监察法实施条例》第六十五条第二款规定：“暴力的方法，是指采用殴打、违法使用戒具等方法或者变相肉刑的恶劣手段，使人遭受难以忍受的痛苦而违背意愿作出供述、证言、陈述；威胁的方法，是指采用以暴力或者严重损害本人及其近亲属合法权益等方法，使人遭受难以忍受的痛苦而违背意愿作出供述、证言、陈述。”这里的难以忍受的痛苦，既包括在肉体上遭受到的剧烈疼痛，也包括在精神上遭受到的剧烈痛苦。非法限制人身自由主要表现为非法拘禁。逼供不等于刑讯逼供，逼供包括刑讯逼供。2012 年 10 月 16 日，最高人民检察院《人民检察院刑事诉讼规则（试行）》第六十五条第二款规定：“刑讯逼供是指使用肉刑或者变相使用肉刑，使犯罪嫌疑人在肉体或者精神上遭受剧烈疼痛或者痛苦以逼取供述的行为。”由此可见，刑讯逼供即是上述暴力的方法。诱供，是指以引诱、欺骗等非法方法收集言词证据，对被调查人或者涉案人员实施侮辱、打骂、虐待、体罚或者变相体罚等行为，是对其人身权利的侵犯，有损人身自由和人格尊严。

监察法已建立非法证据排除规则。《监察法》第三十三条第三款规定：“以非法方法收集的证据应当依法予以排除，不得作为案件处置的依据。”《监察法实施条例》第六十五条规定：“对于调查人员采用暴力、威胁以及非法限制人身自由等非法方法收集的被调查人供述、证人证言、被害人陈述，应当依法予以排除。”需要指出的是，收集言词证据的非法方法，包括暴力、威胁、引诱、欺骗、非法限制人身自由等。但是，目前非法证据排除规则的排除范围尚不及于以引诱、欺骗方法收集的言词证据，主要原因在于对引诱、欺骗等诱供方法的理论研究尚待深入。

第五，违反规定处置查封、扣押、冻结的财物的。查封、扣押和冻结，属于国家公权力对公民财产权的干预措施。监察法对查封、扣押和冻结规定了详细的程序，有助于限制办案机关及其工作人员任意处分公民财产权能，保障当事人的合法财产权利，维护自由的个人生活和市场交易秩序。因此，监察机关及其工作人员应当严格遵循相关规定。违反规定处置查封、扣押、冻结财物的行为，通常伴随违反规定使用、变卖、毁坏、占有财物。在实践中，被查封的财物通常是不动产或者不便于移动的动产，被扣押的财物是动产。《监察法》第二十五条规定："监察机关在调查过程中，可以调取、查封、扣押用以证明被调查人涉嫌违法犯罪的财物、文件和电子数据等信息。采取调取、查封、扣押措施，应当收集原物原件，会同持有人或者保管人、见证人，当面逐一拍照、登记、编号，开列清单，由在场人员当场核对、签名，并将清单副本交财物、文件的持有人或者保管人。对调取、查封、扣押的财物、文件，监察机关应当设立专用账户、专门场所，确定专门人员妥善保管，严格履行交接、调取手续，定期对账核实，不得毁损或者用于其他目的。对价值不明物品应当及时鉴定，专门封存保管。查封、扣押的财物、文件经查明与案件无关的，应当在查明后三日内解除查封、扣押，予以退还。"被冻结的财产，是指涉案单位和个人的存款、汇款、债券、股票、基金份额等财产。根据《监察法》第二十三条的规定，在被冻结财产的返还上，应当在查明财产与案件无关后三日内解除冻结，予以退还。

第六，违反规定发生办案安全事故，或者发生安全事故后隐瞒不报、报告失实、处置不当的。《监察法实施条例》第一百零三条第一款规定："留置场所应当建立健全保密、消防、医疗、餐饮及安保等安全工作责任制，制定紧急突发事件处置预案，采取安全防范措施。"该条第二款规定："留置期间发生被留置人员死亡、伤残、脱逃等办案安全事故、事件的，应当及时做好处置工作。相关情况应当立即报告监察机关主要负责人，并在二十四小时以内逐级上报至国家监察委员会。"违反规定发生办案安全事故，是指因违反办案安全责任制度等规定，导致发生被调查人及涉案人员死亡、伤残、脱逃等情况。隐瞒不报，是指不向监察机关主要负责人或者上级监察机关报告事故时间、事故地点、现场情况、事故经过、事故损失和已采取的处置措施等情况。报告失实，是指所报告的办案安全事故的相关情况与事实不符。处置不当，是指在发生办案安全事故后未按规定处置或者未妥当处置。监察机关在办案期间应当严格遵守法律和相关办案规定，建立健全和贯彻落实办案安全责任制度，根据具体案情采取完善和科学的安全事故防范措施，制定紧急突发事件处置预案，加强安全教育和训练，重视内部检查和监督，从而降低办案安全事故的发生概率。在办案安全事故发生后，监察机关及其工作人员应当及时、如实报告，并妥善予以处置。

第七，违反规定采取留置措施的。留置措施具有限制人身自由的属性，基于保障人权的考量，监察法明确规定了留置措施的适用条件、审批程序、期限和执行程序等事项。违反规定采取留置措施的情形主要有：第一，违反法定的适用条件采取留置措施。在对象方面，留置适用于涉嫌严重职务违法或者职务犯罪的被调查人和涉嫌行贿犯罪或者共同职务犯罪的涉案人员。留置不适用于患有严重疾病、生活不能自理的人，怀孕或者正在哺乳自己婴儿的妇女，以及系生活不能自理的人的唯一扶养人。在证据方面，留置适用于监察机关已掌握部分违法犯罪事实及证据，仍有重要问题需要进一步调查的情形。在社会危险性方面，留置适用于涉及案情重大、复杂的，可能逃跑、自杀的，可能串供或者伪造、隐匿、毁灭证据的，以及可能有其他妨碍调查行为的情形。适用留置，应当严格遵守法定的条件。第二，违反法定的审批程序采取留置措施。监察机关采取留置措施，应当由本机关领导人员集体研究决定。市级、县级监察机关决定采取留置措施，应当报上一级监察机关批准；省级监察机关采取监察措施，应当报国家监察委员会备案。另外，省级以下监察机关延长留置时间，应当报上一级监察机关批准。第三，违反法定的期限超期留置被留置人员。初次留置的期限不得超过三个月，在特殊情况下可以延长一次，延长时间不得超过三个月，因此，留置期限最长为六个月。

第八，违反规定限制他人出境，或者不按规定解除出境限制的。违反规定限制他人出境或者不按规定解除出境限制，是指违反关于限制出境和解除限制出境的适用条件和审批程序而干涉公民出境自由的情形。《监察法》第三十条规定："监察机关为防止被调查人及相关人员逃匿境外，经省级以上监察机关批准，可以对被调查人及相关人员采取限制出境措施，由公安机关依法执行。对于不需要继续采取限制出境措施的，应当及时解除。"限制出境措施的目的在于保证监察机关调查职权的正常开展，避免出现被调查人以及其他相关人员通过出境而不配合调查和逃避责任追究的情况。如果限制出境措施被违规滥用，则会对公民的出境自由造成不必要的限制或者剥夺。

第九，其他滥用职权、玩忽职守、徇私舞弊的行为。此项规定属于兜底条款，既揭示了前八项行为具有滥用职权、玩忽职守、徇私舞弊的性质，又涵盖了其他未能明确列举的同等性质的行为。滥用职权，是指监察人员基于主观上的故意，不依法或者不妥当履行职务权力。滥用职权通常表现为超越监察职权范围处理事务、不正确处理监察职权范围内的事务、不履行应当履行的监察职责等情形。玩忽职守，是指监察人员基于主观上的过失，不履行或者不正确履行职责，从而导致国家、集体和人民的利益遭受损失的行为。

与滥用职权不同的是，玩忽职守属于过失行为，其在本质上是监察人员对职权、职责所设定义务的不注意。玩忽职守通常表现为不履行监察职责、对监察职责范围内的事务敷衍塞责、在履行监察职责过程中擅离职守等。只有在因违反注意义务而造成不利后果后，才能追究监察人员的过失行为责任，通常表现为因玩忽职守而造成违法违纪等问题长期无法受到及时处理、监察机关的正常工作秩序受到消极影响、监察对象以及举报人员等人员的合法权益不能得到有效保障。徇私舞弊，是指监察人员为了私利，用欺骗或者其他不正当方式实施违法犯罪行为。具体而言，徇私舞弊包括监察人员利用本人职务权力或者因职务权力所形成的便利条件，为自己或者他人牟取私利，袒护或者帮助违法犯罪的人员掩盖错误事实以逃避制裁，或者利用职权陷害他人的行为等情形。

此外，根据《监察官法》第五十二条和《监察法实施条例》第二百七十八条的规定，监察人员在履行职责过程中有以下行为的，依法予以处理，构成犯罪的，依法追究刑事责任：第一，贪污贿赂；第二，不履行或者不正确履行监督职责，应当发现的问题没有发现，或者发现问题不报告、不处置，造成严重或者恶劣影响。

第二节　刑事责任

一、监察法与刑法的关系

《监察法》第六十六条规定："违反本法规定，构成犯罪的，依法追究刑事责任。"因此，违反监察法规定的有关人员或者单位，一旦其行为符合刑法所规定的犯罪成立条件，需要承担相应的刑事责任。"刑事责任，是指行为人因其犯罪行为所应承受的，代表国家的司法机关根据刑事法律对该行为所作的否定评价和对行为人进行的谴责的责任。"①

有关人员或者单位违反监察法的行为是否成立犯罪、成立何种犯罪、是否应予刑事处罚以及判处何种刑罚，应当依照刑法的相关规定执行。《立法法》

① 张明楷：《刑法学（上）》，法律出版社，2021，第660页。

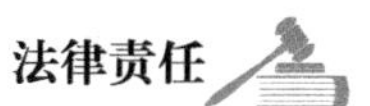

第八条和第九条规定，犯罪和刑罚属于只能制定法律的事项。刑法的渊源包括刑法典、单行刑法和附属刑法。刑法典，是指名为“刑法”的、系统规定犯罪及其法律后果的法律。单行刑法，是指为补充、修改刑法典，而对某些关于犯罪及其法律后果的事项予以专门规定的法律规范。附属刑法，是指被分散规定于民法、行政法和经济法等非刑事法律中的罪刑规范。《监察法》第八章“法律责任”以及其他条文没有规定具体的犯罪成立条件和相应的法律后果，并未创设新的罪刑规范，因此，监察法不包含附属刑法。《监察法》第六十六条的意义在于，提示适用刑法的可能性和彰显刑法的最后保障法属性。“如果把其他部门法比作‘第一道防线’，刑法则是‘第二道防线’，没有刑法做后盾、做保证，其他部门法往往难以得到彻底贯彻实施。”[①]

违反监察法规定并成立犯罪的情形大致有：

第一，根据《监察法》第六十三条的规定，有关人员提供虚假情况掩盖事实真相的，可能成立伪证罪；有关人员伪造、隐匿、毁灭证据的，可能成立帮助毁灭、伪造证据罪；有关人员阻止他人揭发检举、提供证据的，可能成立妨害作证罪。

第二，根据《监察法》第六十四条的规定，监察对象对控告人、检举人、证人或者监察人员进行报复陷害的，可能成立报复陷害罪；控告人、检举人、证人捏造事实诬告陷害监察对象的，可能成立诬告陷害罪。

第三，根据《监察法》第六十五条的规定，监察机关工作人员违法窃取、泄露调查工作信息，或者泄露举报事项、举报受理情况以及举报人信息的，可能成立故意泄露国家秘密罪、过失泄露国家秘密罪、侵犯公民个人信息罪、帮助犯罪分子逃避处罚罪等犯罪；监察机关工作人员对被调查人或者涉案人员逼供、诱供，或者侮辱、打骂、虐待、体罚或者变相体罚的，可能成立虐待被监管人罪、故意伤害罪和侮辱罪等犯罪；监察机关工作人员违反规定采取留置措施的，可能成立非法拘禁罪；监察机关工作人员实施未经批准、授权处置问题线索，发现重大案情隐瞒不报，私自留存、处理涉案材料，利用职权或者职务上的影响干预调查工作、以案谋私，违反规定发生办案安全事故，发生安全事故后隐瞒不报、报告失实、处置不当，违反规定限制他人出境，

---

① 高铭暄，马克昌：《刑法学》，北京大学出版社，高等教育出版社，2017，第8页。

不按规定解除出境限制，以及其他滥用职权、玩忽职守、徇私舞弊等行为，可能成立滥用职权罪、玩忽职守罪。

需要指出的是，现行法律体系需要通过系统地修改旧法和制定新法，以融贯全新的监察法律体系。在刑法尚未作出相应修正之前，监察机关工作人员是否属于刑法上的“司法工作人员”，值得探讨。《刑法》第九十四条规定：“本法所称司法工作人员，是指有侦查、检察、审判、监管职责的工作人员。”有观点认为，监察机关中负责办理职务犯罪案件的人员属于司法工作人员。[①]将监察机关工作人员认定为司法工作人员，可能存在两种解释路径：一是从实质的角度，将监察机关工作人员对职务犯罪的调查权解释为侦查权，毕竟，调查和侦查的核心内容都是收集证据和查明事实；二是从语义的角度，将监察机关工作人员的监察职责涵摄于监管职责，亦即，将对公权力行使状况的监督和管理职责简称为监管职责。但如此解释是否合理，尚存疑问。对于第一种解释路径，统一监察体制的建立，使监察机关在宪制结构上成为独立于行政机关和司法机关、集中行使监察职能的机关，调查权与侦查权在权力属性和法律依据上存在差异。对于第二种解释路径，虽然监察职责与监管职责在表述上近似，但将监察职责纳入监管职责外延的做法，并不符合监管职责原本的内涵。在我国，拥有监管职责的机关是指监狱、拘留所、未成年犯管教所和看守所等，据此，监管职责是指对限制或者剥夺人身自由的特定场所的管理权限及其相应责任。因此，监察职责与监管职责在内涵上大相径庭。总之，此问题有待进一步研究，其涉及监察机关工作人员是否可以成为《刑法》第二百四十七条规定的刑讯逼供罪和暴力取证罪主体，第三百九十九条第一款规定的徇私枉法罪主体，第四百条规定的私放在押人员罪和失职致使在押人员脱逃罪主体。与此相关的问题是，被调查人和涉案人员是否属于刑法上的犯罪嫌疑人。刑讯逼供罪的行为对象是犯罪嫌疑人和被告人；私放在押人员罪和失职致使在押人员脱逃罪的行为对象，是被依法关押的犯罪嫌疑人、被告人和罪犯。如果从实质角度将调查权解释为侦查权，则涉嫌职务犯罪被调查人和涉嫌行贿或者共同职务犯罪的涉案人员，也可以被解释为刑讯逼供罪、私放在押人员罪和失职致使在押人员脱逃罪的罪状中的犯罪嫌疑人。

---

① 张明楷：《刑法学（下）》，法律出版社，2021，第1648页。

二、违反监察法的行为所涉及的主要刑法罪名

（一）伪证罪

《刑法》第三百零五条规定："在刑事诉讼中，证人、鉴定人、记录人、翻译人对与案件有重要关系的情节，故意作虚假证明、鉴定、记录、翻译，意图陷害他人或者隐匿罪证的，处三年以下有期徒刑或者拘役；情节严重的，处三年以上七年以下有期徒刑。"

伪证罪，是指在刑事诉讼中，证人、鉴定人、记录人、翻译人对与案件有重要关系的情节，故意作虚假证明、鉴定、记录、翻译，意图陷害他人或者隐匿罪证的行为。本罪的法益是司法活动的客观公正性。本罪的行为主体是刑事诉讼中的证人、鉴定人、记录人、翻译人。本罪的行为内容是行为人在刑事诉讼中对与案件有重要关系的情节，故意作虚假证明、鉴定、记录、翻译。与案件有重要关系的情节，是指直接影响定罪量刑的情节，即对是否成立犯罪、成立何种犯罪以及应当如何量刑有重要关系的情节。本罪的责任形式是故意。除此之外，行为人还应当具有陷害他人或者隐匿罪证的意图。

（二）帮助毁灭、伪造证据罪

《刑法》第三百零七条第二款规定："帮助当事人毁灭、伪造证据，情节严重的，处三年以下有期徒刑或者拘役。"

帮助毁灭、伪造证据罪，是指帮助当事人毁灭、伪造证据，情节严重的行为。本罪的主体是一般主体。毁灭，是指使证据的证明价值减少或者消失的一切行为，既包括对证据进行物理上的毁损、灭失，也包括对证据进行隐匿。伪造既包括制作出不真实证据，也包括对真实证据进行加工以变更证明价值的变造。行为人毁灭、伪造的证据，仅限他人作为当事人的案件的证据。行为人毁灭、伪造的证据，仅限于实物证据和已被固定的、物体化的言词证据。本罪的责任形式是故意。根据《刑法》第三百零七条第三款的规定，司法工作人员帮助毁灭、伪造证据的，从重处罚。

（三）妨害作证罪

《刑法》第三百零七条第一款规定："以暴力、威胁、贿买等方法阻止

证人作证或者指使他人作伪证的，处三年以下有期徒刑或者拘役；情节严重的，处三年以上七年以下有期徒刑。”

妨害作证罪，是指以暴力、威胁、贿买等方法阻止证人作证或者指使他人作伪证的行为。本罪的法益是司法活动的客观公正性。本罪的行为主体是一般主体。根据《刑法》第三百零七条第三款的规定，对实施妨害作证行为的司法工作人员予以从重处罚。本罪的行为内容是以暴力、威胁、贿买等方法，阻止证人作证或者指使他人作伪证。“等方法”意味着妨害作证的具体行为方式并不限于暴力、威胁和贿买这三种方法，只要能够产生阻止作证或者指使作伪证效果的各种手段都属于妨害作证行为。本罪的责任形式是故意。

（四）报复陷害罪

《刑法》第二百五十四条规定：“国家机关工作人员滥用职权、假公济私，对控告人、申诉人、批评人、举报人实行报复陷害的，处二年以下有期徒刑或者拘役；情节严重的，处二年以上七年以下有期徒刑。”

报复陷害罪，是指国家机关工作人员滥用职权、假公济私，对控告人、申诉人、批评人、举报人实行报复陷害的行为。本罪的法益是公民的控告权、申诉权、批评权、举报权等民主权利。本罪的行为主体是国家机关工作人员。本罪的行为对象是控告人、申诉人、批评人和举报人。控告人，是指向有关机关告发国家机关工作人员具有违法失职行为的人。申诉人，是指对自己或者他人所受到的处分不服，而向有关机关提出申诉意见以请求改变原处分的人。批评人，是指对国家机关及其工作人员提出批评建议的人。举报人，是指向有关机关检举、报告违法犯罪行为的人。本罪的行为内容表现为滥用职权、假公济私，实行报复陷害。滥用职权包括国家机关工作人员在其职权范围内任意行使权力的行为，和超越其职权范围的越权行为。假公济私揭示出行为人意在借助实施公权力的外观，掩盖其非法目的。本罪的责任形式为故意。

（五）诬告陷害罪

《刑法》第二百四十三条第一款规定：“捏造事实诬告陷害他人，意图使他人受刑事追究，情节严重的，处三年以下有期徒刑、拘役或者管制；造成严重后果的，处三年以上十年以下有期徒刑。”该条第二款规定：“国家机关工作人员犯前款罪的，从重处罚。”该条第三款规定：“不是有意诬陷，

而是错告，或者检举失实的，不适用前两款的规定。”

诬告陷害罪，是指捏造犯罪事实诬陷他人，意图使他人受刑事追究，情节严重的行为。由于我国刑法将诬告陷害罪规定在侵犯公民人身权利、民主权利一章中，因此，本罪的法益是人身权利。本罪的行为主体是一般主体。本罪行为对象应当是特定的他人。因此，自我诬告的，不成立本罪；因告发内容中缺乏具体对象，而使有关机关无法启动刑事追究工作的，不成立本罪；虽未明确指出告发对象的姓名，但告发内容能够使有关机关确定具体的追究对象的，成立本罪。本罪的行为内容是捏造犯罪事实予以告发。捏造犯罪事实，是指虚构他人实施了犯罪行为。虚构他人实施一般违法行为的，不属于捏造犯罪事实。告发行为应当具有主动性，即在有关国家机关调查取证之前，向有关国家机关告发。本罪的责任内容包括故意和特定的目的。具体而言，本罪的责任形式是故意，要求行为人明知自己告发的所谓犯罪是虚假的事实；本罪是目的犯，行为人必须具有使他人受到刑事追究的意图。

根据《刑法》第二百四十三条第三款的规定，错告和检举不实不成立本罪。错告和检举不实与本罪有本质的区别。在客观上，诬告陷害行为通常表现为行为人凭空捏造犯罪事实进而告发，而错告和检举不实并不具备捏造行为。存在重合的是，两者都表现为向有关国家机关告发的犯罪事实与客观事实不符。因而，更关键的区别在于，在主观上，实施诬告陷害的行为人对自己告发的犯罪事实的虚假性有确定的认识，而错告和检举不实的人因对客观事实有错误的认识，而误以为自己告发的是真实犯罪事实。

（六）故意泄露国家秘密罪、过失泄露国家秘密罪

《刑法》第三百九十八条第一款规定：“国家机关工作人员违反保守国家秘密法的规定，故意或者过失泄露国家秘密，情节严重的，处三年以下有期徒刑或者拘役；情节特别严重的，处三年以上七年以下有期徒刑。”该条第二款规定：“非国家机关工作人员犯前款罪的，依照前款的规定酌情处罚。”此条规定了故意泄露国家秘密罪和过失泄露国家秘密罪两种犯罪。

根据《保守国家秘密法》第二条和第十条的规定，国家秘密是关系国家安全和利益，依照法定程序确定，在一定时间内只限一定范围的人员知悉的事项。国家秘密的密级分为绝密、机密、秘密三级。绝密级国家秘密是最重要的国家秘密，泄露会使国家安全和利益遭受特别严重的损害；机密级国家

秘密是重要的国家秘密，泄露会使国家安全和利益遭受严重的损害；秘密级国家秘密是一般的国家秘密，泄露会使国家安全和利益遭受损害。

故意泄露国家秘密罪，是指国家机关工作人员或者非国家机关工作人员违反保守国家秘密法的规定，故意使国家秘密被不应知悉者知悉或者使国家秘密超出了限定的接触范围，情节严重的行为。本罪的责任形式是故意，即行为人明知自己的行为会发生泄露国家秘密的结果，并且希望或者放任这种结果发生。

过失泄露国家秘密罪，是指国家机关工作人员或者非国家机关工作人员违反保守国家秘密法的规定，过失泄露国家秘密，致使国家秘密被不应知悉者知悉或者使国家秘密超出了限定的接触范围，情节严重的行为。本罪的责任形式是过失，即行为人对保守国家秘密的义务不注意，未履行国家秘密被泄露结果的预见义务或者回避义务。

尽管我国刑法将故意泄露国家秘密罪和过失泄露国家秘密罪规定在同一条款中，但是两者的行为内容和责任形式存在重大差别。通常，过失泄露国家秘密罪比故意泄露国家秘密罪在不法程度和责任程度上更轻，因此，在适用刑罚时应当对两者有所区别。

（七）非法获取国家秘密罪，非法持有国家绝密、机密文件、资料、物品罪

《刑法》第二百八十二条第一款规定：“以窃取、刺探、收买方法，非法获取国家秘密的，处三年以下有期徒刑、拘役、管制或者剥夺政治权利；情节严重的，处三年以上七年以下有期徒刑。”该条第二款规定：“非法持有属于国家绝密、机密的文件、资料或者其他物品，拒不说明来源与用途的，处三年以下有期徒刑、拘役或者管制。”

非法获取国家秘密罪，是指以窃取、刺探、收买方法，非法获取国家秘密的行为。本罪的行为主体是一般主体。窃取，是指通过盗取文件、使用计算机、窃听窃照等方式取得国家秘密。刺探，是指使用探听、侦查、搜集、骗取等方式取得国家秘密。收买，是指利用金钱、物质或者其他利益换取国家秘密。本罪的责任形式是故意。

非法持有国家绝密、机密文件、资料、物品罪，是指非法持有属于国家绝密、机密的文件、资料或者其他物品，拒不说明来源与用途的行为。本罪的行为

主体是一般主体。行为人非法持有国家绝密、机密的文件、资料或者其他物品，但说明了来源与用途，不成立本罪。行为人仅说明来源或者仅说明用途的，仍成立本罪。本罪的责任形式是故意。

（八）侵犯公民个人信息罪

《刑法》第二百五十三条第一款规定："违反国家有关规定，向他人出售或者提供公民个人信息，情节严重的，处三年以下有期徒刑或者拘役，并处或者单处罚金；情节特别严重的，处三年以上七年以下有期徒刑，并处罚金。"该条第二款规定："违反国家有关规定，将在履行职责或者提供服务过程中获得的公民个人信息，出售或者提供给他人的，依照前款的规定从重处罚。"该条第三款规定："窃取或者以其他方法非法获取公民个人信息的，依照第一款的规定处罚。"该条第四款规定："单位犯前三款罪的，对单位判处罚金，并对其直接负责的主管人员和其他直接责任人员，依照各该款的规定处罚。"

侵犯公民个人信息罪，是指违反国家有关规定，向他人出售或者提供公民个人信息，窃取或者以其他方法非法获取公民个人信息，情节严重的行为。本罪的法益是公民的信息自由、安全和隐私权。本罪的行为主体是一般主体。本罪的行为对象是公民个人信息。公民个人信息，是指以电子或者其他方式记录的，能够单独或者与其他信息结合识别特定自然人身份，或者反映特定自然人活动情况的各种信息，包括姓名、身份证件号码、通信通讯联系方式、住址、账号密码、财产状况、行踪轨迹等。本罪包括两种行为类型：一种行为类型是违反国家有关规定，向他人出售或者提供公民个人信息；另一种行为类型是窃取或者以其他方法非法获取公民个人信息。其他方法包括购买、收受、交换、骗取、夺取等方式。本罪要求上述两种行为类型达到情节严重的程度。根据2017年5月8日最高人民法院、最高人民检察院《关于办理侵犯公民个人信息刑事案件适用法律若干问题的解释》，"情节严重"包括：（一）出售或者提供行踪轨迹信息，被他人用于犯罪的；（二）知道或者应当知道他人利用公民个人信息实施犯罪，向其出售或者提供的；（三）非法获取、出售或者提供行踪轨迹信息、通信内容、征信信息、财产信息五十条以上的；（四）非法获取、出售或者提供住宿信息、通信记录、健康生理信息、交易信息等其他可能影响人身、财产安全的公民个人信息五百条以上的；（五）非法获取、出售或者提供第三项、第四项规定以外的公民个人信息五千条以

上的；（六）数量未达到第三项至第五项规定标准，但是按相应比例合计达到有关数量标准的；（七）违法所得五千元以上的；（八）将在履行职责或者提供服务过程中获得的公民个人信息出售或者提供给他人，数量或者数额达到第三项至第七项规定标准一半以上的；（九）曾因侵犯公民个人信息受过刑事处罚或者二年内受过行政处罚，又非法获取、出售或者提供公民个人信息的；（十）其他情节严重的情形。本罪的责任形式是故意。

根据司法解释的规定，“情节特别严重”包括：（一）造成被害人死亡、重伤、精神失常或者被绑架等严重后果的；（二）造成重大经济损失或者恶劣社会影响的；（三）数量或者数额达到前款第三项至第八项规定标准十倍以上的；（四）其他情节特别严重的情形。

（九）帮助犯罪分子逃避处罚罪

《刑法》第四百一十七条规定：“有查禁犯罪活动职责的国家机关工作人员，向犯罪分子通风报信、提供便利，帮助犯罪分子逃避处罚的，处三年以下有期徒刑或者拘役；情节严重的，处三年以上十年以下有期徒刑。”

帮助犯罪分子逃避处罚罪，是指有查禁犯罪活动职责的国家机关工作人员，向犯分子通风报信、提供便利的行为。本罪的行为主体是有查禁犯罪活动职责的国家机关工作人员。本罪的行为内容是行为人向犯罪分子通风报信、提供便利。通风报信，是指向犯罪分子提供有关国家机关查禁犯罪活动的情况。提供便利，是指向犯罪分子提供除通风报信之外的，其他方便犯罪分子逃避处罚的条件。本罪的责任形式是故意。

（十）虐待被监管人罪

《刑法》第二百四十八条第一款规定：“监狱、拘留所、看守所等监管机构的监管人员对被监管人进行殴打或者体罚虐待，情节严重的，处三年以下有期徒刑或者拘役；情节特别严重的，处三年以上十年以下有期徒刑。致人伤残、死亡的，依照本法第二百三十四条、第二百三十二条的规定定罪从重处罚。”该条第二款规定：“监管人员指使被监管人殴打或者体罚虐待其他被监管人的，依照前款的规定处罚。”

虐待被监管人罪，是指监狱、拘留所、看守所等监管机构的监管人员，对被监管人进行殴打或者体罚虐待，情节严重的行为。本罪的行为主体是监

管机构的监管人员，包括监狱、拘留所、看守所、拘役所、强制隔离戒毒所等监管机构的监管人员。本罪的行为对象是被判处拘役、有期徒刑、无期徒刑、死刑的犯罪人，被刑事拘留、逮捕的犯罪嫌疑人、被告人，被行政拘留、司法拘留的人员，被强制戒毒人员等。本罪的行为内容是行为人对行为对象实施殴打或者体罚虐待。本罪的责任形式是故意。

（十一）侮辱罪

《刑法》第二百四十六条第一款规定："以暴力或者其他方法公然侮辱他人或者捏造事实诽谤他人，情节严重的，处三年以下有期徒刑、拘役、管制或者剥夺政治权利。"该条第二款规定："前款罪，告诉的才处理，但是严重危害社会秩序和国家利益的除外。"该条第三款规定："通过信息网络实施第一款规定的行为，被害人向人民法院告诉，但提供证据确有困难的，人民法院可以要求公安机关提供协助。"

侮辱罪，是指以暴力或者其他方法公然损害他人名誉，情节严重的行为。本罪的法益是他人的名誉。本罪的行为对象是特定的自然人。本罪的行为主体为一般主体。本罪的行为内容是以暴力或其他方法公然损害他人名誉。侮辱他人的方式主要有暴力侮辱，非暴力的动作侮辱、言词侮辱、文字侮辱等。"暴力"限于针对损害他人名誉的强力，而非针对损害他人身体健康的暴力。"公然"是指采用不特定或者多数人可能知悉的方式对他人进行侮辱。"公然"既不要求侮辱行为发生在公共场所，也不要求被害人必须在场。成立本罪，必须达到情节严重的程度。本罪的责任形式是故意。除实施侮辱行为严重危害社会秩序和国家利益的情形外，本罪属于告诉才处理的犯罪。

（十二）非法拘禁罪

《刑法》第二百三十八条第一款规定："非法拘禁他人或者以其他方法非法剥夺他人人身自由的，处三年以下有期徒刑、拘役、管制或者剥夺政治权利。具有殴打、侮辱情节的，从重处罚。"该条第二款规定："犯前款罪，致人重伤的，处三年以上十年以下有期徒刑；致人死亡的，处十年以上有期徒刑。使用暴力致人伤残、死亡的，依照本法第二百三十四条、第二百三十二条的规定定罪处罚。"该条第三款规定："为索取债务非法扣押、拘禁他人的，依照前两款的规定处罚。"该条第四款规定："国家机关工作人员利用职权犯前三款罪的，依照前三款的规定从重处罚。”

非法拘禁罪，是指非法拘禁他人，或者以其他方法非法剥夺他人人身自由的行为。本罪的法益是人的身体活动的自由，即根据自己的意愿支配自己身体活动的自由。本罪的行为主体是一般主体。本罪的行为内容是非法拘禁他人或者以其他方法非法剥夺他人人身自由。拘禁的具体方式多种多样，主要包括直接拘束和间接拘束两类。直接拘束是通过直接拘束他人身体以剥夺其身体活动自由，如以手铐拘束他人双手；间接拘束是通过间接拘束他人身体以剥夺其身体的场所移动自由，如将他人监禁于一定场所。拘禁既可以表现为作为，如非法将他人带离和关押，也可以表现为不作为，如超过剥夺人身自由措施的法定期限而不予解除。总体而言，非法拘禁行为具有非法性、强制性和持续性。本罪的责任形式是故意。

（十三）滥用职权罪、玩忽职守罪

《刑法》第三百九十七条第一款规定：“国家机关工作人员滥用职权或者玩忽职守，致使公共财产、国家和人民利益遭受重大损失的，处三年以下有期徒刑或者拘役；情节特别严重的，处三年以上七年以下有期徒刑。本法另有规定的，依照规定。”该条第二款规定：“国家机关工作人员徇私舞弊，犯前款罪的，处五年以下有期徒刑或者拘役；情节特别严重的，处五年以上十年以下有期徒刑。本法另有规定的，依照规定。”

滥用职权罪，是指国家机关工作人员滥用职权，致使公共财产、国家和人民利益遭受重大损失的行为。滥用职权行为的通常表现有：第一，超越职权，决定或者处理超出权限的事项；第二，玩弄职权，随心所欲地决定或者处理权限范围之内的事项；第三，故意不履行应当履行的职责；第四，以权谋私，假公济私，不正确地履行职责。本罪的责任形式是故意，即行为人明知自己滥用职权的行为，会发生侵害国家机关公务的客观公正性以及国民对此的信赖的结果，并且希望或者放任这种结果发生。“致使公共财产、国家和人民利益遭受重大损失”属于客观的超过要素，不需要行为人在主观上有所认识。

玩忽职守罪，是指国家机关工作人员玩忽职守，致使公共财产、国家和人民利益遭受重大损失的行为。玩忽职守，是指严重不负责任，不履行职责或者不正确履行职责的行为。不履行职责，是指负有履行职责的行为人在有条件和能力予以履行的情况下，未履行职责。不正确履行，是指在履行职责的过程中，违反职责规定，草率行事，粗心大意。本罪的责任形式是过失，其本质是不注意。行为人应当预见自己严重不负责任、不履行或者不正确履行职责的行为，会造成严重后果，却疏忽大意未能预见，或者虽已预见却轻信能够避免。

国家机关工作人员滥用职权、玩忽职守符合《刑法》第九章的特殊渎职罪成立条件的，按照该特殊规定追究刑事责任；不符合特殊渎职罪成立条件，但符合滥用职权罪、玩忽职守罪的，按照《刑法》第三百九十七条的规定，以滥用职权罪、玩忽职守罪追究刑事责任。

（十四）非法搜查罪、非法侵入住宅罪

《刑法》第二百四十五条第一款规定：“非法搜查他人身体、住宅，或者非法侵入他人住宅的，处三年以下有期徒刑或者拘役。”该条第二款规定：“司法工作人员滥用职权，犯前款罪的，从重处罚。”

非法搜查罪，是指非法搜查他人身体、住宅的行为。本罪的行为主体为一般主体。本罪的对象是他人的人身和住宅。本罪的行为内容是非法搜查他人身体或住宅。搜查行为必须是非法的，即无搜查权的人对他人的身体或者住宅进行搜查，或者有搜查权的人未经授权、违反法定程序进行搜查。本罪的责任形式是故意。

非法侵入住宅罪，是指未经允许非法进入他人住宅，或者经要求退出仍拒绝退出的行为。本罪的行为主体为一般主体。本罪的行为对象是他人的住宅。住宅是指可用于饮食起居等日常生活的场所。本罪的行为内容是非法侵入他人住宅。侵入应具有非法性。非法侵入的行为类型有两种：一种是没有合法依据未经允许进入他人住宅，另一种是合法进入他人住宅后经要求退出拒绝退出。本罪的责任形式是故意。

第三节　监察赔偿

一、监察赔偿的概念和性质

监察赔偿，是指国家因监察机关及其工作人员行使监察职权，对公民、

法人和其他组织的合法权益造成损害而承担赔偿责任。《监察法》第六十七条规定："监察机关及其工作人员行使职权，侵犯公民、法人和其他组织的合法权益造成损害的，依法给予国家赔偿。"本条旨在保障公民、法人或者其他组织的合法权益和促进监察机关依法行使职权。

监察赔偿是国家赔偿的具体类型之一。国家赔偿，是指国家对因行使公权力而造成的侵权损害承担赔偿责任。国家赔偿责任其实是一种特殊的侵权赔偿责任，其特殊之处主要在于，侵权主体和侵权行为具有鲜明的公权力属性，即侵权主体是公务机关和公务人员，侵权行为乃公法上的职务行为。国家赔偿制度的目的在于保障人权和限制权力。《国家赔偿法》第一条规定："为保障公民、法人和其他组织享有依法取得国家赔偿的权利，促进国家机关依法行使职权，根据宪法，制定本法。"国家赔偿责任是近代公民权利觉醒和国家权力扩张的产物。在国家赔偿责任兴起之前，国家无责任论是否定国家赔偿责任的主要理论。自19世纪后期，国家职能的扩大使国家开始从守夜人式的消极角色，向干预经济活动和社会生活的积极角色转换，由此造成公权力侵犯公民财产和人身权利的现象增多。由于天赋人权、社会契约和主权在民等观念早已深入人心，公民个人权利的伸张与国家管理职能的扩大之间产生冲突和碰撞，国家赔偿责任的理论和立法应运而生。第一次世界大战后，国家赔偿责任受到肯定，尤其是在第二次世界大战之后，国家赔偿立法成为世界性的潮流。我国《国家赔偿法》于1994年颁布，后经2010年和2012年两次修正。我国国家赔偿制度的建立在救济公民、法人和其他组织的合法权益，以及监督国家机关依法行使职权方面发挥了重大作用。根据《国家赔偿法》第二条规定，若国家机关和国家机关工作人员行使职权侵犯公民、法人和其他组织合法权益造成损害的，受害人有取得国家赔偿的权利，国家机关对此负有赔偿义务。行使监察职能专责机关的监察机关属于国家机关之一，监察机关工作人员也属于国家机关工作人员，因此，监察机关及其工作人员行使职权侵犯公民、法人和其他组织合法权益造成损害的，应当依法承担国家赔偿责任。

监察赔偿不同于行政赔偿和司法赔偿。《国家赔偿法》所规定的赔偿类型包括行政赔偿和司法赔偿，其中，司法赔偿又包括刑事司法赔偿和民事、行政司法赔偿，但目前尚缺乏关于监察赔偿这一类型的规定。行政赔偿，是指国家对行政机关及其工作人员在行使行政职权时，侵犯受害人的人身权或者财产权的情形承担赔偿责任。刑事司法赔偿，是指国家对行使侦查、检察、审判职权的机关以及看守所、监狱管理机关及其工作人员，在行使刑事司法职权时，侵犯受害人的人身权或者财产权的情形承担赔偿责任。民事、行政司法赔偿，是指国家对国家机关及其工作人员，在民事诉讼、行政诉讼过程中的侵权损害承担赔偿责任。监察赔偿不同于上述赔偿类型的关键原因在于，行使监察职能的各级监察委员会既不是行政机关，也不是司法机关。因此，监察赔偿与行政赔偿、刑事司法赔偿和民事、行政司法赔偿之间属于平行关系，都是国家赔偿的具体类型。

二、监察赔偿的归责原则

监察赔偿的归责原则，是指由国家承担监察赔偿责任的理由或者根据。归责原则是解决责任归属的宏观性准则。监察赔偿的归责原则所涉及的核心问题是，为什么应当由国家就某种损害情形承担监察赔偿责任，换言之，将某种损害结果归属于国家的依据是什么。国家赔偿法理论主流观点认为，国家赔偿法采用以违法归责原则为主、以结果归责原则为辅的归责原则体系。据此，结合《监察法实施条例》第二百八十条的规定，监察赔偿的归责以违法归责原则为主、以结果归责原则为辅。

违法归责原则意味着国家承担监察赔偿责任的理由在于监察机关违法行使职权。采用违法归责原则的情形有“违法没收、追缴或者违法查封、扣押、冻结财物造成损害”“违法行使职权，造成被调查人、涉案人员或者证人身体伤害或者死亡”和“非法剥夺他人人身自由”。这些情形所蕴含的“违法”或者“非法”含义，体现出了立法者对违法归责原则的采用。关于违法的含义，在理论上存在不同的观点。狭义说认为，违法是指违反宪法、法律、法规、规章和其他规范性文件以及国际条约等严格意义上的制定法。狭义说的问题在于，一方面会导致国家赔偿的范围过于狭窄，不包含公务组织及其工作人员实施的不违法但有过错的行为；另一方面不符合国家赔偿的实践状况，公务组织及其人员实施的违法但无过错的行为并不必然产生国家赔偿责任。因此，国家赔偿法理论必须对“违法”进行扩张解释。最广义说认为，违法的“法”并不限于严格意义上的法律，还应包括法律原则和法律精神，未履行或者未尽到合理注意义务也属于违法。广义说虽然认同违法的“法”可以包含法律原则，但不赞同将法律精神包含在内，因为法律精神的含义具有模糊性。目前，最广义说的理论影响力较大，其将注意义务纳入“法”的范畴，使对违法的判断转变为对过错的判断。原因在于，过错包括过失和故意，过失在本质上是不注意，而故意则是一种更高阶的过失，一旦能够判定违反注意义务，就意味着监察机关工作人员至少在主观上存在过失。因此，违法归责原则就演变为了过错归责原则。

结果归责原则意味着无论监察机关工作人员在主观上是否存在故意或者过失，国家都应根据监察法的具体规定承担监察赔偿责任。采用结果归责原则的情形是“采取留置措施后，决定撤销案件”。对于适用结果归责原则的特殊法定情形，无须考察监察机关工作人员的过错，只要因职务行为导致损害事实的出现，即可认定国家应对此承担监察赔偿责任。“无过错责任原则，是指在法律有特别规定的情况下，以已经发生的损害结果为价值判断标准，与该损害结果有因果关系的行为人，不问其有无过错，都要承担侵权赔偿责任的归责原则。”[①] 可见，结果归责原则与其具有完全相同的原理，只是在称谓上有所区别。因此，结果归责原则实际上就是无过错归责原则。

三、监察赔偿的构成要件

监察赔偿的构成要件，是指成立监察赔偿责任所必须具备的各种条件或者因素。监察赔偿的构成要件源于监察法和国家赔偿法的规定及其实践的抽象理论分析框架和逻辑体系，目的在于构建判断监察赔偿责任成立与否的固定标准。主流国家赔偿法理论认为，国家赔偿的构成要件包括侵权主体、侵权行为、损害事实和因果关系等四个要件。因此，监察赔偿的构成要件亦以侵权主体、侵权行为、损害事实和因果关系为基本内容。

（一）侵权主体

侵权主体是监察机关及其工作人员。监察机关是行使监察职能的专责机关。监察机关行使监察职权，只能通过其工作人员的职务行为行使。监察机关工作人员是在监察机关中担任职务、行使监察权的人员。对监察机关工作

---

① 王利明等：《民法学（下）》，法律出版社，2020，第1045页。

人员的判断，关键在于其是否从事监察公务或者行使监察权，而非根据该人员是否拥有工作编制。公民因自己的行为造成损害结果，如通过故意自伤、自残的方式伤害自己的身体的情形，由于不符合侵权主体要件，且属于自我答责的范畴，国家不承担监察赔偿责任。

（二）侵权行为

侵权行为是监察机关工作人员的职务行为，包括作为和不作为两种形式。判断是否属于职务行为，首先应从行为的外在表现的客观角度，考察行为人的行为是否属于执行职务，其次从行为人内在心态的主观角度，考察行为人是否有行使职权的目的或者意愿。监察机关工作人员与行使职权无关的个人行为，造成公民、法人或者其他组织的权益受损的，应当由工作人员自己承担相应的法律责任。

（三）损害事实

损害事实，是指侵权行为对他人的人身权和财产权等造成的损害。根据受侵害权益的不同性质，损害事实分为人身权益的损害事实与财产权益的损害事实。人身权益的损害事实，是指侵害人格权和身份权所造成的损害事实；财产权益的损害事实表现为侵占财产、损坏财产以及其他财产利益损失。根据损害是否能够以金钱衡量，损害事实分为财产损害和非财产损害。财产损害是指能够以金钱加以计算的损害，而非财产损害是指不能以金钱衡量的，在精神或者肉体上所遭受的痛苦。根据受损害的财产利益是既有的还是未来的，财产损害分为直接损失与间接损失。直接损失是现有财产的减少，而间接损失是未来可得财产利益的丧失。

（四）因果关系

因果关系，是指侵权行为与损害事实之间的引起与被引起的联系。在因果关系中，侵权行为是因，损害事实是果。因果关系要求损害事实应是由监察侵权行为所造成的。如果损害事实不是监察侵权行为所引起的结果，则国家不应当承担监察赔偿责任。法学上的因果关系不完全等同于哲学上的因果关系，不能通过全部依赖哲学知识，解决法学上因果关系的判断问题。因果关系的具体判断规则具有高度的法学专业性，在理论上存在不同的学说。

第一，条件说。条件说的基本内容是，当行为与结果之间存在“无A即无B”或者“没有前者就没有后者”的关系时，行为是结果的条件。亦即，若假设某个侵权行为不存在，损害事实也不会发生，此时，可以认为侵权行为与损害事实之间具有条件关系。条件说的主要问题在于，其所认定的因果关系范围过于宽泛，而且只是对行为与结果之间能够被判断为存在因果关系情况的描述，并未提供具有可操作性的具体判断标准。条件说对因果关系的判断，采用了一种天然和朴素的思维逻辑。虽然条件说在侵权责任和国家赔偿理论中并非主流学说，但它实际上是其他因果关系理论的基础性学说。其他因果关系学说都是建立在条件说基础之上的，旨在限制条件关系范围的理论观点。

第二，相当因果关系说。该学说旨在解决侵权行为与损害结果之间存在介入因素或者特殊情况的问题。相当因果关系说以通常的社会生活经验为判断标准。若侵权行为对损害事实的产生具有相当性，即从一般人的日常生活经验角度出发，认为结果的发生是正常的，而非异常的，则侵权行为与损害事实之间存在因果关系。在具体判断基础上，学界存在不同观点。客观说认为，行为时存在的一切客观事实和一般人可能预见的行为后的情况是判断的基础；主观说认为，行为时行为人认识到的以及可能认识到的情况是判断的基础；折中说认为，行为时一般人可能认识到的事实和行为人所特别认识到的事实是判断的基础。

第三，客观归责说。该学说的基本内容是，当行为人的行为制造了法所不允许的危险，此危险在符合构成要件的结果中实现，此时，结果归责于行为。客观归责的实现需要具备三个条件：一是制造不被允许的危险；二是实现不被允许的危险；三是结果没有超出构成要件的保护范围。客观归责理论的特色在于，在因果关系的判断中重视规范的保护目的和责任的领域考察。规范的保护目的要求，行为所造成的结果应当处于规范保护目的范围之内，亦即，从规范目的角度出发，如果行为制造的危险以及该危险的实现并不被规范禁止，结果与规范保护目的之间缺乏关联，则不能在法律上将结果归责于行为。责任领域旨在区分结果的发生究竟是应归责于行为人的行为，还是归责于他人的自我损害、他人对危险的同意或者负有防止结果发生义务的专业人员的行为。

（五）关于过错

监察赔偿的构成要件与监察赔偿的归责原则之间具有紧密关联。监察赔偿的归责原则是确定国家承担监察赔偿责任的一般准则，其所包含的违法归责原则（过错责任原则）和结果归责原则（无过错责任原则），决定了过错是监察赔偿的构成要件之一。在此意义上，监察赔偿的归责原则实际上是关于监察赔偿构成要件中，责任要件之有无及其含义的理论，其具体内容属于监察赔偿构成要件。具体而言，适用违法归责原则（过错归责原则）的监察赔偿责任构成要件包括侵权主体、侵权行为、损害事实、因果关系和过错；适用结果归责原则（无过错归责原则）的监察赔偿责任构成要件包括侵权主体、侵权行为、损害事实和因果关系。在构成要件的判断次序上，过错要件位于侵权主体、侵权行为、损害事实和因果关系等基本要件之后，因而，其对监察赔偿责任的成立与否具有决定性的影响。在此意义上，归责原则具有极其重要的理论价值。

四、监察赔偿的范围

监察赔偿的范围，是指应由国家承担赔偿责任的，监察机关及其工作人员职务侵权情形的总和。监察赔偿范围内的职务侵权情形，是对侵权行为、侵害事实、因果关系和过错等的类型化描述。

第一，采取留置措施后，决定撤销案件的情形。《监察法》第四十五条第二款规定："监察机关经调查，对没有证据证明被调查人存在违法犯罪行为的，应当撤销案件，并通知被调查人所在单位。"《监察法实施条例》第二百零六条第四款规定："监察机关对于撤销案件的决定应当向被调查人宣布，由其在《撤销案件决定书》上签名、捺指印，立即解除留置措施，并通知其所在机关、单位。"此情形适用结果归责原则（无过错归责原则），原因在于，即使监察人员严格遵守留置的条件和程序等规定，忠诚坚定、担当尽责地履行职业所要求的注意义务，仍然有可能出现没有证据证明或者现有证据不足以证明被留置人员存在违法犯罪行为的情况。而留置又是一种对被留置人员的人身自由具有高度强制性的调查措施，若由被留置人员自己承担这种人身自由无辜受限的后果，显然有失公平。

第二，违法没收、追缴或者违法查封、扣押、冻结财物造成损害的情形。《监察法实施条例》对处置工作中的没收、追缴财物和调查工作中的查封、扣押和冻结财物规定了具体的工作程序。这些关于涉案财物的处理规程要求监察工作人员履行与职务相关的特定义务。违反相关规定没收、追缴、查封、扣押、冻结财物造成财产损失的，损害了被调查人或者涉案人员的财产权益，国家应当承担赔偿责任。

第三，违法行使职权，造成被调查人、涉案人员或者证人身体伤害或者死亡的情形。此情形中的侵权行为表现为对被调查人、涉案人员或者证人实施暴力以逼取口供、证言，对被调查人、涉案人员或者证人实施殴打、虐待，放纵、唆使他人对被调查人、涉案人员或者证人实施殴打、虐待，未向被留置人员提供医疗服务，未保障被留置人员的饮食、休息和安全，等等。实施这些行为，对上述人员造成人体组织和器官完整性及正常机能损害或者生命丧失的结果，国家应当承担赔偿责任。

第四，非法剥夺他人人身自由的情形。人身自由是指行动自由。此情形通常表现为以非法拘禁的方式剥夺人身自由，如通过将他人关押在某个场所，使其失去身体活动的自由。违反法定的适用条件、审批程序和期限等规定采取留置措施，也属于非法剥夺他人人身自由的方式。此处的留置措施不同于决定撤销案件情形中的留置措施，区别在于后者是完全合法的，而前者是违法的。

第五，其他侵犯公民、法人和其他组织合法权益造成损害的情形。此项规定采用兜底式立法方式，使监察赔偿的范围保持一定的开放性，避免出现制度疏漏。其他侵犯公民、法人和其他组织合法权益造成损害的情形，主要包含：①违反规定限制他人出境，或者不按规定解除出境限制，对被调查人及相关人员的财产造成直接损失的情形。限制出境是一种对人身自由限制程度较低的调查措施，被采取限制出境措施的人无法正常出境，但在境内仍享有人身自由。采取限制出境措施对人身权益造成损害的情形非常罕见，若对财产权益造成损害，国家应当承担赔偿责任。②搜查人员在搜查时违反文明执法的要求，或者未尽到注意义务，造成被搜查人财物损坏的情形。

五、监察赔偿的程序

（一）监察赔偿当事人

监察赔偿当事人是监察赔偿法律关系的主体，包括监察赔偿请求人和监察赔偿义务机关。

1. 监察赔偿请求人

监察赔偿请求人，是指认为其合法权益或者其所继受的公民或者组织的合法权益，受到监察机关及其工作人员行使职权行为的侵害，而有权向国家提出监察赔偿请求的公民或者组织。监察赔偿请求人通常是受监察机关及其工作人员的职务行为侵权的受害人；当作为受害人的自然人死亡或者作为受害人的组织终止时，继受受害人权益的自然人或者组织成为监察赔偿请求人。

监察赔偿请求人的类型有：第一，一般请求人，即受害的公民或者组织，包括公民、法人和其他组织。公民，是指具有中国国籍的自然人。法人，是指具有民事权利能力和民事行为能力，依法独立享有民事权利和承担民事义务的组织。法人的类型有营利法人、非营利法人和特别法人。具体而言，营利法人是以取得利润并分配给股东等出资人为目的成立的法人，包括有限责任公司、股份有限公司和其他企业法人等；非营利法人是为公益目的或者其他非营利目的成立，不向出资人、设立人或者会员分配所取得利润的法人，包括事业单位、社会团体、基金会、社会服务机构等；特别法人包括机关法人、农村集体经济组织法人、城镇农村的合作经济组织法人和基层群众性自治组织法人。其他组织，即非法人组织，是指不具有法人资格，但是能够依法以自己的名义从事民事活动的组织。第二，继受请求人，即继受受害公民或者组织合法权益的公民或者组织，具体包括已死亡的受害公民的继承人及其他有扶养关系的亲属，已终止的组织的权利承受人。详言之，继承人包括法定继承人和遗嘱继承人。其他有扶养关系的亲属，主要是指继承人以外的，依靠受害人扶养的亲属或者对受害人扶养较多的亲属。宜对此处的扶养进行扩张解释，亦即包括长辈对晚辈亲属的抚养、晚辈对长辈的赡养和同辈亲属间的扶养。法人或者其他组织的终止，是指法人丧失民事主体资格或者非法人组织解散。终止的原因通常包括章程规定的存续期间届满或者规定的其他解散事由出现，权力结构、出资人或者设立人决定解散，合并，分立，破产，被责令关闭和被撤销，等等。

2. 监察赔偿义务机关

监察赔偿义务机关，是指代表国家接受监察赔偿请求、履行赔偿义务的监察机关。国家是承担监察赔偿责任的主体，但由于国家是一个抽象的实体，需要由具体的机关处理赔偿请求人提出的请求和履行相应的赔偿义务，而赔偿义务机关即是代表国家接受赔偿请求、履行赔偿义务的具体组织。根据《监

察法实施条例》第二百八十一条第一款的规定，监察机关及其工作人员行使职权侵犯公民、法人和其他组织合法权益造成损害的，该机关为赔偿义务机关。据此，监察赔偿义务机关即是实施职务侵权行为的监察机关。将侵权机关作为赔偿义务机关，目的在于方便监察赔偿请求人申请赔偿。

（二）监察赔偿具体程序

根据《监察法实施条例》第二百八十一条第一款的规定，申请赔偿应当向赔偿义务机关提出，由该机关负责复审复核工作的部门受理。监察法对监察赔偿程序的规定较为粗略，未涉及赔偿义务机关对赔偿申请的具体处理程序。根据《国家赔偿法》第十三条和第二十三条的规定，在行政赔偿和刑事赔偿中，赔偿义务机关应当自收到申请之日起两个月内，作出是否赔偿的决定。赔偿义务机关作出赔偿决定，应当充分听取赔偿请求人的意见，并可以与赔偿请求人就赔偿方式、赔偿项目和赔偿数额进行协商。赔偿义务机关决定赔偿的，应当制作赔偿决定书，并自作出决定之日起十日内送达赔偿请求人。赔偿义务机关决定不予赔偿的，应当自作出决定之日起十日内书面通知赔偿请求人，并说明不予赔偿的理由。监察赔偿义务机关宜照此规定，处理监察赔偿申请事宜。另外，现行监察赔偿程序规定亦未涉及救济程序。如果监察赔偿义务机关在收到赔偿申请后，不作出决定、作出不予赔偿的决定，或者监察赔偿请求人对赔偿的方式、项目、数额有异议的，监察赔偿请求人是否可以向监察赔偿义务机关的上一级机关申请复议？如果不服复议决定的，监察赔偿请求人是否可以向复议机关所在地的同级人民法院赔偿委员会申请作出赔偿决定？救济程序应如何设置？这些问题有待结合监察赔偿的实践状况进行研究。

六、监察赔偿的方式

监察赔偿方式，是指国家承担监察侵权损害赔偿责任的具体形式。侵权人构成侵权责任，通过承担具体的侵权责任形式，填补被侵权人所受到的损害。监察赔偿的方式包括金钱赔偿、返还财产和恢复原状。《监察法实施条例》第二百八十一条第二款规定：“赔偿以支付赔偿金为主要方式。能够返还财产或者恢复原状的，予以返还财产或者恢复原状。”此赔偿方式与《国家赔偿法》第三十二条的规定一致，即“国家赔偿以支付赔偿金为主要方式”，“能够返还财产或者恢复原状的，予以返还财产或者恢复原状”。

赔偿，是指以给付金钱或者财物的方法，弥补受害人所遭受的损失。由于《国家赔偿法》第三十五条有应当在侵权行为影响范围内，为受精神损害的受害人消除影响、恢复名誉、赔礼道歉的规定，因此，在国家赔偿法理论中，有的观点将国家赔偿方式分为财产赔偿方式（金钱赔偿、返还财产、恢复原状）和非财产赔偿方式（消除影响、恢复名誉、赔礼道歉）两种。[①] 但是，此观点混淆了承担侵权责任的方式与承担侵权损害赔偿的方式两者之间的差异，既不符合民法典中狭义的赔偿含义，也不符合国家赔偿法中广义的赔偿含义。民法典中的赔偿仅限于金钱赔偿。根据《民法典》第一百七十九条第一款的规定，承担民事责任的方式主要有停止侵害，排除妨碍，消除危险，返还财产，恢复原状，修理、重作、更换，继续履行，赔偿损失，支付违约金，消除影响，恢复名誉，赔礼道歉。在民法典中，赔偿损失是指行为人向受害人支付一定数额的金钱，以弥补损失的责任方式，其与消除影响、恢复名誉、赔礼道歉、返还财产和恢复原状等并列属于承担民事责任的方式。相对而言，国家赔偿法中的赔偿外延更为广泛，除金钱赔偿外，还包括返还财产和恢复原状。其大致原因是，返还财产和恢复原状与狭义的赔偿一齐被规定在《国家赔偿法》第四章。因此，为受害人消除影响、恢复名誉和赔礼道歉，属于监察机关承担监察侵权责任的方式；金钱赔偿、返还财产和恢复原状，属于监察机关承担监察侵权损害赔偿的方式。

第一，金钱赔偿，又称支付赔偿金，是以给付金钱的方式弥补受害人所遭受的损失。金钱赔偿作为主要赔偿方式的原因在于，金钱赔偿通常能够尽可能且有效率地救济受害人。相对于返还财产和恢复原状，支付赔偿金是一种更加经济的赔偿方式，既能迅速救济受害人的权利损害，又能节约经济成本，还不会对监察机关正常的公务活动造成不利影响。金钱赔偿主要适用于两种情形：一是对生命、健康、自由和精神造成损害的，只能采用支付赔偿金的方式予以赔偿。二是对财产造成损失，不具备返还财产、恢复原状之可能性的，或者虽具有返还财产、恢复原状之可能性，但存在过于困难、过于昂贵、

---

① 房绍坤，毕可志，卢鹏宇：《国家赔偿法》，北京大学出版社，2021，第261–262页。

过于低效等操作性问题的。

第二，返还财产，是指将违法取得的财产向受害人返还。从民法的角度讲，返还财产的理由是监察机关无权占有他人财产。监察机关缺乏法律根据，对财产的违法没收、追缴、查封、扣押、冻结，构成无权占有，侵害了财产所有人或者占有人的权利，应当返还财产。适用返还财产的条件是原物仍然存在。如果原物已经灭失，返还财产根本不具备可能性，则只能向受害人支付赔偿金。

第三，恢复原状，是指将被损坏的财产修复，即通过修理等手段使受到损坏的财产恢复到原有的状态。适用恢复原状的条件是受到损坏的财产仍然存在，且有恢复原状的可能性和必要性。恢复原状的可能性，是指财产受到的损坏是可以恢复的。恢复原状的必要性，则要求对受损财产的修复须满足基于效率的、对成本与收益之间关系的理性衡量。如果修理原物对人力、物力或者财力等资源的消耗过高，则缺乏恢复原状的必要性，此时更宜适用金钱赔偿的方式。

监察法相关规定确立了以金钱赔偿为主、以其他赔偿方式为辅的赔偿原则，但这并不意味着金钱赔偿在适用上具有绝对优先地位。到底是支付赔偿金还是返还财产、恢复原状，需要综合考虑受害人的意愿与赔偿方式适用的可能性和必要性。另外，以金钱赔偿为主、以其他赔偿方式为辅，亦不意味着只能从此三种赔偿方式中选择其中之一予以适用。由于监察赔偿是为了救济受害人的权利损害，因此，应当灵活和充分地运用各种监察赔偿方式，尽量使受害人的权利恢复到没有受到损害的状态。例如，被返还的财产受到损坏的，如果有修复的可能性和必要性，则需要同时适用恢复原状和返还财产；如果有修复的可能性但缺乏必要性的，则需要同时适用返还财产和金钱赔偿；如果有修复的可能性和必要性，但修复后原物的市场价值减损的，则需要同时适用恢复原状、返还财产和金钱赔偿。

思考题

1.《监察法》和《监察法实施条例》施行后，《刑法》的哪些条文应当作出相应修改？

2.《监察法》和《监察法实施条例》施行后，《国家赔偿法》应当如何规定监察赔偿？

推荐阅读文献

1. 沈岿：《国家赔偿法：原理与案例》，北京大学出版社，2017。

2. 房绍坤，毕可志，卢鹏宇：《国家赔偿法》，北京大学出版社，2021。

3. 杨立新：《侵权责任法》，法律出版社，2020。

4. 褚宸舸：《监察法学》，中国政法大学出版社，2020。

5. 张明楷：《刑法学（下）》，法律出版社，2021。

6. 周光权：《刑法各论》，中国人民大学出版社，2021。

7. 王小光：《论监察赔偿义务机关的认定》，《行政法学研究》2022 年第 3 期。

8. 崔涓昇，郎志恒:《监察赔偿制度的原理与实践——〈监察法实施条例〉相关立法评析》，《河南财经政法大学学报》2022 年第 1 期。

9. 王青斌:《论监察赔偿制度的构建》,《行政法学研究》2019 年第 3 期。

10. 魏文松：《张力与弥合：监察法与国家赔偿制度的衔接问题》，《河南社会科学》2019 年第 10 期。

11. 张红：《监察赔偿论要》，《行政法学研究》2018 年第 6 期。

12. 任颖：《国家监察治理领域的责任制度设计研究》，《中南民族大学学报（人文社会科学版）》2018 年第 3 期。

相关法律、法规及规范性文件